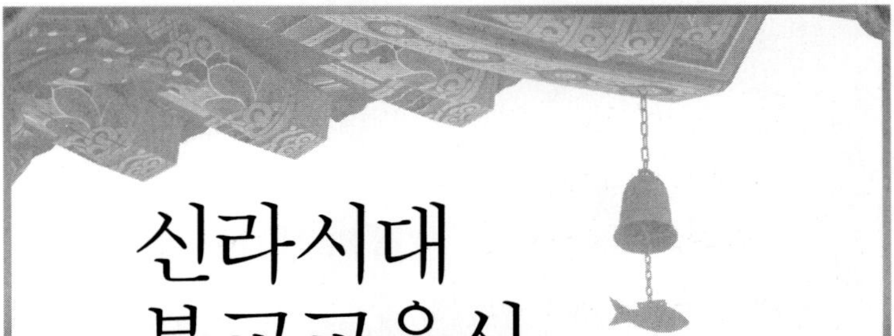

신라시대 불교교육사

불교적 지(知)의 유통과 변용, 그리고 소비의 역사

| 안경식 저 |

HISTORY OF BUDDHIST EDUCATION IN THE SILLA DYNASTY

학지사

이 과제는 부산대학교 기본연구지원사업(2년)에
의하여 연구되었음.

머리말

불교에 대한 관심이 언제, 어떤 계기로 시작되었는지는 나도 잘 모르겠다. 돌이켜 보면 어릴 적 어머니를 따라 절에 가서 절 마당에서 놀았던 기억이 있고, 아는 스님의 도반이 있는 사찰에 가서 하루를 머물며 절집의 일상을 체험해 본 적도 있다. 석사논문을 쓴다고 아버지 친구분이 주지로 있는 마을 뒷산의 절에 한 달가량 머문 기억도 있다. 그때까지 제대로 불경이나 불교를 공부해 본 적이 없었다. 1988년에 동양학을 공부할 심산으로 대만에 갔는데, 그때도 불교보다는 유교나 노장(老莊) 쪽에 관심이 있었고, 불교는 문화의 한 부분으로 접했을 뿐이었다. 우리는 동아시아 불교라 하면 선불교를 떠올리게 되지만, 그건 책으로만 불교를 접해 본 사람의 생각이다. 내가 직접 체험해 본 바로는 중국 불교는 뭐라 한마디로 규정하기 힘들지만 일본과 대만은 정토불교가 대세다. 특히 대만은 '나무아미타불' 사회다. 인사도 '나무아미타불'이라고 하며 합장을 한다. 우리와 달리 대만의 사찰에서는 여러 종류의 불교 경전을 인쇄하여 가져가게 하였고, 염불 수행 단체나 정토불교 전문도서관도 많다. 이런 문화 속에 지내다 보니 가랑비에 옷 젖는다고 불교에 훈습되었고, 「당대 정토종 중생교화의 교육적 의의」(1992)라는 박사논문까지 제출하게 되었다.

1992년, 대만과 단교 직전에 귀국하여 신라시대의 불교교육 연구를 시작했다. 중국의 당대가 우리의 신라시대였기에 자연스러운 연결이었다. 당시 쓴 논문이 「아미타신앙이 한국 고대 교육 문화에 끼친 영향」(1994), 「관음신앙이 한국 고대 교육 문화에 끼친 영향」(1995), 「미륵신앙이 한국 고대 교육 문화에 끼친 영향」(1994)이었다. 이를 출발점으로 삼아 30년 동안 신라시대 불교교육 관련 글을 써 왔다(불교교육 관련 연구목록은 참고문헌에 따로 붙여 놓았다). 그런데 당시까지만 하더라도 신라시대의 교육사에는 불교교육 관련 내용이 거의 없었다. 신라 천 년의 교육사가 화랑도와 통일 이후에 설립한 국학 정도에서 끝나고 있었다. 교육의 역사가 학교의 역사와 등치될 수는 없다. 학교가 소수 특권 계층의 전유물이었던 근대 이전에는 더더욱 그러하다. 그럼에도 우리는 그동안 우리의 교육 유산을 사상적으로는 유교에서, 제도적으로 학교에서만 찾아왔던 것이다. 신라가 불교국가인데 신라의 교육사에서 불교를 빼고 어떤 교육사를 쓸 수 있단 말인가? 서양교육사에서 기독교를 빼면 교육사 서술이 가능하겠는가?

고대사 연구의 큰 난점 가운데 하나가 기록의 부재이다. 기록을 바탕으로 하는 학문이 역사학이니 기록의 중요성이야 더 말할 나위가 없다. 그런데 나는 평소 역사는 해석의 학문이라고 떠들어왔다. 기록의 중요성을 부정하는 것은 아니고 그 못지않게 역사를 보는(해석하는) 안목이 중요하다는 것을 말한 것이다. 우리가 신라시대 교육사에서 불교를 제외한 것은 사료 부재의 문제가 아니었다. 안목의 부재가 문제였다. 신라는 구술문명의 시대이고, 구술문명 특유의 역사 서술 방식이 있다. 또 불교는 다른 사상과는 다른 나름의 세계와 인간을 보는 고유의 방식이 있다. 『삼국유사』에는 수많은 불교교육의 기록이 있지만 그것을 구술문명의 시각에서, 교육의 시각에서 읽을 '눈'이 없었기에 불교를 신라교육사에서 빼 버린 것이다.

이 책은 '신라시대 불교교육사'라는 제목 아래 '불교적 지(知)의 유통과 변용, 그리고 소비의 역사'라는 부제를 달고 있다. 평소 나는 "교육은 지식의 유통과 소비의 과정이며, 교육사학자의 임무 가운데 하나는 지식의 유통과 소비의 과정을 역사적으로 추적하는 것"이라는 말을 해 왔다. 사실 불교사 자체가 불교적 지의 유통사이다. 유통이 없으면 소비가 없게 되는 것이며, 변용이 없다면 현지화 전략이 없는 것이다. 신라는 불교적 지라는 상품의 현지화에 성공한 나라이다.

붓다는 불교적 지의 창시자이자 최초 유통자이다. 붓다가 어떤 분인지 보통 사람의 눈으로 헤아릴 수 없지만, 살아온 행적으로 본다면 출가 전에는 왕자였으며, 출가 이후에는 수행자였으며, 깨달음을 얻은 이후 그는 교육자였다. 29세에 출가하여 6년간의 수행을 거쳐 깨달음을 얻고 이후 열반에 들 때까지 수많은 제자를 가르쳤으니 교육자로 사신 분에 틀림없다. 실제 그의 교육 장면은 거의 모든 경전에 빠짐없이 드러나 있다. 우리에게 가장 익숙한 경전 가운데 하나인 『금강경』을 예로 든다면, 이는 붓다가 기수급고독원에서 1,250인의 대비구를 대상으로 자신의 깨달음의 내용을 수업[說法]한 '강의안'이다. 그때 참석한 대비구들은 붓다의 가르침에 대해 현장 수업을 받은 학생이다. 붓다의 수업의 내용은 이른바 대승, 소승 경전으로 기록되어 지금까지 전해지는데, 특히 대승 경전에서는 경전의 유통을 강조한다. 유통분은 서분, 정종분과 함께 3분과(分科)의 하나로 확실히 자리 잡고 있다. 그래서 많은 대승 경전이 수업 내용의 기록인 경전을 '믿고 받아들여 실천하는 것[信受奉行]'을 강조함과 아울러 '지니고 독송하는 일[受持讀誦]', '다른 사람의 이해를 위해 다시 풀이하고 설명하는 일[爲人演說, 爲他解說]' 그리고 '써서 베끼고[書寫]' 학습하여 유통하는 일의 중요성과 효과[功德]를 강조하고 있다. 이런 경전의 유통에 대한 강조의 말이 아니라 하더라도 붓다 자신이 삼계의 스승이라는 '삼계도사(三界導師)', 모든 것을 두루 알고 바로 아는 분이라는 '정변지(正遍知)' 등 최고의 교육자가 받을 수 있는 칭호를 얻은 명강사였다. 그의 수업 내용도 명강의로 꼽혀 그 뒤 제자들이 스승의 수업 내용을 기억하여 책으로 편찬하였고, 뒷날 붓다 강의전집인 『대장경(大藏經)』으로 편찬되었다. 그런데 강사 붓다의 명성이 국내에만 한정되지 않고 해외에까지 널리 전파되면서 불경이라 불리는 그의 강의 텍스트 역시 해외에까지 널리 전파되게 되었다. 중국에서는 5세기 초부터 8세기에 이르기까지 유명한 번역자[譯經師]들이 앞다투어 텍스트를 번역했다. 인도 출신의 혼혈인 구마라집이라는 전문번역자는 큰 명성을 얻었으며, 당대(唐代)의 현장(玄奘) 역시 중국 최고의 번역자로 이름을 얻었고, 이들이 번역한 텍스트는 중국은 물론 동아시아인들이 가장 애독하는 번역이 되었다.

붓다와 그의 교육 사상과 실천에 대한 소문은 4세기 후반부터 시작하여 중국을 넘어 동북아시아의 세 나라, 즉 신라와 고구려, 백제에까지 이르게 되었고, 이들 나라에서는 국가에서 나서서 불교교육의 학교인 사원을 짓고, 원어민 교사에 해당하는 호승(胡僧)들을 초빙하기에 이르렀다. 이들 나라에서는 붓다와 새로운 사상인 불교를 받아들임으로써 국민들의 의식 수준을 한 단계 높일 수 있고, 그렇게 함으로써 국가를 선진국의 반열에 올려놓을 수 있다고 생각했다. 신라와 같이 당시 국제교류가 활발하지 않은 나라에서는 기존 사상과의 갈등도 적지 않았다. 그러나 이차돈이라는 한 열혈 청년의 순직 사건을 계기로 이 나라에서도 불교학교인 사원을 짓고 새로운 교육 사상을 국민교육의 기본 교과로 채택하게 되었다. 또 새 교육 사상을 연구하는 학자인 학승들도 많이 나타나고, 그들은 선진국인 중국과 새로운 교육 사상의 발상지인 인도까지 멀다 않고 구법을 위한 유학을 떠나게 되었다. 그들이 중국으로부터 들여온 텍스트는 곧 다른 불교 연구자들의 주목을 받았다. 당시 신라의 대표적 학자는 원효였는데, 그는 단지 탁월한 교육학자일 뿐 아니라 대단한 교육실천가이기도 하였다. 그를 비롯한 많은 학자는 불교적 지가 담긴 텍스트를 분석하여 다양한 형식의 논문[疏, 料簡, 贊, 述記, 略記]을 발표하여 이 텍스트의 가치를 인정하였다. 텍스트의 위대성이 밝혀지자 왕실에서는 이 텍스트가 국가를 지켜 줄 것이라는 믿음까지 가지게 되었고, 그 경전을 해설하는 고승들의 강회(講會)를 마련하기도 했다. 중국에서 번역한 거의 대부분의 경전이 신라 사회에서 유통되었고, 그와 관련하여 많은 지식이 새롭게 생산되고, 변용되고, 소비되었다. 그 과정을 추적한 것이 이 책의 내용이다.

붓다의 가르침을 21세기를 사는 우리가 이렇게 향유하는 것도 신라인이 그것의 유통과 변용, 소비에 성공했기 때문이다. 신라는 우리나라, 나아가 고대 동아시아 문명의 '저수지'이다. 붓다의 가르침도 그 은혜로운 저수지에 흘러들었고, 또 다른 물줄기들과 합쳐져 신라인을 먹이고 살찌웠다. 신라인, 그들은 2,500여 년 전, 붓다가 뿌린 진리의 씨앗을 전쟁으로 얼룩진 진흙땅에서 뿌리고 가꾸고 꽃피워 나라를 불국토로 만들고자 했으며, 스스로 불보살로 살고자 한 사람들이다. 나는 평소 천학비재(淺學非才)를 절감하고 무용(無用)을 자호로 삼기까지 한 사람이지만 천 년을 넘게 이어 온 그들과의 인연을 새삼 느끼며 이 책을 내게 되었다.

나무아미타불(합장).

불기 2569년 6월

동래 쇠미산 아래 사직골에서

안경식

차례

제2장

불교교육의 기초를 놓은 사람들: 신라의 유학승 41

제3장

고승과 불교교육(1): 자장 61

제8장

제9장

제13장

제1장

불교교육의 서막

제1장

불교교육의 서막

이 땅에 불교를 도입한 것은 하나의 역사적 사건이다. 불교가 붓다의 가르침이라는 면에서 그것은 교육사적 사건이다. 종교사에서 보자면 그것은 불교라는 종교를 도입한 일이지만, 교육사의 시각에서 보자면 그것은 이전에 없었던 새로운 교육 사상이 도입되고 교육실천이 시작된 일이다. 불교적 지(知)가 신라 땅에 들어옴으로써 '새로운 신라인'이 탄생했고, 이 신라인이 바탕이 되어 고려인, 조선인 그리고 지금의 대한민국인이 탄생한 것이다. 이 공(功)을 불교교육에 돌리려고 한다. 아무리 훌륭한 사상이 도입되었다 하더라도 그것의 교육이 없었더라면 그 사상은 신라인의 삶과 무관한 것이 되고 말았을 것이다. 우리가 신라인의 체취에서 불교의 향(香)을 느끼는 것은 신라인의 몸에 불교가 훈습(薰習)되었기 때문이다. 신라인이 밖에서 들어온 불교적 지를 받아들여 자신들의 삶에 응용한 것이다. 이 유통과 변용, 그리고 소비의 과정에 교육이 작용한 것이다.

고구려의 불교 전래

불교 전래 관련 기록은 우리의 기대를 충족시켜 줄 만큼 자세하지는 않지만 『삼국사기(三國史記)』『삼국유사(三國遺事)』『해동고승전(海東高僧傳)』 등에 흩어져 있다. 『삼국유사』에는 「흥법(興法)」편에 관련 기록이 있고, 『삼국사기』에는 법흥왕 조에 기록이 있으며, 『해동고승전』에는 「유통(流通)」편에 기록이 있다. 흥법이나 법흥이나 다 (불교적) 진리를 일으켰다는 의미다. 이 땅에 불교적 지의 역사가 시작되었다는 말이다. 『삼국유사』「흥법」편은 신라의 불교 전래와 밀접한 관련을 맺고 있는 고구려의 불교 전래사부터 이야기하고 있다.

> 고구려 본기에 이르기를 소수림왕 즉위 2년 임신년은 동진(東晋) 함안(咸安) 2년으로 효무제가 즉위한 해다. 전진(前秦)의 부견(苻堅)이 사신과 승려 순도(順道)를 파견하고 불상과 경문을 보냈다. 또 4년 갑술년에 아도(阿道)가 진(晉)에서 왔다. 이듬해 을해년 2월에 초문사를 창건했고, 순도를 두었다. 또 이불란사를 지어 아도를 두었다. 이것이 고구려 불법의 시초다.[1]

고구려의 불교는 소수림왕 2년, 서기 372년에 전진의 왕 부견이 사신과 승려, 불상, 경문을 같이 보낸 것이 시초라는 것이다. 소

1 『삼국유사』「흥법, 순도조려」 이 책에서 『삼국유사』 인용문의 원문과 번역문은 국사편찬위원회에서 제공하는 한국사데이터베이스(https://db.history.go.kr/)에 의한 것이며, 번역문은 저자가 부분적으로 수정하였다.

수림왕 2년은 사학도, 교육학도들이 기억하는 연대일 수 있다. 이해에 고구려에서 태학(太學)을 설치했다는 기록이 있기 때문이다. 태학을 설치한 것은 교육사적인 사건으로 모두 인정하고 그래서 한국(교육)사 교재에는 반드시 들어가는 내용이다. 그러나 같은 해에 불교가 들어왔다는 것은 교육사와 무관한 일로 생각하고 있다. 표면적으로 보면 그렇게 볼 수 있다. 태학은 교육기관이고 불교와 승려, 불상, 경문, 사찰은 종교와 관련된 것이라 무관한 것으로 볼 수 있다는 것이다. 그렇지만 전진왕 부견이 파견한 승려 순도는 단순한 수도승이 아니라 전법(傳法)의 사명을 띠고 온 사람이다. 순도는 경문을 가지고 왔고, 국가에서는 초문사(혹은 성문사)라는 절, 이불란사라는 절을 지었다. 국가에서 공인한 포교사이고 사찰이기 때문에 거기서 포교가 일어난 것은 전혀 이상한 일이 아니다. 우리가 포교, 전법이라고 하니 교육과 다른 것으로 생각할 수 있지만, 달리 말하면 종교교육이 곧 포교이다.

순도의 교화

당시에 사신과 함께 고구려에 왔던 순도에 대한 내용은『해동고승전』의 기록이 좀 더 상세하다.

> 승려 순도는 어떤 사람인지 알지 못한다. 뛰어난 덕행과 고상한 품격을 지닌 자로서, 자비와 인욕으로 중생을 제도하였다. 불교를 널리 펴겠다는 뜻을 품고, 진단(震旦)에까지 두루 돌아다니며 거처를 옮겨 가면서 근기에 맞게 사람들을

> 가르치기를 게을리하지 않았다. …… 스님은 일찍이 다른 나라에 와서 서역의 자비의 등불을 전하고 동이(東䧘)에 지혜의 해를 매달아, 인과로써 보이고 화복으로 유인하여 난초처럼 향기를 피우고 안개처럼 적시니, 차츰 젖어 들어 배움을 이루었다. 그러나 세상은 소박하고 백성들은 순후하여 그 교화하는 까닭을 알지 못하였으므로, 스님이 비록 학문이 깊고 아는 것이 많았으나 아직은 많은 것을 펴지 못하였다.[2]

여기서 "어떤 사람인지 알지 못한다."라는 말은 그 출신이라든지 사제 관계라든지 하는 사항을 말한다. 전진의 왕 부견이 파견했지만 한족(漢族)이 아니었던 것이다. 부견은 불교에 매우 조예가 깊은 왕으로 구자국(龜玆國, 지금의 신장 위구르 지역) 출신의 대역경승 구마라집(鳩摩羅什, 344~413)의 초청에 공을 들이기도 했다. 당시 전진은 북방 불교의 중심 국가였으며, 전진의 도읍인 서안에는 서역 출신의 전법승들이 왕의 환대를 받고 있었다.[3] 이런 상황에서 부견이 고구려에 파견할 인재를 찾는 것은 어려운 일이 아니었을 것이다. 순도는 앞의 인용문처럼 이미 중국의 여러 곳을 두루 돌아다니며 교화를 편 사람이었기 때문에 고구려에 가는 것을 기꺼이 자원했을 것이다.[4] 고구려에 온 순도가 "인과로써 보이고, 화복으로 유인하였다[示以因果, 誘以禍福]."라고 한 것은 가

2 『해동고승전』「석순도」. 『해동고승전』 번역문도 국사편찬위원회 한국사데이터베이스의 내용을 인용한 것이다. 이하에서는 책명과 편명만 적었다.

3 공빈(허강 역), 『구마라집 평전』, 부키, 2018, 212–213쪽.

4 인용문의 한자어 '震旦'은 '震檀'과 다름에 유의해야 한다. 전자는 중국을 말하고, 후자는 한국을 말한다.

르침의 내용과 방법을 말한 것이다. 화를 피하고 복을 바라는 것은 예나 지금이나 다르지 않다. 그 점을 활용하여 붓다의 가르침이 인과법임을 알렸던 것이다. 또 그의 가르침이 "난초처럼 향기를 피우고 안개처럼 적시니, 차츰 (그 습속에) 젖어 들어 배움을 이루었다[蘭薰霧潤, 漸漬成習]."라고 한 것은 그의 교화의 과정과 성과를 말한 것이다. 이국인이 이질적인 문화를 기존 문화에 뿌리내리게 하는 것은 쉬운 일이 아니다. 자칫 마음이 앞서 토속 문화나 현지인을 미개하게 보거나 탓할 수도 있다. 그러나 순도는 은근하고 섬세하며 점진적인 방법으로 가르침을 폈던 것이다.

이러한 순도와 아도의 공적에 대해 일연은 『삼국유사』에 다음과 같은 찬(讚)을 남겼다.

압록강에 봄 깊어 물가의 풀빛 고운데(鴨淥春深渚草鮮)
백사장에 갈매기 한가롭게 졸다가(白沙鷗鷺等閑眠)
노 젓는 소리에 깜짝 놀라 한 소리 길게 우네(忽驚柔櫓一聲遠)
어느 곳 고깃배가 손님 싣고 오는가(何處漁舟客到烟)

남의 일에 참견하는 일만큼 공연한 짓은 없다. 봄이 오면 풀빛이 짙어지고 백사장에 갈매기 노니는 세상에 인간의 알량한 생각으로 무엇을 더 보탤 것이 있겠는가. 그럼에도 어디선가에서 중생(고기) 제도를 위해 고깃배를 몰고 나타난 낯선 이가 있으니 바로 순도인 것이다.

백제의 불교 전래와 마라난타

이러한 상황은 백제의 경우도 다르지 않다. 백제는 침류왕 원년인 384년에 마라난타가 와서 불교를 전했다고 한다. 『삼국사기』 『삼국유사』 『해동고승전』에 관련 기록이 있는데, 『해동고승전』에서는 이렇게 말하고 있다.

> 승려 마라난타(摩羅難陀)는 호승(胡僧)이다. 신이(神異)함이 감통(感通)하여 그 정도를 헤아릴 수가 없다. 곳곳으로 주유함에 뜻을 두어 한곳에서 머물지 않았다. …… 침류왕 즉위 원년 9월에 진(晉)으로부터 왔다. 왕이 국경으로 나가 영접하여 궁중으로 맞아들였다. 공경히 받들고 공양하며 그의 설법을 받아들였다. 윗사람이 좋아하고 아랫사람도 교화되어 불사(佛事)를 크게 일으켜 함께 찬미하고 봉행하였다. …… 2년 봄에 한산(漢山)에다 절을 지어 열 사람을 승려로 출가시키니 법사를 존경했기 때문이었다.[5]

마라난타라는 이름은 중국식 법명이 아니라 원어를 음역한 것이다. 그 뜻은 동학(童學)이라고 한다. 동학은 갓 출가한 사미승 정도로 볼 수 있겠다. 출가의 초심이 살아 있고, 의지 충만한 시절이다. 호승이라고 한 것은 서역승이라는 말이다. 최근 마라난타의 국적과 고향에 대한 여러 논의가 있었지만 확정하기는 어렵다.[6] 그는 동진을 거쳐 백제로 왔으며, 국가적 지원을 얻어 열 사

5 『해동고승전』「석마라난타」.

6 이주형, 「마라난타의 출신지와 축건, 간다라」, 중앙아시아학회, 『중앙아시아

람의 제자와 사찰까지 만들게 되었다고 한다. 그는 여환삼매(如幻三昧)를 얻어 물속에 들어가도 젖지 않으며 불 속에 들어가도 타지 않는 신통력도 지녔다고 한다. 이러한 기록을 보고 『해동고승전』을 지은 각훈(覺訓)은 “하루아침에 지금까지 듣지 못한 것을 듣고, 보지 못한 것을 보게 되어 얼굴빛을 바꾸어 선하게 되고 몸과 마음을 진실로 닦게 되었는데, 이는 그들의 마음을 잘 읽었기 때문이다.”라고 하였다.[7] 마라난타의 행동은 매우 신이(神異)한 행동으로 보지 못하고 듣지 못하던 새로운 것이었고, 이런 행동을 보인 것은 백제 사람들의 마음을 읽었기 때문이다. 교사로서 학생의 마음을 파악한 것이다. 교육의 결과, 그들이 몸과 마음을 닦아 선한 사람이 되었다 하였다.

신라의 불교 전래와 묵호자

삼국 가운데 불교를 가장 늦게 받아들인 것은 신라이다. 신라의 불교 도입에 대한 기록은 두 가지가 있으며, 이들 기록에서 주인공은 묵호자와 아도화상이다. 먼저, 묵호자에 대한 내용을 『삼국유사』에서는 이렇게 기록하고 있다.

> 제19대 눌지왕 때 사문 묵호자가 고구려로부터 일선군에 이르니, 일선군 사람 모례(毛禮)는 집 안에 굴을 파서 방을 만들고 모셨다. 이때 양나라에서 사신을 보내 의복과 향물(香

연구』 24권 2호, 2019, 1-32쪽.

7 『해동고승전』「석마라난타」.

> 物)을 보내왔는데, 신라의 임금과 신하는 그 향의 이름과 쓸 곳을 알지 못했다. 그래서 사람을 시켜 향을 싸 가지고 나라 안을 다니면서 두루 물었다.[8]

눌지왕(417~458 재위) 때 고구려와 신라는 밀접한 외교 관계가 있었고, 인적 교류도 활발했다. 묵호자가 고구려에서 신라로 온 것은 이상한 일이 아니다. 그즈음 양나라 사신이 의복과 향을 보내왔고 임금이 용도를 몰라 묵호자에게 물었다 했는데, 당시 의복이 일상적인 의복은 아니었고, 향 또한 '신문물'이었던 것 같다. 그때 묵호자가 그 용도를 알려 주었다 한다. 또 『삼국유사』에는 당시 왕녀(王女)가 병이 위급해 묵호자를 불러 향을 사르고 기도를 하니 즉시 나아 왕이 기뻐하며 예물을 후하게 주었다 하였는데, 이를 계기로 신라인의 시각이 이방인의 시각에서 능력자로 바뀌어 갔을 것이다.

또 한 사람의 불교 전래자 아도화상

또 한 사람의 신라 불교 전래자인 아도화상에 대해서는 이렇게 적고 있다.

> 제21대 비처왕 때에 아도(我道)화상이란 자가 있었다. 시자 세 사람과 역시 모례의 집으로 왔는데, 모습이 묵호자와 비슷했다. 몇 해 동안 머물다가 아무런 병도 없이 죽었다. 그

8 『삼국유사』「흥법」, 아도기라.

의 시자 세 사람은 남아 있으면서 경과 율을 강독하니, 가끔 믿는 사람이 있었다.[9]

일연은 묵호자와 아도를 별개의 다른 사람이 아니라 동일인이라고 보았다. 묵호자(墨胡子)의 '묵'은 검다는 말이다. '호'자는 서역 쪽 사람이란 뜻이니 얼굴이나 피부색이 다른 사람을 낮추어 부른 말이다. 달마를 벽안호(碧眼胡, 푸른 눈 오랑캐), 진(晉)나라 승려 도안(道安)을 칠도인(漆道人, 피부가 검은 도인)이라 한 것과 같다고 했다. 고구려와 백제가 순도와 마라난타를 국가적으로 환영한 것과 달리, 묵호자는 국가적 환영은 받지 못했던 것 같다. 수도인 경주로 온 것이 아니라 일선군(구미 지역)에 왔다는 것과 모례가 집 안에 굴을 파서 방을 만들어 거처하게 하였다고 한 것으로 보아 그러하다.[10]

[그림 1-1] 아도화상 초상
출처: 경주시청.

아도에 대해서 일연은 당시 남아 있었던 비(碑)의 내용도 소개하고 있다. 즉, 아도는 고구려 사람이고, 그의 어머니는 고도령(高道寧)이라는 사람이다. 조위(曹魏, 220~265 존속)의 아굴마(我崛摩)가 사신으로 고구려에 와서 고도령과 관계하여 낳은 아이가 아도다. 아도는 5세 때 어머니가 그를 출가시켰고, 16세에는 위나라

9 『삼국유사』「흥법」, 아도기라.

10 물론 비처왕(소지왕, 479~500 재위)이 일선군을 순행한 기록이 있는 것으로 보아 이 지역이 지니는 또 다른 의미가 있어서 그쪽으로 갔을 수 있다.

로 들어가 아버지를 만나 현창(玄彰) 화상의 강석에서 배워 19세에 고구려로 귀국했다. 이후 어머니의 요청으로 신라에 와 불법을 전했다. 그 시기는 미추왕 2년(263)이었는데, 아도가 대궐에 나아가 불교를 전하려 했다. 그러나 세상 사람들은 보지 못한 것이어서 꺼려했고, 심지어 그를 죽이려 했다. 그때 마침 성국공주가 병이 들었는데 무당과 의원의 치료가 효험이 없었고, 아도법사가 치료하여 나았다. 이에 왕이 소원을 물으니 천경림에 절을 세워 부처의 가르침을 크게 일으켜 국가의 복을 빌고 싶다고 했고, 이에 흥륜사(興輪寺)를 지었다는 것이 비문의 내용이다. 당시의 흥륜사는 대찰(대흥륜사)이 아니라 소박한 띳집[編茅葺屋]이었다.

여기서 한국 불교교육사에서 주목해야 할 점은 아도화상 사후 그의 시자였던 세 사람이 신라에 정착하면서 경(經)과 율(律)을 가르쳤다는 사실이다. 이것은 신라 땅에서 이루어진 최초의 불교교육의 기록이다. 그들로부터 불교의 경과 율을 배운 사람들이 누구인지는 알 수 없다. 그러나 그 내용에 관심을 가진 사람들이 있었다는 것, 이들로부터 신라의 불교교육의 역사가 시작되었다는 점이 중요하다.

또 주목할 내용은 아도와 묵호자를 머물게 한 모례 혹은 모록(毛祿)이라고도 하는 인물이다. 모례의 집은 최초의 절이며, 불교교육을 실시한 학교였다. 모례의 집을 학교라고 하는 것은 과한 상상이 아니냐고 할 수도 있겠지만, 우리 개화기 때 기독교계 학교의 시초도 대부분 이렇게 소박하게 학교 교육을 시작했다. 현재 경상북도 구미시 도개면 도개리에 모례장자터와 모례장자샘

[傳毛禮家井] 등이 전해지고 있다(경상북도 문화재자료 제296호).[11]

[그림 1-2] 전모례가정(傳毛禮家井)
출처: 국가유산청.

당시 기록에서 아도와 묵호자가 왕녀의 병을 고쳤다는 내용도 있다. 치병은 교육과 무관한 것으로 생각하지만, 구한말에 서양 선교사들이 교회를 먼저 지은 것이 아니라 병원을 짓고 학교를 세운 것을 생각하면, 당시 상황을 이해하는 데 도움이 될 것 같다. 선교 · 포교의 측면에서 볼 때 낯선 사람들이 나타나 낯선 이야기를 하면 그것을 선뜻 받아들이기가 쉽지 않다. 그때 아픈 사람을 치료하고 글을 가르치는 것은 아주 유용한 선교 수단이 될 수 있다. 그러나 치병을 꼭 선교 · 포교의 차원에서만 의미를 찾을 필요는 없다. 한국 최초의 교육학 서적으로 일본인 기무라 도모지(木村知治)가 쓴 『신찬교육학(新撰敎育學)』이라는 책이 1895년에 출간되었다. 여기에는 지금의 교육학 책에서 볼 수 없는 의학, 위생학, 유전학, 생물학, 영양학, 종교학 등의 내용이 다 들어 있다.[12] 이 책은 당시 우리나라에 새로 생긴 사범학교 교재로 만들어졌을 가능성이 있

11 또 모례에서 사찰을 일컫는 우리말 '절'이 유래했다는 설도 있다. 즉, 모례의 '모(毛)'가 '털'을 뜻하고, '모례'는 '털레'이며, 털레 → 터레 → 뎌레 → 더레로 변하여 '절', 일본어의 '테라(てら)'가 되었다는 것이다.

12 기무라 도모지(김성학 역), 『신찬교육학』, 학지사, 2017.

는데 여기에 의학, 위생학이 들어 있는 것이다. 마찬가지로 신라 시대의 치병 역시 교육자의 중요한 능력이었을 것이고, 불교를 공부하는 것은 몸과 마음의 치유 능력을 갖추는 일이기도 하였을 것이다.

최근 불교 초전지가 지역 유적으로 각광받고 있다. 전라남도 영광군에서는 백제 마라난타가 와서 절을 지은 곳이 그곳이라 한다. 법성포(法聖浦)라는 포구 이름에서 법성은 바로 불교의 성인, 즉 마라난타라고 보고, '백제 불교 최초도래지'라는 이름으로 사찰과 불상, 유물전시관 등을 만들어 기념하고 있다.

[그림 1-3] 도리사의 아도화상사적비
출처: 국가유산청.

마찬가지로 신라 불교도 모례의 집이 있었다는 일선군은 지금 구미시다. 구미에는 아도화상이 불교를 전파하기 위해 서라벌에 갔다 돌아오는 길에 한겨울임에 불구하고 복숭아꽃과 오얏꽃이 피었다는 전설이 있다. 그곳에 도리사(桃李寺)라는 절을 세웠다. 지금 구미시에는 아도화상이 지었다는 도리사가 신라, 고려, 조선시대를 거쳐 남아 있다. 공식적으로 알려진 신라 최초의 절은 홍륜사다. 홍륜사의 창건 역시 아도화상과 관계가 있다.

신라 최초의 사찰, 흥륜사

흥륜사는 다른 절과는 달리 역사적 전거가 분명하고 관련 기록들이 적지 않게 남아 있다. 앞에서 말한 띳집 흥륜사는 그 절을 짓도록 한 미추왕이 아도법사를 위해 세운 절이다. 미추왕이 죽자 나라 사람들이 아도법사를 죽이려 했다. 이에 아도법사는 다시 모례의 집으로 돌아가고 불교도 다시 폐지되었다 한다. 그 뒤 법흥왕 때 이차돈의 순교로 불교를 받아들이기로 하고 지은 절은 대흥륜사(大興輪寺)로 진흥왕 5년인 544년에 낙성되었다. 이후 양(梁)나라, 진(陳)나라로부터 각종 불교 문물이 들어왔다. 565년에는 진(陳)의 사신 유사(劉思)가 명관(明觀) 스님과 함께 불경을 가져왔고, 이후 경주에는 절들이 별처럼 벌여 있고, 탑들이 기러기 행렬처럼 연이어 서게 되었다 한다[寺寺星張, 塔塔雁行]. 흥륜사는 이차돈을 상징하는 사찰인 동시에 신라의 대표적인 절이 된 것이다. 이후 이차돈이 죽은 날을 맞아서는 고을의 원로들이 제사 모임[社會]을 만들어 흥륜사에서 제사를 지내기도 했다.[13] 흥륜사 금당에는 선덕왕 때 김양도가 만든 미륵삼존상이 있었다 하며, 『삼국유사』「탑상」편의 첫머리에는 동경 흥륜사 금당의 10성이라 하여 동쪽 벽에 아도, 염촉, 혜숙, 안함, 의상의 소상(塑像)을 안치했고, 서쪽 벽에는 표훈, 사파, 원효, 혜공, 자장의 상을 안치했다고 소개하고 있다. 이들 10성은 그야말로 신라 불교의 전설적인 인물들이니 흥륜사가 차지하는 비중을 말해 준다. 그래서 불국사, 석굴암을 지은 김대성이 전생에 밭을 보시한 절도 흥륜사이고, 김

---

13 『삼국유사』「흥법」, 원종흥법 염촉멸신.

[그림 1-4] 경주 흥륜사지
출처: 국가유산청.

현감호(金現感虎)의 설화의 무대도 흥륜사다. 사찰은 종교적 수행 공간일 뿐 아니라 교화의 공간, 즉 불교교육이 이루어지는 학교다. 그 학교에 훌륭한 스승 열 분의 상을 모시고 본받겠다 한 것이다.

순도, 마라난타, 아도 등도 종교인으로서만 볼 것이 아니다. 그들이 승려가 아니었다는 것이 아니라 그들을 불교교육자로 바라보는 시각이 필요하다는 것이다. 그들은 불교적 지를 신라인의 가슴에 심어 준 지식인이었으며, 그들이 머문 절은 불교교육의 발상지로 교육사적 의의가 있다.

가야불교의 전래

그런데 우리는 불교의 전래를 삼국에 한정해서는 안 된다. 그동안 묻혀 있었던 가야불교가 있다. 가락국에 대해서는 『삼국사기』 「김유신전」이나 『삼국유사』 「가락국기」를 비롯한 몇 곳에 관련 기록이 일부 남아 있다. 가락국 자체가 532년에 신라에 복속된 후

나라의 문화는 점차 신라화되었고, 고유문화는 점차 사라졌을 것이다. 그런데 자세히 살펴보면 남아 있는 기록만으로도 불교 전래의 흔적은 충분하다. 『삼국유사』「가락국기」조에서는 왕후인 허황옥이 아유타국에서 온 공주라는 기록이 있고, 「금관성 파사석탑」조에서는 이 탑은 서역의 아유타국에서 싣고 온 것이라 하였다. 그때가 건무 24년(48년)이었다. 이 탑을 불교와 관련을 지으면, 즉 불탑으로 본다면 불교는 서기 48년에 바다를 통해 가락국에 도입된 것이다. 실제 김해 지역에는 불교와 관련한 설화가 많이 남아 있다. 『김해읍지(金海邑誌)』「불우(佛宇)」 항목에는 모암, 부암, 자암 등에 대해 이들이 가락국 시대의 절임을 기록하고 있다. 특히 모은암(母恩庵)에 대해서는 "옛날의 모암인데, 한(漢) 건무 연간의 소건으로 가락왕의 원당이라 칭하는데 홍폐무상하다가…….”로 기록되어 있다.[14] 현재 김해시 불모산(佛母山)에는 장유사(長遊寺)라는 절이 있는데, 이 절은 허황옥의 오라버니인 장유화상이 창건한 절로 알려져 있다.[15] 『삼국유사』에도 기록된 이 절에는 가락국 8대왕인 질지왕(451~492 재위)이 건립한 경상남도 문화재자료(227호)로 지정된 장유화상사리탑이 남아 있다. 또 왕후사(王后寺)라는 절도 『삼국유사』에 기록되어 있는데 "수로왕(首露王)의 8대손 김질왕(金銍王)은 정치에 부지런하고 또 참된 것을 매우 숭상하였는데 시조모(始祖母) 허황후(許皇后)를 위해서 그의 명복(冥福)을 빌고자 하였다. 원가(元嘉) 29년 임진에 수로왕과 허

14 김해문화원(권정석 역), 『국역 김해읍지』, 1984, 79쪽. 이 번역의 저본은 김해향교 내 金海邑誌續修會에서 편찬한 읍지로서 1929년 경성부에서 발간한 것이다. 그리고 이 기사 역시 속편 때 추가된 것이다.

15 『삼국유사』에서는 장유사는 왕후사가 세워진 지 500년 후에 세워진 것이라 하였다. 선후 관계가 김해 지역에 알려진 전설과는 차이가 있다.

황후가 혼인한 곳에 절을 세우고 절 이름을 왕후사(王后寺)라 하였고, 사자(使者)를 보내어 근처의 평전(平田) 10결을 헤아려 삼보(三寶)를 공양하는 비용으로 하게 하였다."라는 것이 그 내용이다.[16]

일연은 파사석탑에 대해서 직접 답사하여 확인한 정황도 있다. 4면 5층의 탑으로 특이한 조각, 미세한 붉은 점, 무른 석질 등의 특징을 들어 우리나라에 나는 것이 아니라는 결론을 내린 것이다. 그런데 최근 국립중앙박물관이 고려대학교 산학협력단에 의뢰한 연구 결과도 한반도에서 나지 않는 재질이라는 결론을 도출한 것을 보면 설화와 역사의 거리가 멀지 않다는 추측도 가능하다.[17]

가락국의 불교 설화와 교육

그런데 여기서 논의하고자 하는 것은 가락국 불교 설화의 실증 문제가 아니다. 가락국의 불교 설화가 교육과는 무슨 관계에 있느냐는 것이다. 문자문명의 힘이 약한 구술문명의 시대에는 구전 설화 자체가 오늘날의 교과서 이상의 힘을 발휘한다. 『삼국유사』의 「어산불영(魚山佛影)」조의 내용을 가지고 설명하면 이해가 쉽다. 가락국 경내의 옥지(玉池)에는 독룡이 살고 있었고, 인근 만어산에는 다섯 나찰녀가 살고 있어 서로 왕래하고 통하였다. 이

16 『삼국유사』「기이」, 가락국기.

17 이기환. 한반도엔 없는 돌 …… 가락국 허황후 파사석탑의 정체. 경향신문(2019년 12월 20일 기사).

들이 수시로 번개와 비를 내려 4년 동안 곡식을 거두지 못하게 했다. 왕이 주술로 그들의 심술을 제지하려 했지만 하지 못하였다. 이에 스스로 머리를 숙여 부처님을 청하여 설법하였더니 나찰녀는 그제야 5계를 받았다. 그 후로 재해가 없었고 동해의 물고기와 용들은 돌로 화하여 골짜기에 가득 차 쇠북과 경쇠 소리를 내었다는 것이다. 이 설화는 지금은 전하지 않는 『고기(古記)』에 있는 설화라고 한다. 일연은 이 설화 역시 현지답사를 하여 사실 여부를 확인하였다. 설화가 말하고자 하는 바는 왕의 힘을 능가하는 부처님의 설법의 힘이다. 부처님의 설법을 듣고 악행을 그친 나찰녀는 명대 소설로 우리에게도 널리 알려진 『서유기』에도 등장하는 불교의 대표적 악귀다. 손오공도 제어가 힘든 나찰녀가 부처님의 설법을 듣고 5계를 받았으며(물론 이 설화가 『서유기』의 영향을 받은 것은 아니다. 이 설화가 시기적으로 훨씬 앞선다), 물고기와 용들이 돌로 화하여 쇠북과 경쇠 소리를 내고 있다고 했다. 쇠북과 경쇠 소리는 무지한 중생을 일깨우는 부처님의 설법, 사자후와 다른 것이 아니다. 지금도 사찰의 조석예불에 사용하는 사물은 모두 소리로써 일체 중생을 일깨우는 도구다. 범종은 땅속의 지옥중생을, 법고는 들짐승을, 목어는 물고기를, 운판은 날짐승을 제도하는 도구다. 그들이 내는 소리는 그냥 보통의 소리가 아니라 법의 소리, 즉 진리의 소리다. 물고기와 용들이 나찰녀가 살던 만어산 골짜기에서 돌로 화현하여 쇠북과 경쇠 소리를 내고 있는 것은 불교 특유의 교화 장면이다. 만어산에는 그 후(고려 명종 11년) 만어사(萬魚寺)가 세워졌고, 지금 이 돌들은 경상남도 시도기념물 제152호로 지정되어 있다.

이와 같이 지금의 김해 지역에는 가야불교와 관련한 많은 기념

물로 지적된 유적, 유물이 남아 있고, 관련 설화도 적지 않게 남아 있다. 가야불교 전래사는 단지 불교사만의 문제가 아니라 교육사에서도 소홀히 할 수 없는 문제다. 가야불교가 전설로만 남았다 하더라도 그것이 민중들의 마음에 끼친 영향은 결코 무시할 수 없기 때문이다.

[그림 1-5] 만어산의 돌
출처: 국가유산청.

'1세대' 불교교육의 교사

이 땅에 처음 석가모니의 가르침을 전한 '1세대'들은 불교적 지의 전달자이자 지의 유통자들이다. 기록에 의하면 그들은 대부분 서역 출신으로 오늘날 학교의 '원어민 교사'에 해당하는 사람들이다. 그때 그들은 어떤 식으로 '수업'을 했을까? 말도 통하지 않았을 것이고, 실은 글도 통하지 않았을 것이다. 그들이 어떤 언어를 썼는지는 알 수 없으나 삼국의 언어를 익히고 왔다고 생각하기는 힘들다. 이 경우, 그들의 수업 방법이 궁금해진다. 말과 글이 무용해진 상황에서의 수업, 여기에 교화승, 교화사로서의 그들의 진면목이 드러난다. 그들의 몸짓 하나, 손짓 하나는 천금의 말보다도 의미가 있었을 것이다. 또 이들 외국인 스승의 지를 받아들인 최초의 신라인들도 주목해야 한다. 모례라는 인물 이외에는 이름조

차 남기지 않은 사람들이다. 그러나 이들의 공적 역시 적지 않다. 한국 천주교사를 보면 박해를 받으며 그 길을 따른 사람들에게 큰 영광을 부여했다. 불교교육에서도 이들이 누군지는 모르지만, 이들의 존재는 확인된다. 그들이 낯선 사람들을 스승으로 받아들이고, 그들과 함께 굴방에서 경과 율을 공부한 것은 신라 불교교육사의 중요한 사건이고 장면이다.

법흥왕의 공적

신라의 불교가 고구려나 백제와 달리 민간 차원에서 받아들여졌다 하더라도 신라 불교교육사의 첫 막을 연 공적을 논할 때 빠뜨려서는 안 되는 왕이 있다. 바로 법흥왕(法興王, 514~540 재위)이다. 고대 사회에서의 왕을 오늘의 대통령으로 보아서는 안 된다. 정치적인 역할에서 그렇다는 것이 아니라 교육의 관점에서 보면 그러하다는 것이다. 주자(朱子)를 비롯한 유학자들이 그토록 강조한 군사(君師), 즉 만백성의 스승으로서 임금의 역할을 들먹이지 않더라도 왕들은 정치 교육의 담당자였다. 나아가, 지의 정화(精華)인 문명의 창조자이자 유통자이기도 하였다. 그런 차원에서 법흥왕을 다시 보아야 한다. 묵호자가 신라에 온 눌지왕 대에서 법흥왕 대까지는 제법 시간이 흘렀다. 이 시간은 역사책에 기록되지 않은 시간이다. 묵호자가 심은 불교교육의 씨앗은 이 몇십 년 동안 어떻게 되었을까? 그것이 역사책에는 없다는 이야기다. 그런데 뜻밖에 법흥왕 대에 씨앗에서 싹이 터 언 땅을 뚫고 나온 것이다. 겨우내 땅속에 웅크리고 있었지만 아무 일도 없었던 것이 아니었다. 『삼국유사』에서는 527년(정미년)의 두 가지 사건을 이야기하고 있다. 하나는 이른바 이차돈 순교 사건이다. 다른 하나는 낭지(朗智)법사가 영취산에 법장(法場)을 연 것이다. 이 둘은 무관한 것 같지만 그렇지 않다. 그 사이 신라 안에서 신라인 승려가 탄생한 것이다. 그리고 법장, 즉 강석을 열 정도로 이미 신라의 내부는 불교가 새로운 사상으로 성장하고 있었던 것이다. 원종(原宗, 법흥왕의 이름)은 왕위에 등극하면서 "예전 한나라 명제(明帝)가 꿈에 감응하여 불법이 동방에 유행했소. 내가 왕위에 오른 뒤부터 백성을 위해 복을 닦고 죄를 없앨 곳을 마련하려 하오." 라고 했다. 절을 짓고 불교를 받아들이겠다는 의사를 공식화한 것이다. 그로부터 14년이 흐른 후 "내가 덕이 없는 사람으로 왕업을 이으니 위로는 음양의 조화가 모자라고 아래로는 백성을 즐겁게 하지 못했으므로 정사를 보살피는 틈틈이 불교를 마음에 두고 있소. 누가 나와 같이 일하겠소."라고 하여 이차돈의 순교 사건이 생기게 된 것이다. 그런데 이차돈의 순교는 조선 말 서학교도들의 순교와는 차이가 있다. 이차돈은 왕과 갈등한 것이 아니다. 왕과 전략적으로 협력하였던 것이다. 이차돈은 왕의 뜻을 보필한 것이다. 역사를 기록한 일연은 527년에 일어난 일련의 일들을 서로 무관한 별개로 보지 않았다. 이해에 불교사의 큰일이 또 하나 있었는데, 바로 서천축의 달마대사가 양나라의 수도 금릉에 온 것이다. 양 무제와 달마는 만났고, 그들이 나눈 대화는 선종사에서 빠뜨릴 수 없는 명장면으로 알려져 있다.

양 무제: "짐이 전국에 많은 절을 짓고 탑을 쌓으며 스님들을 출가시키고 수많은 불사를 하였는데 얼마나 많은

공덕이 있겠습니까?"

달마대사: "공덕이 없습니다[所無功德]."

양 무제: "불교에서 무엇이 가장 성스러운 진리입니까?"

달마대사: "넓고 텅 비어 성스러운 것이 없습니다[廓然無聖]."

양 무제: "내 앞에 있는 그대는 누구요?"

달마대사: "알지 못합니다[不識]."

일연이 굳이 이해를 언급한 것은 대성법왕(大聖法王)으로도 불린 법흥왕을 황제보살로 불린 무제에 견주는 의미와 함께 두 나라 불교의 원년임을 밝힌 것이다. 법흥왕과 이차돈의 행위를 정치적으로 해석하는 것은 당연한 것이겠지만, 그 의미는 정치로만 한정할 수 없다. 신라의 불교교육사에서도 매우 의미 있는 사건이기 때문이다. 법흥왕의 불교적 식견이 어느 정도인지는 잘 알 수 없다. 이차돈에게 한 말을 보아 『대지도론』과 같은 경전을 읽고 그것을 활용한 것을 보면 보통 이상의 식견을 가진 것으로 짐작이 된다. 이차돈의 순교 이듬해에 왕이 영을 내려 살생을 금한 것은 신라인의 삶의 변화를 초래한 조치다. 이를 단지 상징적인 의미로만 보아서는 안 된다. 그것은 불교교육의 정책이기도 하고 실천이기도 하다. 나아가 우여곡절 끝에 짓게 된 절(흥륜사)의 공사가 끝이 나자, 그는 면류관을 벗고 방포(가사)를 입었다. 출가를 한 것이다. 법호는 법공(法空) 또는 법운(法雲)이라 하였다. 물론 이 출가는 일종의 의식이었을 것이다. 앞서 이야기한 양나라의 무제가 재임 중 사신(捨身)이라는 '퍼포먼스'를 세 차례 한 적이 있다. 그는 동태사(同泰寺)란 황실 사원을 짓고 스스로 그 절의 노비를 자처했다. 이에 왕실에서는 많은 돈을 절에 보시하고 그를 데

려오는 퍼포먼스를 했던 것이다. 양나라와 국교 관계가 있었고, 깊은 교류를 한 신라로서는 하나의 모범이 된 것이다. 또 법흥왕이 출가했을 때 궁에 있던 왕의 친척들이 절의 종이 되었다. 이 역시 하나의 범례가 되었다. 삼국 통일기의 재상 김양도(金良圖) 역시 불교를 믿었는데, 그의 두 딸을 흥륜사의 종으로 바치기까지 했다. 일연은 이러한 사실을 기록하면서 "절의 종은 지금까지도 왕손으로 일컫는다."라고 하였다.[18] 고려시대까지 절의 종에 대한 인식이 이러했을진대 누가 함부로 종을 대했겠는가? 신라 말기까지 왕실에서 또 왕족 가운데 출가한 이가 적지 않았다. 그들은 퍼포먼스로서가 아니라 진리 탐구를 위해 온 몸을 던진 사람들이다.

18 『삼국유사』「홍법」, 원종흥법 염촉멸신.

제2장

불교교육의 기초를 놓은 사람들: 신라의 유학승

제2장

불교교육의 기초를 놓은 사람들: 신라의 유학승

불교 발전의 인적 · 물적 기반

앞 장에서 신라 불교교육의 막을 연 사람들과 사건들을 이야기했다. 이 장에서는 신라 불교의 기초를 놓은 사람들, 그 중 유학승에 대한 이야기를 하려고 한다. 신라에 불교를 들여온 사람들은 외부 사람들이었다. 서역에서 중국을 통해 들어온 이들이다. 신라는 그들로부터 불교를 처음 접했고, 백성들이 먼저 그에 호응했다. 이어 왕실에서도 호응하였고, 그 첫 사업으로 절을 지었는데 바로 앞서 말한 흥륜사다. 흥륜사의 터는 신라의 이른바 7처 가람 가운데 첫 번째인 천경림(天鏡林)에 지어졌다. 7처 가람은 전불(前佛)시대의 가람, 즉 석가모니 과거 7불시대의 가람이다. 신라에서 천경림은 아도화상이 터를 잡은 곳으로 『삼국유사』에는 기록되어 있다. 사학자 이기백은 이들 7처 가람 지역은 삼한시대에는 소도(蘇塗) 지역이었다고 했는데, 예전부터 종교적 성소였다는 말이다. 흥륜사는 법흥왕 14년(527)에 처음으로 터를 닦아 진흥왕 5년(544) 2월에 낙성했다. 낙성한 다음 달, 국인(國人)이 출가하여 승니(僧尼)가 되는 것을 공식적으로 허락하였다. 이로써 내부적인 물적·인적 기반이 마련된 것이다. 이후의 일들을 『삼국유사』에서는 이렇게 적고 있다.

> 태청 초년 양(梁)나라의 사신 심호(沈湖)가 사리를 가지고 왔고, 천가 6년(565)에 진(陳)나라의 사신 유사(劉思)는 명관(明觀)과 함께 불경을 받들어 왔다. 절들은 별처럼 벌여 있고 탑들은 기러기 행렬처럼 연이어 섰다. 법당(法幢)을 세우고 범종을 달았다. 용상의 승려들은 천하의 복전이 되었다. 대승 소승의 불법은 신라의 자운(慈雲)이 되었다. 타방의 보살이 세상에 출현하고 —분황(芬皇)의 진나(陳那), 부석(浮石)의 보개(寶蓋), 낙산(洛山)의 오대(五臺) 등이 이것이다— 서역의 명승들이 이 땅에 오시니 이로 말미암아 삼한은 합하여 한 나라가 되고 사해(四海)가 한 집이 되었다.[1]

신라가 불교를 받아들일 때도 양나라(502~557)의 힘이 컸지만 이후 흥륜사를 낙성하고 나서도 양나라, 진나라(557~589) 등 중국의 남조(南朝)와도 활발한 교류가 이루어졌다.

1 『삼국유사』「흥법」, 원종흥법 염촉멸신.

최초의 유학승 각덕

불교 교류는 인적 교류와 문물 교류로 나눌 수 있다. 문물 교류는 불경이나 향, 사리 등과 같은 것들이고, 인적 교류는 승려의 교류가 중심이 된다. 불교 공인 후 중국 측에서 신라에 온 이는 명관(明觀)이라는 이름이 보이고, 신라에서 양나라로 간 사람은 각덕(覺德)이 처음이다. 『해동고승전』에는 각덕에 대해 이렇게 기록하고 있다.

> 신라는 이미 불교를 받들어 행하였으므로 사람들은 다투어 귀의하고 믿었다. 스님은 통달한 지혜로 세상을 교화할 수 있음을 알고 말하기를, "높은 곳으로 옮기려면 반드시 골짜기에서 나와야 하듯, 도를 배우려면 스승을 구하기에 힘써야 한다. 만일 편안하게 살고 느리게 행한다면 부처님의 제자로서 부모의 은혜를 저버리고 출가한 본뜻이 아니다."라고 하고 곧 배를 타고 양나라로 들어가 법을 구하는 데 선봉이 되었다. 다만 어느 해였는지는 알 수 없지만, 신라 사람으로서의 유학은 이것이 처음이다. 드디어 고명한 스승들을 두루 찾아 섬기면서 그 가르침을 갖추어 받으니, 마치 눈자위를 덮은 막을 벗긴 것 같고, 귓속의 귀지를 파내 버린 듯 하였다. 시작이 있고 마침이 있었으며, 거칠지도 않고 게으르지도 않았으니, 덕은 높고 행은 뛰어나 도덕과 인망은 갈수록 높았다. 그러나 보배를 캐는 것은 단지 나 혼자만 쓸 것이 아니고 마땅히 고국으로 돌아가 가난한 사람들을 널리 구제해야 한다고 하고는 진흥왕 10년(549)에 양나라 사신과

> 함께 부처님 사리를 가지고 본국 경주로 돌아왔다. 왕은 급히 유사에게 명하여 바로 백관으로 하여금 예를 갖추어 흥륜사 앞길에 나가 맞이하게 하였으니, 이 또한 사리의 시초였다. …… 스님은 마침 임금이 불교를 신봉하던 때에 상국(上國)의 중사(重使)를 따라 본국에 돌아왔으므로 아무런 어려움도 없었다. 또 법수(法水)로써 신라 끝까지 두루 적시어 게으른 사람들을 모두 똑바로 세워 널리 불도에 귀의하고자 하는 뜻을 품게 하였으니, 그 공적과 이익을 어찌 다 말할 수 있겠는가?[2]

각덕의 출가는 국가에서 공식적으로 출가를 허락하기 전인지 후인지 자세하지 않다. 전이라면 자도승(自度僧)이 된다. 아마 귀국 행사의 성대함을 볼 때(양나라 사신과 함께 부처님 사리를 가지고 경주로 왕과 백관의 환영을 받으며 돌아온 것) 출가와 유학 역시 왕실에서 인지하고 있었을 가능성이 크다. 여기서 우리가 또 하나 눈여겨보아야 할 부분은 그가 유학을 가서 어떤 수학과 수행을 했느냐 하는 것이다. 이것은 불교적 지의 학습 과정으로서 불교교육사에서 매우 중요한 부분이다. 이에 대해서는 구체적이지는 않지만, 고명한 스승들을 두루 찾아 섬기면서 그 가르침을 갖추어 받았다는 것이 기록되어 있다.

---

2 『해동고승전』「유통」, 석각덕.

양나라의 불교

당시 중국의 남조는 불교가 매우 성행했다. 그 가운데 각덕이 유학을 떠난 양나라는 사찰 숫자가 2,846개소, 승려의 숫자는 82,700명에 달할 정도로 남조 가운데서도 가장 불교가 성행한 나라였다. 또 지명(智明)이 유학을 간 진나라 역시 사찰 1,232소, 승려 32,000명이 달할 정도였으니 오늘날 대한민국의 사찰과 승려 수를 비교해 보아도 달리는 숫자가 아니다. 더구나 각덕이 양나라에 갔고 549년에 돌아왔다면, 이 시기는 양 무제(武帝) 소연(蕭衍)이 재위한 시기(502~549 재위)와 일치한다. 무제 재위기는 남조 전체를 통틀어서도 가장 불교가 성행한 시기였다. 그의 아들 소명태자(昭明太子) 소통(蕭統, 501~531)은 『문선(文選)』을 편찬한 것 이외에도 『금강경』을 32분으로 나눈 인물로 유명하다. 각덕은 바로 이 시기에 유학을 하여 남조의 불교문명을 공부한 학생이었고, 돌아와 그 문명을 신라에 전달한 스승이었던 것이다. 『해동고승전』을 편찬한 각훈은 그의 행적을 「유통」편에 편찬하였다. 그를 불교적 지의 유통자로 보았던 것이다. 당시의 신라 사람들에게 법의 물(法水)로써 온 신라를 두루 적셨고 게으른 사람을 바로 세워 진리로 나아가게 하는 뜻을 품게 하였다는 말은 불교교육자로서의 그의 공적을 잘 말해 주고 있다.

안홍법사와 지명법사

각덕 이후에 유학을 간 사람이 누군지는 명료하지 않다. 『삼국사기』의 기록으로는 "안홍법사가 수나라에 들어가 법을 구했는데, 호승 비마라(毗摩羅) 등 두 승려로 더불어 돌아와 『능가승만경(稜伽勝鬘經)』과 불사리를 바쳤다."라고 하며,[3] 진흥왕 37년(576)에 안홍법사(安弘法師)가 수나라에서 귀국했다고 했다. 수나라는 581년에 건국되었는데, 안홍법사가 수나라에서 돌아왔다고 하니 연대가 맞지 않다. 『삼국유사』「탑상」편에는 안홍을 해동(신라)의 명현(名賢)이라고 하였으며, 『동도성립기(東都成立記)』를 지었다 하고, 거기에 실려 있는 황룡사구층탑의 유래를 인용하고 있다.[4] 역시 앞의 기록(진흥왕 37년 조)과 시기가 맞지 않고, 명현이라고 한 것을 보면 또 다른 사람일 가능성도 있다. 이러한 점을 생각하여서인지 각훈은 『해동고승전』을 편찬하면서 안홍의 기록이 시기가 맞지 않음을 말하며, 안홍법사가 안함(安含)법사일 가능성을 이야기하였다. 그가 귀국할 때 동행한 호승은 안함과 동행한 호승일 것이라는 것을 지적하기도 하였다.[5] 안함에 대해서는 잠시 후에 이야기할 것이다.

다음으로 지명법사(智明法師)가 있다. 그는 우리에게는 그다지 알려지지 않은 인물인데, 진평왕 7년(585)에 진(陳)으로 유학을 떠났다. 그의 수학 과정 역시 "바다와 육지를 구름처럼 노닐고, 동으로 서로 돌아다녔다. 진실로 도가 있고 명성이 있는 분이라면 두

3 『삼국사기』「신라본기」, 진흥왕.

4 『삼국유사』「탑상」, 황룡사구층탑.

5 『해동고승전』「유통」, 석안함.

루 다 찾아다니며 물었으니, 마치 나무가 먹줄을 따르는 것과 같고, 금이 그릇을 이루는 것과 같았다."라고 하였고,[6] 17년이 지난 진평왕 24년(602) 9월에 입조사(入朝使)를 따라 귀국하였다고 『해동고승전』은 전하고 있다. 『해동고승전』 「유통」편 「석지명(釋智明)」조에는 담육(曇育)이라는 법사도 진평왕 8년에 수나라에 들어가 8년 뒤 귀국했다고 적고 있다.

서학의 길을 연 원광

진평왕 대(579~632 재위)에는 많은 사람이 유학을 떠났지만, 귀국 후 가장 뚜렷한 흔적을 남긴 이는 원광법사(圓光法師)다. 일연은 『삼국유사』를 편찬하면서 「의해(義解)」편 첫머리에 「원광서학(圓光西學)」조를 실었다. 원광이 서쪽(중국)으로 가서 불법을 공부했다는 것이다. 일연은 「의해」편 첫머리에 원광을 실은 이유가 "진, 수나라 때 해동 사람으로서 바다를 건너 도를 물은 이는 드물었다. 설령 있어도 아직 크게 떨치지는 못했다. 원광 이후 그를 이어 중국으로 배우러 간 이가 끊이지 않았으니 원광이 그 길을 열었던 것이다."라고 하여 원광이 "길을 열었던[啓途]" 공적 때문임을 인정하였다. 그리고 원광의 행적에 대해 상세히 언급하고 있다. 그의 행적 가운데 학문, 교육과 관련된 부분만 몇 가지로 나누어 살펴보기로 하자.

먼저, 출가 전의 상황으로서 그의 학문적 상황에 대해 『삼국유사』는 이렇게 기록하고 있다.

6 『해동고승전』「유통」, 석지명.

> 대대로 해동에 살면서 조상의 풍습을 오랫동안 계승했는데 생각과 그릇이 넓고 크며 문사를 좋아해 현학과 유학을 섭렵하였고, 제자백가와 역사서를 연구하여 문장이 삼한에서는 떨쳤으나, 박학함은 중국에 비해 손색이 있었다. 드디어 친구들과 작별하고 해외에 가기로 마음을 다잡았다.[7]

성씨가 박 씨(『수이전』 안의 「원광법사전」에는 설 씨로 되어 있다)인 것으로 보아 귀족 출신이었던 것으로 보인다. 학문을 좋아하여 학업의 범위가 넓었는데 유학은 물론이고 노장사상 등 제자백가와 역사서까지 연구했다고 하니 6세기 말 신라의 대표적 지식인으로 볼 수 있다. 그러한 그가 중국으로 떠나기로 결심한 것은 자신의 박학함이 중국에 비해 손색이 있었음을 인식했기 때문이라 한다. 이 말을 한 당시 신라의 지적 환경을 보면, 이미 그 자신도 제자백가서까지 다 읽었을 정도로 다양한 문헌이 들어와 있었으며, 해외로 떠나는 사람들도 속속 생기게 되었다. 원광이 유학을 떠난 시기는 진평왕 11년(589)인데, 당시 이미 지적 분위기가 무르익었다고 할 수 있다.

원광의 불교 수학과 수행 과정

다음으로 우리가 주목해야 할 부분은 중국으로 가서의 불교 수학 상황이다. 이에 대해서는 이런 기록이 남아 있다.

7 『삼국유사』「의해」, 원광서학.

> 이미 이에 처음 출가하여 구족계를 받고 강석을 돌아다니며 아름다운 계책에 진력하고 미묘한 언어를 습득하였고 세월을 허송하지 않았다. 고로 『성실(成實)』과 『열반(涅槃)』을 얻어 마음에 쌓아 두고, 삼장(三藏)과 석론(釋論)을 두루 열람하여 얻어 냈다. 후에는 또 오(吳)나라의 호구산(虎丘山)에 들어갔는데 염정(念定)을 서로 따르고 각관(覺觀)을 잊음이 없었다. 승려들이 구름같이 임천(林泉)에 모여들었다. 아울러 사함(四含: 사아함경)을 모두 섭렵하여 공효(功效)가 팔정(八定)에 들어갔기에 명선(明善)을 쉽게 습득하고 통직(筒直)이 어그러지지 않았다. 평상시 갖고 있는 마음에 몹시 맞아서 드디어 이곳에서 생을 마치려는 생각이 있었다. 이에 인사(人事)를 끊고 성인의 자취를 두루 유람하며 세상 밖을 생각하였고 영원히 속세를 멀리하였다.[8]

사실 원광이 진나라로 간 것은 불교를 공부하기 위해 간 것은 아니었을 수 있다. 진나라가 문명국이라는 소문을 듣고 간 것이고, 거기서 평소의 학문적 의문을 모두 해소했다. 그러다 장엄사(莊嚴寺) 민공의 제자의 강의를 듣게 되었고, 거기서 세간의 전적(典籍)들을 썩은 지푸라기로 여기게 되었다. 진나라의 황제를 만나 불문(佛門)에 귀의할 것을 청했고, 황제는 칙명으로 허락했다. 먼저 경・율・론의 삼장과 각종 대승, 소승 경전을 두루 익혔다. 그리고 호구산(쑤저우에 있는 산)에 들어가 수행을 한 결과, 많은 승려가 구름같이 몰려들게 되었다. 이에 대해 『삼국유사』에서는

---

8 『삼국유사』「의해」, 원광서학.

"법륜이 한 번 움직일 때마다 문득 세상 사람을 불법에 쏠리게 하였고, 비록 이역에서의 전교라고 하나 도에 젖으면 문득 혐극(嫌隙)을 버렸으므로 명망이 널리 퍼져 영외에까지 전파되니, 가시덤불을 헤치고 바랑을 지고 오는 사람이 서로 닿아 고기비늘 같았다."[9]라고 하였다. 이 내용은 매우 주목할 부분이다. 그가 중국 현지에서 불교교육자로서 활동한 기록이기 때문이다.

신라에서 가르침을 편 원광

원광법사는 신라 진평왕 22년(600) 수나라에서 귀국하였는데, 불교 강의는 말할 것도 없고 국가적으로 중요한 외교 관계 문서를 작성했으며 국정 자문 역할도 담당했다. 아울러 유명한 세속오계 고사는 교화자로서 당시 법사의 위치와 아울러 교화 내용과 방식도 짐작하게 하는 자료다. 당시의 현사(賢士) 귀산(貴山)과 추항(箒項)은 "우리는 덕행이 높고 학문이 있는 이와 교유하기로 기약했는데 먼저 우리의 마음을 바루고 몸을 닦지 않으면 아마 치욕을 당함을 면치 못할 것이니, 어찌 현자(賢者) 곁에 가서 도리를 듣지 않으랴."[10]라고 하면서 가실사(加悉寺)에 거주하고 있는 법사에게 가르침을 청하였다. 법사의 가르침인 세속오계는 사실 불교 계율이라기보다는 유교가 우선되는 계율이라 할 수 있으며, 이는 승려인 원광의 지성의 폭을 방증해 주는 것이라 할 수 있다. 다시 말하면, 원광의 지성은 불교라는 사상을 통해서만 드러나는 것은 아니

9 『삼국유사』「의해」, 원광서학.

10 『삼국사기』「열전」, 귀산.

고 유교, 제자백가와 더불어 문학, 역사 등 모든 방면에서 드러났다는 측면에서 통합적 지성의 면모를 제시했다 할 수 있다.

신라십성 안함의 유학

안함은 흥륜사 금당에 안치되어 있는 십성(十聖) 가운데 한 사람이다. 『해동고승전』에서는 여러 전적을 인용하며 비교적 상세히 안함의 구법 행적부터 귀국 관련 기사까지 다루고 있다. 이 가운데 출신과 구법 행적을 보면 이러하다.

> 승려 안함(安含)은 속성이 김 씨요, 시부 이찬의 손자이다. 나면서부터 도리를 깨달았고, 성품이 맑고 허심탄회하였다. 의지가 굳고 깊고 아름다운 도량은 그 깊이를 헤아릴 수가 없었다. 일찍부터 마음대로 세상을 두루 돌아다니는 것에 뜻을 두어, 풍속을 살펴보고 널리 교화하였다. 진평왕 22년에 고승 혜숙(惠宿)과 친구가 되기를 약속하고, 뗏목을 타고 이포진(泥浦津)으로 가는 도중 섭도(涉島) 아래를 지나다가 갑자기 풍랑을 만나 뗏목을 되돌려서 물가에 대었다. 이듬해에 임금이 교지를 내려 법기(法器)를 이룰 만한 자를 뽑아 중국에 파견하여 학문을 닦게 하고자 하였을 때, 마침내 법사가 명을 받들어 가게 되었다. 이에 신라 사신과 동행하여 배를 타고 바다를 건너 중국의 조정으로 갔다. 천왕이 불러 친히 보고 크게 기뻐하며 칙명으로 대흥성사에 머물게 하였다. 스님은 단시일 내에 깊은 뜻을 환히 깨달았다. …… 십

승(十乘)의 비법과 『법화현의(法華玄義)』의 진실한 문장을 5년 동안에 두루 보지 않은 것이 없었다.[11]

여기서 주목할 것은 진평왕이 교지를 내려 법기를 이룰 만한 자를 뽑아 중국에 파견하여 학문을 닦게 했다는 것이며, 안함이 거기에 선발되었다는 것이다. 앞서 각덕의 유학 역시 조정 왕실과 무관하게 임의로 간 것이 아닐 것이라고 했는데 안함 역시 진평왕이 선발한 학문을 위해 유학을 떠난 사람 가운데 한 사람임을 확인할 수 있다.[12]

[그림 2-1] 안함 초상
출처: 경주시청.

도당유학승과 입학승

흔히 신라에서의 중국 유학을 도당유학(渡唐留學)이라 하여 유

---

11 『해동고승전』『유통』, 석안함.

12 이렇게 본다면 신라의 유학사(留學史)에서 진평왕과 그 시대를 주목하지 않을 수 없다. 신라 불교사에서 법흥왕, 진흥왕의 공적에 대해서는 그간 많은 논의가 이루어져 왔다. 그러나 진평왕에 대해서는 그다지 주목하지 않았다. 진평왕은 진흥왕의 태자 동륜(銅輪)의 아들이며, 휘(諱)가 백정(白淨)이다. 부인은 마야부인(摩耶夫人) 김씨였다. 그의 가계, 가족 관계만 보더라도 불교적 색채가 짙다. 석가모니의 아버지가 백정이고, 마야부인은 석가모니의 어머니다. 법흥왕, 진흥왕을 능가하는 호불왕이며, 정치적으로 불교교육의 토대를 구축한 왕으로 볼 수 있다.

학자들의 유학에 대해 큰 의미를 부여하고 있다. 즉, 선덕여왕 9년(640)에 왕이 자제를 당에 보내어 국학에 들어가기를 청한 일이 그것인데, 신라의 지성사를 볼 때 큰 사건이다. 그런데 그보다 먼저 진평왕대에 불교 유학생을 선발했다는 것을 그간의 교육사에서는 주목하지 않았다. 불교의 유학은 구법이라는 말을 썼다. 물론 틀린 말은 아니다. 여기서 법이라는 것은 불법(佛法)을 말하지만, 불법을 구한다는 말과 함께 실제 당시에 사용한 말은 '학문(學問)'이라는 용어다. 각덕에 대해서도 구법승이 아니라 '입학승(入學僧)'이라고 했으며, 앞의 인용문에서도 진평왕이 "중국에 파견하여 학문을 닦고자 하였을 때[入朝學問]"라고 하였다. 또 일본의 기록을 보더라도 일본에서 신라 등 외국에 불법을 공부하기 위해 파견한 승려를 학문승(學問僧)이라고 했다.[13] 이를 보면 이 사건은 교육사에서는 놓칠 수 없는 사건이다. 안함이 중국에 머문 5년간 불교 서적을 "두루 보지 않은 것이 없었다[莫不解覽]."라고 한 것은 불교적 지의 학습 기간이었음을 의미한다.

인도로 유학을 간 승려들

그런데 신라인의 불교 유학은 중국에 한정된 것은 아니다. 『삼국유사』 「의해」편에는 천축, 즉 인도에 유학을 간 승려들을 '천축으로 간 여러 스님들[歸竺諸師]'이라는 제목으로 신라승 아리나발마

13 특히 685년에서 718년까지 『일본서기』나 『속일본기』 등을 보면 '신라 학문승'의 이름이 여럿 보인다. 이미 신라의 불교가 발전하여 일본의 유학생을 받을 정도가 되었다는 것이다.

(阿離那跋摩)에 대해 이렇게 기록하고 있다.

> 처음 불법을 구하려고 일찍이 중국으로 갔다. 그러나 불교 유적을 순례하다 용기가 나서 정관 연간에 장안을 떠나 다섯 천축국에 이르렀다. 나란다사에 머물러 율장과 논장을 많이 열람하고 패엽에 베껴 썼다. 몹시 고국에 돌아오고 싶어 했으나 목적을 이루지 못하고 갑자기 그 절에서 세상을 떠나니 나이가 70여 세였다.

이 내용은 당의 의정(義淨, 635~713)이 저술한 『대당서역구법고승전(大唐西域求法高僧傳)』의 내용이다. 『대당서역구법고승전』에는 61명의 서역 구법승의 전기를 싣고 있는데, 그중 신라인이 8명, 고구려인이 1명이다. 아리나발마 외에 신라인은 혜업(慧業), 구본(求本), 현태(玄太), 현각(玄恪), 현조(玄照)와 이름을 알 수 없는 2인이 있다.

전기를 통해 알 수 있는 몇 가지 사실은 다음과 같다. 첫째, 이들은 중국을 통해 인도로 갔으며, 중국에서 이미 많은 수행과 수학을 한 후에 갔다는 것이다. 중국에서 인도로 가는 노정은 해로와 육로가 있었는데, 신라 구법승 현태의 경우 육로를 택했다. 토번(티베트)을 거쳐 네팔을 지나 인도에 도착하는 경로였다. 둘째, 이들이 서역으로

[그림 2-2] 나란다대학 유적
출처: 유네스코.

간 것이 정관 연간(627~649)과 영휘 연간(650~655)으로 나타난다. 이들이 중국에 간 것은 그보다 훨씬 전이었을 것이다. 7세기 중엽에 인도까지 간 것을 보면 신라의 불교유학사 전체를 볼 때 이른 시기다. 셋째, 서역에서의 활동은 석가모니의 유적지를 참배한 외에 주로 나란다(날란다, 나란타)사에 머물며 경과 율, 논 등 삼장의 학문을 익혔으며 그것을 베껴서 보관했다. 나란다사는 5세기경에 지어진 절로, 흔히 나란다대학이라 불리는 불교 대학이다. 631년, 당의 현장 법사가 이곳으로 왔을 때, 상주하는 승려가 1만 명, 승려를 가르치는 교수가 2천 명이나 되던 지성의 집합소였다. 외국 사람으로서 이름을 얻고자 하는 사람은 모두 이곳에 와서 학문적 토론에 참여함으로써 비로소 명예를 얻는다고 했다. 심지어 거짓말로 이곳을 갔다 왔다고 하기만 해도 인정받을 수 있는 분위기였다 한다. 넷째, 『대당서역구법고승전』을 보면 현지의 이름을 가지고 있는 이도 적지 않은데, 신라인으로 인도 현지 이름을 가진 사람으로는 성개(聖鎧), 성주(聖冑)로 의역되는 아리야발마와 살바신야제바(薩婆愼若提婆, Sarvajinadeva)라는 이름을 가진 현태(玄太) 법사다. 현지의 이름을 가졌다는 것은 진리를 구하겠다는 그들의 마음가짐을 나타낸다.

[그림 2-3] 왕오천축국전
출처: 국립중앙박물관.

나아가 그곳에 남아 현지의 글을 읽고 세계인들과 불교적 지식에 대해 열띤 토론을 했다는 것은 이미 그들은 국제인이었다는 것이다.[14] 인도 유학을 떠난 사람 가운데『대당서역구법고승전』에는 이름을 남기지 않았지만 뒷날 혜초(慧超, 704~787?)와 같은 이로 이어진다. 혜초는 719년, 불과 16세의 나이로 당으로 유학을 가서 밀교승 금강지(金剛智)를 사사했고, 해로로 인도를 가서 4년간 인도와 서역의 여러 곳을 순례하고 그 유명한『왕오천축국전(往五天竺國傳)』을 남겼다. 우리는 혜초를 이러한 여행기를 남긴 사람으로만 알고 있지만 그는 위대한 학승이었다.

신라 구법의 유학의 교육사적 의의

중국으로 유학을 떠난 구법승들은 중국 남조 양나라 때부터 북송 전반기까지 기록에 남아 있는 사람은 모두 223명이며, 명나라 초기까지는 244명으로 파악된다.[15] 물론 이름이 파악되지 않은 사람까지 치면 엄청난 숫자가 될 것이다. 신라시대의 구법 유학의 흐름은 끊어지지 않았지만 크게 세 흐름으로 나누어 볼 수 있다. 첫째 물결은 이 장에서 주로 다룬 내용으로, 진흥왕에서 진평왕 대에 이르기까지의 유학이다. 둘째 물결은 신라 중대의 일로,

14 신라인들이 범어(梵語), 즉 산스크리트어를 배운 경로는 고승전에는 나와 있지 않다.『대당서역구법고승전』의 첫머리에 등재된 현조(玄照)의 경우를 보면 대흥선사(大興善寺)에서 범어를 처음 배웠다고 했으며, 그 뒤 티벳을 지나 사란다국에 4년간 머물며 범어를 배웠다고 한다. 신라의 서역구법승들은 대부분 먼저 중국에 유학한 후 다시 인도로 향했으니 그들 역시 중국에서 범어의 기초를 배웠을 가능성이 있다. 이 경우 중국어를 먼저 배운 후 범어를 배웠을 것이니 그 어려움은 배가 되었을 것이다.

15 黃有福, 陳景富(권오철 역),『韓中佛敎文化交流史』, 까치, 1995, 41쪽.

대표적인 유학승은 자장, 의상, 승전 등이다. 그리고 셋째 물결은 신라 하대에 일어났는데, 당나라에서 선종의 바람이 불어왔을 때다. 뒷날 선문 9산을 연 대부분의 승려가 이 시기 유학을 다녀왔고, 그것을 바탕으로 마침내 남의 손을 빌리지 않아도 될 정도로 내부적인 역량을 쌓게 되었다고 평하게 되었다.

불교는 고대 동아시아 문화, 문명의 핵심적 요소의 하나이다. 이러한 불교를 처음 이 땅에 전래한 것은 서역의 이방인들이었다. 그러나 그로부터 100년도 안 되어 수많은 신라인이 중국과 서역에서 진리 탐구를 위한 고난의 구법 유학이 이루어졌다. 이들이 그곳에서 배워 신라에 전수한 것은 불교교육의 핵심인 불교적 지였다. 이는 신라인에게는 하나의 새로운 문명이었다. 구법 유학승 그들은 신라 최초의 지성인 그룹이었고, 그들로 인하여 신라는 동아시아 유수의 문명국가가 되었다. 그들은 신라시대 불교교육의 선구자들이며, 기초를 놓은 사람들이다.

제3장

고승과 불교교육(1): 자장

제3장

고승과 불교교육(1): 자장

불교교육사의 탐구 대상으로서 고승

고승(高僧)은 승려 가운데 고매한 인격과 탁월한 능력을 역사적으로 인정받은 사람들을 일컫는 말이다. 그들은 불교사에서 중요한 업적을 남긴 사람들이며, 후세 사람들이 그들의 삶을 '전(傳)', 즉 전기(biography)에 남길 정도의 위대한 인물들이다. 최초의 고승전은 『양고승전(梁高僧傳)』인데, 고승을 열 가지 과(科)로 분류했다. 이는 전문적 능력과 업적으로 고승을 분류한 것이다. 그 열 가지는 역경, 의해, 신이, 습선, 명율, 유신(망신), 송경, 흥복, 경사, 창도 등이다. 역경과에 든 사람은 불경의 전래와 번역에 일생을 바친 승려들이며, 의해과에 든 사람들은 불교적 진리를 풀이한 승려들이다. 신이과는 특별한 신통력을 발휘한 승려들이고, 습선과는 선정을 일생 닦은 승려들, 명율과는 계율을 전문적으로 연구하고 실천한 승려들, 망신과는 몸을 던져 도를 이룬 승려들, 송경과는 경전 암송의 공덕을 남긴 승려들, 흥복과는 탑과 불상을 조상한 승려들, 경사과와 창도과는 범패의 글과 소리에 전문성을 발휘한 승려들이다. 그들의 이러한 능력은 오랜 시간 수행을 통해 습득한 것이다. 그들은 그렇게 습득한 전문적 능력을 바탕으로 교화력을 발휘한 사람들이다.

고승에 대해서는 이미 불교사에서 많이 언급하고 있다. 이 장부터 제6장까지는 불교사가 아니라 불교교육의 관점, 즉 불교의 가르침을 펴는 스승으로서의 고승의 삶을 고찰할 것이다. 이 책에서의 고승의 삶은 두 가지 측면에 주목하고 있다. 하나는 학습자의 측면이다. 한 인간이 태어나 고승이 되기까지의 수학 혹은 수행의 과정이다. 앞서 고승의 조건으로 인격과 능력을 들었는데, 그것은 무(巫)처럼 신으로부터 받은 것이 아니다. 그것은 학습을 통해 습득한 결과물이라는 점에 우리는 주목해야 한다. 이 결과가 도출되는 과정을 고승의 '학습사(history of learning)'라는 관점으로 살펴보려고 하는 것이다. 사실, 수행의 과정이 주가 되는 고승의 학습사는 불교교육사의 중요한 부분이지만 연구자들이 크게 주목하지 않았다. 그 까닭은 우선 기록의 미비를 들 수 있다. 잃어버린 기록도 많지만, 출가 이전, 득도(得道) 이전의 일은 묻지도 중시하지도 않은 관행이 있었다. 또 연구자의 인식도 문제였다. 교육사는 가르침의 역사일 뿐 아니라 배움의 역사이기도 하다. 그러나 우리는 그간 배움의 문제에는 크게 주목하지 않았다. 불교는 수행을 중시하는 종교인데, 이 수행을 오늘날 교육학의 용어로 바꾸면 자기학습이다. 이와 관련하여 우리는 풍부한 역사적 자산을 보유하고 있다. 일찍이 『중용』에서도 수도가 교육이라고 하지 않았나[修道之謂敎]. 불교교육사는 이를 고승의 삶에서 읽어내야 한다. 당연히 불교교육사에서는 교수자, 교육자로서의 고승의 삶에 대해서도 주목해야 한다. 중생 교화를 어떻게 했는지, 그 교화가 당시 사회에 어떤 영향을 끼쳤는지는 불교교육사의 핵심이다. 이 두 가지, 즉 학습사와 교화사는 새로운 것이 아니라 상구보리 하화중생의 전통으로 이미 중시되어 왔다. 그것을 교육학의 관점에서 다시 보고, 교육학의 개념으로 이야기해 보자.

불교국가 신라는 수많은 탑과 절이 있었고, 수많은 고승도 있었다. 중국과 마찬가지로 신라에서도 고승전이 편찬된 적이 있다. 김대문(金大問)이 편찬한 『고승전』이 그것인데, 아쉽게 지금은 전하지 않는다. 신라의 고승들에 대해서는 중국의 일부 고승전에서 전하는 내용과 『해동고승전』과 『삼국유사』 등을 통해 고찰할 수 있다. 물론 『삼국유사』에는 고승전과는 다른 형식으로 많은 고승의 이야기를 담고 있다. 그 가운데 고승전과 가장 유사한 것은 「의해」편이다. 여기서 일연은 원광에서부터 보양, 양지, 혜숙과 혜공, 자장, 원효, 의상, 사복, 진표와 천축에 유학한 법사들의 전(傳)을 기록하고 있다. 그래서 『삼국유사』는 일연편 고승전이라 할 만하다. 한국의 전 역사를 볼 때 신라시대만큼 고승이 많이 배출된 시대는 없다. 제3장에서 제6장까지는 일단 신라 중대 몇몇 고승의 교육적 삶을 이야기하고자 한다. 앞 장에서 언급한 유학승들도 고승의 반열에 들어 이미 고승전에 실린 사람이 적지 않다. 그들의 업적에 힘입어 신라 사회에서 자체적으로 불교의 역량을 최고로 올린 시기가 신라 중대이다.

원력 소생의 인물, 자장

한국 불교사에서 자장(慈藏, 590~658)은 율사로서의 확고한 위

[그림 3-1] 자장율사
출처: 통도사.

상을 가진다. 불보종찰이라는 통도사(通度寺)나 강원도의 월정사(月精寺)와 중대의 적멸보궁(寂滅寶宮), 정선의 정암사(淨巖寺)를 비롯하여 자장이 창건했다는 많은 사찰이 건재하고, 자장과 관련한 연구물도 수백 편을 넘는다. 그런데 불교교육자로서의 그의 활동과 업적에 대해서는 아무도 주목하지 않고 있다. 자장의 당대에 편찬된 전기인 『속고승전』「신라국(新羅國) 대승통(大僧統) 석자장전(釋慈藏傳)」은 「호법」편에 분류되어 있다. 일연은 『삼국유사』에서 '자장정율(慈藏定律)'이라는 표제어를 달았다. 계단(戒壇)을 정한 업적을 호법으로 본다면 둘 다 이해가 가는 생각이다. 그렇다면 불교교육자로서의 그의 삶, 그의 업적은 어떻게 볼 수 있을까?

한 인물의 성장사 · 학습사에서 먼저 보아야 할 것은 원초적 학습 환경으로서 부모다. 이에 대해서 『삼국유사』에서는 이렇게 기록하고 있다.

> 그 아버지는 청요직(淸要職)을 지냈으나 후사를 이을 아들이 없어서 삼보(三寶)에게 귀심하여 천부관음(千部觀音)을 조성하고 자식 하나 낳기를 바라며, "만약 아들을 낳으면 내놓아서 법해진량(法海津梁)으로 만들겠습니다."라고 축원했다.

> 어머니가 문득 별이 떨어져서 품속으로 들어오는 꿈을 꾸고 인하여 임신하게 되었다. 태어나니 석가세존과 같은 날이었으므로 선종랑(善宗郞)이라 이름하였다.[1]

이 기록은 자장과 동시대의 인물 도선(道宣, 596~667)이 편찬한 『속고승전(續高僧傳)』의 기록에 근거한 것으로 보인다.[2] 두 기록의 공통된 내용은 아버지가 고관으로 자식이 없어 천부관음을 조성하고 기도하여 아들을 얻었다는 것, 별이 떨어져 품속으로 왔다는 어머니의 태몽, 아이가 태어난 날이 사월 초파일이라는 것이다(590년). 그런데 『속고승전』에는 아버지의 이름은 무림(武林)이며, 관직은 왕족 벼슬인 소판이(蘇判異)에 이르렀다고 구체적으로 기록하고 있다. 또 평소 불교를 숭상하였고[素仰佛理], 부처님의 보살핌을 받으려고 널리 승려들을 청해 크게 재물을 희사하는 사람이었다고도 기록하고 있다.[3] 자장이 불교적 가정 환경에서 태어났다는 것을 알 수 있다. 그의 출생담에서 또 하나 주목할 점은 그가 아버지의 원력에 의해 태어났다는 것이다. 그의 아버지는 "만약 아들을 낳으면 내놓아서 법해진량(法海津梁)으로 만들겠습니다."라고 했는데, 진량은 나루터와 다리다. 아이를 출가시켜 모든 중생을 제도하게 하는 나루터와 배가 되도록 하겠다는 원력을 세

1 『삼국유사』「의해」, 자장정율.

2 『삼국유사』가 후대 기록이지만 이것을 인용한 것은 일연이 이미 그 이전의 기록을 바탕으로 중국 측 기록에 없는 당시까지의 모든 사실(史實)을 종합했다고 보기 때문이다. 반대로 『삼국유사』에 없는 내용 가운데 주목할 내용은 따로 언급하였다.

3 『속고승전』 24권, 석자장전(釋慈藏傳). 이 글의 원문 및 번역문은 동국대학교 불교학술원에서 제공하는 불교기록문화유산 아카이브(https://kabc.dongguk.edu)에 따랐으며, 일부 차이가 있는 것은 저자가 수정한 것이다.

운 것이다. 불교는 인간의 출생을 업으로 설명하지만(업소생) 업이 아닌 원력으로 태어나는 경우(원력소생)도 있다. 석가모니가 대표적인 사례다. 업의 윤회로 태어난 존재가 아니라 중생 제도를 위한 원력에 의해 태어났기 때문이다. 그가 사월 초파일에 태어났다는 것에서도 그런 상징적 의미를 엿볼 수 있다. 어찌 보면 지금과 같은 시대, 인간의 탄생을 정자와 난자의 우연한 결합으로 설명하는 시대에서는 믿기 어려운 이야기다. 자장이 고승이 된 것을 합리화하기 위해 후대에 만들어 낸 이야기라고 여길 수도 있을 것이다. 그러나 그렇지 않다. 도선이『속고승전』의 편찬을 끝낸 것은 645년이다. 아직 자장이 살아 있을 때이고 중국에서 귀국한 지 그리 오래되지 않았을 때다. 후대에 만들어 낸 이야기가 아닌 것이다. 자장이 어릴 때 부모로부터 들은 이야기일 것이며, 아이는 그로 인해 불교와의 인연을 숙명쯤으로 받아들였을 것이다. 운명은 거역하기 어려운 것이다. 거역하려 해도 상황이 그렇게 흘러가게 되어 있다.

출가 인연과 사서(史書)의 학습

자장의 출생은 아버지의 원력에 의한 것이었고, 그때 서원의 하나가 불가에 내어놓아 법해의 진량이 되도록 하겠다는 것이라 했다. 아이가 초파일에 태어났기에 불교와의 인연은 떨쳐 버릴 수 없었을 것이다. 출생 이후 부모의 이야기는 전하지 않는다. 아버지가 출가를 권유했는지 어떤지도 알 수 없다. 다만『속고승전』에는 다음과 같이 기록하고 있다.

> 나이가 열 살이 넘어서자 뛰어나게 슬기롭고 총명하여 보통 사람의 수준을 아득히 넘어섰다. 그는 세상의 여러 역사 서적을 거의 다 읽어 보았지만, 마음은 멀어지기만 하고 흥미를 끄는 것이 없었다. 그러다 양친이 모두 세상을 떠나게 되자 더욱 세상의 화려함에 싫증을 느꼈으며, 세상은 덧없고 종당에는 공적(空寂)으로 돌아간다는 것을 깊이 체득하게 되었다. 그리하여 마침내 처자를 등지고 저택과 밭과 동산을 모두 버려 필요한 사람에게 모두 나누어 주어 비전(悲田)과 경전(敬田)의 보시업을 행한 뒤에, 홀로 산속에 몸을 맡기고 비루한 옷과 짚신으로 남은 생을 보내려고 하였다.[4]

이 글에서 주목할 점은 열 살 이후 세상의 여러 역사 서적[史籍]을 거의 다 읽어 보았다는 것이다. 당시 역사 서적은 경학과 더불어 관직으로 나아가는 데 필수적인 것이었다. 그러나 자장은 이런 것에는 마음이 끌리지 않았고 흥미가 없었다. 그가 언제 출가했는지는 알 수 없으나 그 사이 혼인하여 처자도 있었던 것 같다. 양친의 별세 후 세상사에 싫증을 느꼈으며 처자를 떠나 산속으로 들어갔다 한다.[5] 그런데 『속고승전』이나 『삼국유사』에는 전하지 않는 자장의 또 다른 출가 이야기가 있다. 경문왕 12년(872) 때

---

4 『속고승전』 24권, 석자장전(釋慈藏傳).

5 부모가 일찍 별세하여 출가하였다는 『삼국유사』「자장정율」조의 기록은 같은 책 「진덕왕」조의 기록과 어긋난다. 진덕왕 재위 시 무림공이 남산 우지암에 모여 국사를 논했다고 하는데, 이 시기는 자장이 당에서 귀국한 후이다.

[그림 3-2] 경주 황룡사 구층목탑 금동찰주본기
출처: 국가유산청.

에 만들어진 황룡사(皇龍寺) 9층 목탑의 찰주본기(刹柱本記, 탑 설치 및 수리의 연유를 기록한 글)에 있는 이야기다. 진골 귀인 출신인 자장이 어릴 때 살생을 즐겨 매를 풀어서 꿩을 잡았는데, 꿩이 눈물을 흘리면서 울자 이에 마음이 움직여 발심(發心) 출가하였다고 한 내용이 그것이다. 비록 어릴 때라고는 하지만 사냥으로 꿩을 살생한 것은 불교의 제1계율인 불살생계의 위반이다. 그가 뒷날 율사가 된 것과 일정한 관련성이 있다고 이야기할 수 있다. 황룡사는 자장의 건의로 세워진 절이고, 그 절의 상징인 목탑의 찰주본기에 있는 내용이니 분명 의미 있는 기록일 것이다.

출가 이후의 불교 학습으로서 수행과 수계

출가 후 그는 어느 절로 들어간 것이 아니라 산속에서 홀로 수행을 했다. 그의 수행에 대해 『속고승전』에서는 이렇게 기록하고 있다.

> 가파른 낭떠러지에 올라 홀로 고요히 선(禪)을 닦으면서 범과 들소를 피하지 않고 항상 보시하는 것만을 생각하였다. 때로는 지치고 피곤하여 심행(心行)이 미미해지면 드디어 작은 방에 들어앉아 주위를 가시들로 막아 놓고 살을 드러내

> 고 곧게 앉아 행하였는데, 그러다가 움직이면 가시에 찔리기도 하였다. 또한 머리를 풀어 대들보에 매어 놓고 혼미하게 멀어지는 마음을 쫓으면서 백골관(白骨觀)을 닦아 더욱 밝고 예리한 경지에 도달하였다.[6]

산속에 들어간 그는 두타행(고행)의 길을 걸었으며, 백골관을 닦았다. 백골관은 고골관(枯骨觀)이라고도 하는데, 몸에 대한 관찰이다. 온갖 욕망의 덩어리인 이 몸이 부정(不淨)함을 관하여 애착을 끊는 수행이다. 또 그는 자신의 주위에 가시를 둘러쳐 막아 놓고 조금이라도 움직이면 가시에 찔리도록 하였으며 머리를 대들보에 묶어 놓는 고행을 했다.

그러한 그가 세상으로 나오게 된 과정은 이러하다. 그의 수행력이 밖으로 드러나 많은 사람이 우러르며 귀의하게 되었고, 왕은 당시 재상에 해당하는 태보 자리에 앉히려 했다. 그가 세상에 나오기를 거부하자 "나오지 않으면 목을 베어 버리겠다."라고 했지만 "차라리 하루 동안 계를 지키며 죽을지언정 계를 어기며 백 년 동안 살고 싶지 않다."라고 했다. 이 말을 듣고 왕이 출가를 허락하였다. 이로써 사도승(私度僧, 국가의 허락 없이 스스로 출가한 자도승)이었던 그는 국가의 허락 아래 공식적인 출가승이 된 것이다. 그렇다고 해서 그가 밖으로 나가 어떤 절차를 거치거나 의식을 치른 것 같지는 않다. 그는 산속에서 수행을 계속했고, 어느 날 꿈속에서 도리천의 천인(天人)으로부터 계를 받게 된다. 당시 천인과 주고받은 이야기가 『속고승전』에 남아 있는데, 대화 형식으로 바

6 『속고승전』 24권, 석자장전(釋慈藏傳).

꾸면 이러하다.

> **천인**: 그대는 깊은 산속에 숨어서 어떤 이득을 얻고자 하는가?
>
> **자장**: 오직 중생에게 이익을 줄 것만을 생각한다.
>
> **천인**: [5계를 주며] 이 5계를 가지고 중생에게 이익을 줄 수 있을 것이다. 우리는 도리천에서 왔으며 짐짓 그대에게 계를 주려고 내려왔다.

이 설화는 상당한 의미를 내포하고 있다. 꿈속의 이야기라고 무시해서는 안 된다. 근대인으로서 우리는 꿈과 현실을 서로 상대적인 것으로 보고, 꿈은 헛된 것이라 치부하고 의미를 부여하지 않는다. 그런데 불교적 세계에서의 꿈은 삼매(三昧)의 다른 표현이다. 『삼국유사』의 불교 설화에는 꿈 이야기가 많다. 대표적인 것이 조신(調信) 설화이다. 승려 조신의 한평생을 꿈으로 압축해 보여준다. 현실에서의 잘못된 원망(願望)을 꿈속의 관세음보살을 통하여 일깨워 준다. 꿈속의 불보살은 현실에서의 불보살보다 더 힘을 가진다. 자장의 꿈에서 천인 역시 다르지 않다. 천인은 자장에게 계를 주는 스승, 즉 계사(戒師)로서의 역할을 담당한다. 이를 이른바 '서상수계(瑞祥受戒, 瑞相受戒)'라 한다. 그 근거는 "만약 천리 안에 계를 일러 줄 법사가 없으면, 불 · 보살의 형상 앞에서 서원을 세우고 계를 받되 반드시 좋은 징조를 보아야 하느니라."라는 『범망경(梵網經)』에서 찾아볼 수 있다.[7]

---

7 『범망경』 2권(ABC, K0527 v14, p.327b01). 『범망경』에서는 "부처님께서 열반하신 뒤에 좋은 마음으로 보살계를 받으려면 불 · 보살의 형상 앞에서 스

지금까지 자장의 삶에서 계는 수행과 관련하여 의미를 지녔다. 이 꿈을 계기로 계는 교화의 방편으로 그 의미가 전환된다. 달리 말하면, 이 꿈속의 수계로부터 그는 중생의 교화자로 나서게 되며, 계는 그 교화의 수단이 된다. 사실 계는 자장의 삶을 이해할 수 있는 첫 번째 키워드다. 계의 의미는 뒤에 다시 이야기하기로 하고, 실제로 대화는 현실이 된다. 그는 계로서 중생을 이롭게 하였고, 그 자신 신라 최초의 계사(戒師)가 된 것이다.

중국에서의 수행과 교화

천인으로부터의 수계 이후 세상에 나온 자장은 한 달간 나라 안의 남녀노소에게 계를 주었다고 한다. 본격적인 중생 교화에 나선 것이다. 불교계와 교류를 했을 것이고 당시 불교계의 상황을 인지했을 것이다. 그는 "태어나서 변두리 땅에 있으니 이곳에 불

스로 서원을 세우고 계를 받되, 7일 동안 부처님 앞에서 참회하여 좋은 징조가 보이면 계를 얻은 것이 되느니라."라고 하여 이를 자서수계(自誓受戒)라는 말로 표현했다. 또『점찰선악업보경(占察善惡業報經)』에도 "선하고 훌륭한 계사(戒師)로서 보살의 법장(法藏)을 자세하게 이해하고 있는 먼저 수행한 이를 얻을 수 없으면, 응당 지극한 마음으로 도량 안에서 공경하고 공양하며 시방의 모든 부처님과 보살에게 우러러 아뢰어 간청하여 증명법사[證師]를 삼아, 한마음으로 원을 세워 계상(戒相)을 칭송하여 말하되 먼저 열 가지 근본이 되는 중한 계율을 말하고, 그다음에는 3취정계(聚淨戒)를 통틀어 거론해서 스스로 맹서하고 받으면 그것 또한 계율을 얻은 것입니다."라고 하여 자서수계를 말한 내용이 있다(ABC, K0421 v13, p.661b23). 서상수계의 시작은 바로 자장율사에서부터이다. 조선시대에 이르러 대은과 금담스님에 의해 끊어진 계맥이 부활되었으며, 최근까지 이어지고 있다. 남수연. 불심도문스님, 17명 제자에게 대은율사 계맥전계. 범보신문(2023년 11월 3일 기사).

법이 아직 널리 전하지 않아 눈으로 경험하지 않고서는 (불법을) 이어 받들 길이 없다."라고 생각하고 중국 유학을 결심했다. 왕에게 뜻을 아뢰었고, 왕의 명을 받아 문하의 승려 10여 명과 함께 입당하였다.[8]

자장은 왕명으로 갔으니 먼저 장안으로 들어가 황제를 알현하고, 황제가 마련해 준 승광별원(勝光別院)이라는 곳에 머물렀다 한다. 승광별원에 머물 때의 일화가 있는데, 재물을 훔친 도둑에게도 계를 주었고, 장님의 눈을 스스로 참회를 통해 뜨게 한 일이다. 이런 일들이 알려져 하루에 천 명이 몰려들 정도로 수많은 사람이, 기록에는 자장에게 계를 받았다고 전한다. 여기서 계사로서의 자장의 모습을 볼 수 있다. 그런데 자장의 수계는 그냥 말로만 혹은 의식으로만 계를 준 것이 아니라 참회와 연계시켰다. 장님이 눈을 뜬 것은 결과다. 그런 결과가 어디에 기인했느냐가 중요하다. 수계는 새로운 삶을 시도하는 것이다. 지금까지의 생활에 대한 참회가 선행되어야 한다. 장안에서의 도둑과 장님의 일화는 참회를 통해 자신의 마음의 변화를 이끌 수 있고, 나아가 몸까지 변화를 도모할 수 있다는 점을 알려 준 것이다. 지금도 수계식에서는 참회의식이 따른다.

8 『속고승전』 24권, 석자장전(釋慈藏傳). 입당 연도와 머문 순서는 기록에 따라 차이가 있다. 『속고승전』에는 입당 이후 황제를 알현하고 황제의 배려로 승광별원에 머물다 종남산으로 간 것으로 되어 있고(청량산에 간 기록이 없다), 『삼국유사』에서는 청량산, 승광별원, 종남산 순서로 되어 있다. 입당 연도도 『속고승전』에서는 638년, 『삼국유사』는 636년이다. 책의 편찬 시기는 『속고승전』은 자장 재세 시여서 13세기의 『삼국유사』와 비교할 수 없으나, 이것만으로 다 판단할 수는 없다. 칙명을 받고 간 유학이어서 황제를 알현한 것이 먼저일 가능성이 높아, 이 부분에서는 『속고승전』의 기록을 우선하고 『삼국유사』 기록을 보충적으로 활용하였다.

종남산과 청량산에서의 수행

[그림 3-3] 도선율사
출처: 道宣評傳.

[그림 3-4] 종남산 운제사
출처: 百度百科.

그 후 자장은 도심에서의 번잡함을 싫어하여 종남산(終南山)으로 들어갔다. 그곳 운제사(雲際寺)의 동쪽 벼랑에 들어가 바위 사이에 집을 짓고 3년을 지냈다고 한다.[9] 당시 종남산은 중국 율종의 비조인 도선(道宣, 596~667)이 머물며 강설과 저술을 하던 곳이며, 화엄 초조였던 두순(杜順, 557~640)이 머물던 곳이기도 하다. 신라에서부터 계율에 특별한 관심을 가졌던 자장이 이곳으로 온 까닭일 수도 있다.[10] 그러나 자장과 도선의 교유관계는 구체적으로 언급된 기록이 없다. 그러나 자장이 귀국 후 황룡사에서 강설한 것이 『보살계본(菩薩戒本)』이었다는 것을 보면 당에서 개인적 기도나 참선 못지않게 계율 관련 공부를 적지 않게 하였다는 것을

9 이 사실은 중국의 포털사이트 百度百科 '운제사' 항목에도 소개되어 있다. (https://baike.baidu.com/item/云际寺/23158513)

10 훗날(671년) 신라의 원측(圓測) 역시 이곳 운제사에 와서 8년간 머문 바가 있다.

짐작할 수 있다.

그런데 『삼국유사』에서는 자장이 청량산(淸凉山)에 머물렀다는 기록이 있다. 청량산은 오대산의 별칭인데, 청량산에서의 행적은 이렇게 기록되어 있다.

> 산에 만수대성(曼殊大聖)의 소상(塑像)이 있는데, 그 나라에서로 전하여 말하기를 "제석천이 석공을 이끌고 와서 조각한 것이다."라고 한다. 자장이 소상의 앞에서 기도하여 깊은 감응이 있었다. 소상이 정수리를 쓰다듬고 범게(梵偈)를 주는 꿈을 꾸었다. 깨어나서도 뜻을 알지 못했다. 아침이 되자 이상한 중이 와서 풀이해 주고 또 말하기를 "비록 만교(萬敎)를 배우더라도 아직 이를 뛰어넘는 것이 없다."라고 하였다. 또한 가사와 사리 등을 주고 사라졌다. 자장은 처음에 그것을 숨겼기 때문에 『당고승전』에는 수록되지 않았다. 자장은 자신이 성인의 기별을 꿈꾼 것을 알고, 이에 북대(北臺)를 내려가 태화지(太和池)로 갔다.[11]

이 기록을 인용하는 까닭은 자장의 삶이 문수신앙과 관련이 있고, 문수신앙은 자장의 교화행을 이해하는 데 필수적이기 때문이다. 이 기록은 자장이 언제 이 산에 왔는지, 얼마나 머물렀는지, 또 이 산에 온 까닭이 무엇인지 등에 대해서는 말하지 않고 있다. 추측컨대 긴 시간을 머물지는 않았을 수 있다. 긴 시간 머물렀다면 당 황실에 파악이 되었을 것이다. 종남산에 머물 때 다녀갔을

11 『삼국유사』「의해」, 자장정율.

수도 있을 것인데 『속고승전』에 기록되지 않은 것은 일연의 추측대로 무슨 사정, 예를 들면 양국 간의 외교 문제라든지 사리나 가사와 같은 성물(聖物)을 비밀리에 얻었다든지 하는 일이 있었기 때문일 수 있다. 그런데 신라 불교사에서 볼 때, 그의 오대산 방문과 그곳에서의 기도는 매우 중요한 의미를 지닌다. 신라시대의 사리신앙과 문수신앙, 오대산신앙 등이 모두 이와 관련이 있기 때문이다.

우선 자장이 청량산에 온 까닭은 문수 기도를 통해 문수보살을 친견하기 위해서다. 『화엄경』(60화엄) 「보살주처품(菩薩住處品)」에는 "동북방에 보살들이 사는 곳이 있는데, 이름은 청량산으로서 과거에 모든 보살이 거기 살았고, 현재에는 문수사리라는 보살이 거기 살면서 1만 보살을 권속으로 두고 항상 그들을 위해 설법하고 있다."라는 내용이 있다.[12] 중국에서는 중국의 동북방에 위치해 있고 청량한 기후를 가진 오대산(五臺山)을 바로 경전 속의 청량산이라고 여겨 왔다. 오대산은 이름 그대로 다섯 봉우리를 가진 산이라는 의미인데, 경전에는 오정산(五頂山)으로도 표현되어 있다. 『문수사리법보장다라니경(文殊師利法寶藏陀羅尼經)』에는 "내가 멸도 후 이 섬부주 동북방에 나라가 있으리니 대진나국(大振那國)이라 이름한다. 그 나라 안에는 오정산(五頂山)이라 부르는 산이 있는데 문수사리동자가 노니는 거주처이다. 여러 중생들을 위하여 여기에서 설법하며……."라고 석가모니가 말하는 내용이 있다.[13] 자장은 이 문수보살상에 7일간 기도하여 깊은 감응[冥感]

12 『대방광불화엄경(大方廣佛華嚴經)』 29권(ABC, K0079 v8, p.210a02).

13 『불설문수사리법보장다라니경(佛說文殊師利法寶藏陀羅尼經)』 1권(ABC, K0435 v13, p.1128a01).

이 있었다.[14] 꿈에 문수보살이 자장의 머리를 쓰다듬고 범어로 된 게를 준 것이다. 게의 내용은 『삼국유사』「대산오만진신」에 나오는데, 가라파좌낭(呵囉婆佐囊) 달예치구야(達噤哆佉野) 낭가사가랑(曩伽呬伽曩) 달예노사나(達噤盧舍那)이다.[15] 자장은 이해가 되지 않았는데 다음 날 아침 한 스님이 찾아와 이렇게 풀이해 주며 만 가지 교리를 배워도 이보다 나은 것이 없다 하였다.

> 일체의 법이란 자성이 없다는 것을 아는 것
> (了知一切法 自性無所有)
> 이렇게 법성을 안다면 바로 노사나불을 만나리
> (如是解法性 即見盧舍那)

그 스님은 석가모니의 사리와 가사를 주며 잘 간직하라고 한다. 또 그대의 나라 동북방 명주(溟州)에 오대산이 있고 여기에 1만의 문수보살이 항상 머물러 있으니 뵙도록 하라고도 일러 준다. 뒷날 자장은 귀국 후 강원도 오대산에 지금의 월정사와 중대 적멸보궁 등을 창건하게 된다. 이렇게 알려 준 스님은 바로 문수보살이었던 것이다.

자장의 귀국은 선덕여왕의 요청에 의한 것이었고, 귀국 후 황룡

---

14 신라시대 불교 관련 기사를 보다 보면 감응, 감통과 같은 말을 자주 볼 수 있다. 나는 감응이 불교교육학의 키워드 가운데 하나라고 본다. 이에 대해서는 뒤에 따로 논의할 것이다.

15 이 범어는 『화엄경(華嚴經)』「수미정상게찬품(須彌頂上偈讚品)」에 나오는 것으로, 자장 재세 당시에 있었던 60권본이 아닌 자장 사후에 한역된 80권본 『화엄경』의 내용이다. 뒤에 편입된 내용일 가능성이 있으나, 자장이 화엄사상에 능통하고 문수에 기도한 것에 포인트를 두고 해석해야 할 부분이다.

사 9층탑을 세울 것을 건의했다. 이 역시 문수보살의 부촉을 받은 것이었다. 이렇게 본다면 자장의 유학은 문수보살을 친견하기 위한 것이라 해도 과언이 아니다.

자장의 교육적 인간상으로서 문수보살

문수보살은 자장의 신앙의 대상이었다. 문수보살을 꿈에서나마 뵙기를 갈구했고, 이를 위해 간절한 기도를 멈추지 않았다. 계율과 함께 자장의 삶을 이해하는 또 하나의 키워드가 문수보살이다. 문수보살의 이해는 보살(bodhisattva)로부터 시작되어야 한다. 보살은 불교교육사에서 매우 중요한 개념이다. 불교인에게는 다소 상식적인 내용이지만 언급하지 않을 수 없다. 보리살타(菩提薩埵)로 음역되는 보살은 대승불교의 상징으로 알려져 있다. 이전에는 없었던 개념이다. 대승불교 이전에는 아라한의 성취가 목표였다. 수다원, 사다함, 아나함과 함께 이른바 성문사과(聲聞四果)의 최고 계위인 아라한은 수행자의 최고 이상이었다. 아라한을 일컫는 응공, 응진 등 여러 이름이 있지만, 더는 배울 것이 없는 단계라 하여 무학(無學)이라는 이름도 있다. 그런데 재가불자의 시대인 대승불교 시대에 와서는 출가자뿐 아니라 재가자의 교화, 즉 하화중생이 상구보리 못지않은 이념이 되었다. 하화중생이 되기 위해서는 재가 중생도 깨달음을 얻을 수 있다는 전제가 형성되어야 한다. 그리하여 모든 중생이 다 부처가 될 가능성을 인정하는 일체중생실유불성(一切衆生悉有佛性)의 사상이 등장했다. 또 그 중생을 인도할 이상적 인간으로서 보살이 등장한 것이다. 대승은 무명과 번뇌의 중생을 인정하는 데서 출발하며, 그 중생이 깨달음의 세계로 '함께' 가는 것을 목표로 한다. 초기 부파불교 시대가 개인의 수행을 강조했다면, 이 시대에 와서는 중생의 '교화'에 초점이 맞추어지게 되었다. 그러기에 교육학자들은 이 시대를 주목해야 한다. 풍부한 교육학적 시사를 제공하기 때문이다. 교육적 인간상에서부터 교육 이념, 교육 내용, 교육 방법, 교육 환경, 교육자, 학습자 등 모든 방면에서 수많은 시사점을 제공한다. 교육 사상의 보고(寶庫), 교육 이론의 보고가 대승불교인 것이다. 그 가운데 자장은 문수보살을 우리 중생의 이상적 인격, 교육적 인간상으로 설정하고 있다.

문수보살과 『화엄경』

문수사리(文殊師利)는 산스크리트어 만주스리(mañjuśrī)의 음역어다. 묘길상(妙吉祥), 묘덕(妙德)으로 의역되기도 하고, 문수사리법왕자(文殊師利法王子), 문수동자라고도 한다. 『문수보살의 연구』로 박사학위를 받은 정병조 교수의 연구에 의하면, 문수보살은 반야부, 법화부, 화엄부 등 거의 모든 대승경전에 등장한다. 대승 초기에는 단독으로 등장하지만 중 · 후기부터는 보현보살과 함께 석가모니의 협시불로 등장하는 경우가 많다. 경전 가운데는 문수가 역사적

[그림 3-5] 상원사 문수동자상
출처: 국가유산청.

실재했던 인물로 주장하는 경전들도 많고, 초기 경전인 아함부와 이후 반야부에서는 대부분 상징적 보살로 묘사하고 있다. 그 상징은 지금 우리가 인식하고 있는 바와 같이 지혜의 화신이다. 특히 반야부의 경전에서는 제불보살의 부모로 상징된다.

붓다의 본질은 깨달음이다. 반야부의 경전은 그 깨달음의 핵심을 반야라고 이야기한다. 그러기에 문수보살은 곧 반야보살이며, 불모(佛母), 지모(智母)로 여겨지게 되는 논리다.[16] 화엄부의 경전에서도 문수보살이 중요한 역할을 담당한다. 『화엄경』 「입법계품」에서는 문수보살이 여러 도반들과 부처님이 설법하신 서다림에서 나와 남쪽으로 간다. 복성(福城)의 동쪽에 이르러 장엄당 사라숲[莊嚴幢娑羅林]에 머물렀다. 문수보살이 왔다는 소식을 듣고 수많은 대중이 모였다. 거기서 문수보살을 만난 선재동자는 고달픔을 탄식하며 보살행의 가르침을 달라고 한다. 이에 문수보살은 보현행을 권하고 지혜를 성취하기 위하여 선지식을 찾기를 권한다. 이에 선재보살 53참이 이루어진다.[17] 물론 자장 당시의 『화엄경』은 「입법계품」이 들어 있는 80화엄이 번역된 시기는 아니다. 그러나 그가 태어난 집을 원녕사로 만들고, 낙성 법회에서 『잡화경(雜華經)』(『화엄경』) 만 개의 게를 강의했다 하니 화엄에도 능통한 사람이었다. 더구나 자장의 화엄사상의 특징은 다른 화엄사상

---

16 정병조, 「문수보살의 연구」, 한국불교연구원, 『불교연구』 4, 1988, 93쪽. 현재 우리나라에서 문수기도를 할 때 "나무 삼세불모 오봉성주 칠불조사 대지문수사리보살……"로 시작되는 기도문의 연유도 여기서 찾을 수 있다.

17 선재동자 53참은 구법여행으로 교육학적 시사가 크다. 윤미영, 「《화엄경》 〈입법계품〉에 나타난 보살사상의 본질과 그 교육적 의미」, 동아대학교 대학원(2001) 박사학위논문을 참조할 것.

과 달리 문수보살이 특히 강조되는 문수화엄이라 할 수 있다.[18]

구역『화엄경』(60화엄)에는 "동방보살의 주처에 청량산이 있다. 그곳에는 과거세의 제불보살이 항상 머물고 계신다. 그 국토의 보살은 문수사리라고 부른다. 문수사리에게는 1만의 권속보살이 있는데, 문수는 그들을 위해 설법한다."라고 하였다. 앞에서 언급하였듯이 자장은 오대산에서 문수보살을 친견하기 위해 기도하였고, 그 자리에 오늘날 월정사와 중대 적멸보궁이 생겨났다.

자장의 삶과 문수보살

자장의 삶은 문수보살과 떼려야 뗄 수 없는 관련을 맺고 있다. 삶의 중요한 순간마다 문수보살이 등장하여 길을 알려 준다. 신라 사회에서 자장의 (인간) 스승이 누구인지 알려진 것은 없다. 문수보살만이 그의 스승으로 기록되어 있다. 그가 스승 문수보살을 만나는 길은『속고승전』이나『삼국유사』의 기록에서 볼 수 있듯이 기도다. 기도를 통해 문수를 만났고, 그 만남을 통해 감응을 얻게 되는 것이다. 감응, 감통이 불교교육학에서는 지를 얻는 하나의 메커니즘이다. 오늘날 우리가 학교에서 지식을 얻는 메커니즘과 다르다. 그런데 자장이 문수보살을 그의 스승으로 여기게 된 계기가 있을 것이다. 자장 이전에도 신라에는 문수보살에 대한 인식이 있었을 것이다. 그러나 문수보살에 자장만큼 주목한 사람은 없었다. 자장이 문수보살의 위대성을 인식하고, 기도의 대상으로

18 염중섭,「오대산 문수화엄 신앙의 특수성 고찰」, 한국불교학회,『한국불교학』63, 2012, 20-21쪽.

여기는데 결정적으로 작용한 것은 무엇이었을까?

한 걸음 더 나아가, 자장의 삶을 관통하는 두 개의 키워드인 문수와 계율은 어떤 관련이 있을까? 문수는 단지 서상수계자로서만 의미가 있을까? 자장의 전기에는 이에 대해 설명해 주는 내용은 없다. 그러나 자장의 시대 이전에 번역된 문수보살 관련 경전은 적지 않다. 그들 경전에서는 반야 지혜에 이르기 위한 사다리가 계라고 말하고 있다. 예를 들면,『문수사리문경(文殊師利問經)』은 양나라 부남국의 승가바라(僧伽婆羅)가 서기 518년에 번역한 책이다. 이 책에 따르면 문수보살이 석가세존에게 보살계를 묻는 내용이 나오며 보살계와 세간, 출세간의 각종 계에 대해 설명하고 무아와 중도에 대해 설법하고 있다.[19] 문수는 부처님을 대신하여 반야에 이르는 길을 안내자의 역할을 하며, 그 과정에 계의 내용과 의의를 묻는다. 이와 같이 자장과 계율 그리고 문수보살의 관련성은 자장이 접했을 경전에서 답을 찾는 것이 타당해 보인다. 이에 대해서는 앞으로 좀 더 연구가 필요할 것으로 보인다.

귀국 후의 교화 행적: 계율의 스승으로서 자장

이제 자장의 귀국 후의 행적에 눈길을 돌려 보자. 643년(정관 17년), 자장은 선덕여왕의 요청으로 귀국하게 되었다. 이때 대장경 한 부와 뛰어난 기술로 만든 불상 그리고 당기 · 번기와 일산

19 이 경전을 자장이 보았다는 기록은 없다. 그러나 자장의 일생과 자장의 최후는 이 경전의 내용을 떠올리게 할 정도이다. 신라시대 태현의『범망경고적기』만 해도 이 경전에 대한 언급이 여러 번 있다.

(日傘) 등을 황제로부터 얻어 돌아왔다.[20] 당시 신라에는 이러한 불교 전적(典籍)과 불구(佛具)가 완전하지 않았다. 대장경만 하더라도 그것이 신라에 미쳤을 지적 파동은 적지 않았을 것이다. 귀국 후 자장의 교화 활동은 경전 강의로부터 시작되었다. 임금은 자장을 궁중에 불러들여 한여름 동안 『섭대승론(攝大乘論)』을 강의하게 하였다. 『섭대승론』은 무착(無着, Asanga, 310~390?)이 지은 유식학 계통의 논서다. 당시 중국에 두 종류의 역서가 있었다. 왜 이를 궁중에서 강의했는지는 알려져 있지 않다. 그러나 귀국 후, 그것도 궁중에서 진행한 강의에서 이를 택한 것은 의미가 없을 수 없다. 궁중에서 진행한 강의였지만 한여름 동안 지속되었다는 것은 흔히 하는 의식용 강의가 아니라 학술성을 띤 강의였을 것으로 추정되며, 참석자 역시 다수였을 것으로 보인다.

자장의 경론 강의의 기록으로는 황룡사(皇龍寺)에서 『보살계본(菩薩戒本)』을 강의했다는 것도 있다. 이때(『속고승전』에서는 이때를 만년이라고 한다)는 7일 동안 밤낮으로 하늘에서 감로(甘露)가 내렸고, 구름과 안개가 갑자기 자욱하게 강당을 뒤덮었다고 했다. 이에 사부대중이 감격했고, 강의를 마치는 날에는 그에게서 계를 받으려는 사람들이 구름처럼 모여들었

[그림 3-6] 황룡사지
출처: 국가유산청.

20 『속고승전』에는 정관 12년 출국, 17년 귀국으로 되어 있다.

다 한다. 기록에는 "이로 인하여 생활을 혁신하여 힘쓰게 된 사람이 열 집 가운데 아홉 집은 되었다[因之革厲, 十室而九]."라고 했다.

이때의 강의는 강의 전용 공간인 강당에서 이루어졌을 것이다. 불교의 교육 전문 공간이 강당인 것이다. 발굴 조사에 의하면, 황룡사 강당은 동서 52.6m, 남북 21.2m, 면적 1,114㎡, 전면 9칸(최초에는 전면 10칸), 측면 4칸으로 드러났다. 원광이 상수(上首)로 참석한 백고좌강회도 황룡사에서 열렸고, 원효가 『금강삼매경론(金剛三昧經論)』을 강의한 것도 황룡사 강당이었다. 자장의 『보살계본』 강의에 참석한 사람이 사부대중이었다 하니 불교에 관심 있는 모든 사람이 참석할 수 있었던 것 같다. 그 강의에 감명받아 계를 받아 열에 아홉 집이 생활의 변화를 가져온 것으로 보아 자장은 명강사였고, 강의의 효과 역시 엄청났음을 알 수 있다.

그렇다면 자장이 강의했다는 『보살계본』은 어떤 경전일까? 그런데 정식 명칭이 『보살계본』이라는 책은 없다. 『보살계본』으로 알려진 책은 『범망경노사나불설보살심지법문품(梵網經盧舍那佛說菩薩心地法門品)』이고, 보통 줄여서 『범망경』이라고 하며, 『보살계경(菩薩戒經)』『범망경보살계경(梵網經菩薩戒經)』, 『범망경보살계(梵網經菩薩戒)』라고도 한다.[21] 『범망경』이라고 하지만 삼장(三藏)으로 나누자면 율에 속한다. '범망(梵網)'이란 말은 범천(梵天)인 인다라의 그물이란 뜻이다. 부처님의 교화의 문(방편법문) 역시 근기와 습기가 다양한 중생을 하나도 빠뜨리지 않는 인다라 그

21 구마라집(鳩摩羅什)이 405년 또는 406년에 한역한 것으로 알려져 있으나, 실제로는 중국에서 찬술된 경전으로 여겨지고 있다. 그러나 이 경전이 동아시아 사회에 끼친 영향, 특히 신라 사회에 끼친 영향은 다른 어떤 율장의 전적 못지않다.

물과 같다는 교육적 의미를 담고 있다. 책의 주요 내용은 보살이 수지해야 하는 10가지 무거운 계(10중계)와 48가지 가벼운 계(48경계)에 대한 설명이다. 그런데 이 계는 불자의 자각에 입각해 보살도를 실천하여 자기의 불성을 개발하는 것을 목적으로 하는 계율이다.[22] 이를 경전에서는 심지법문(心地法門), 불성계(佛性戒)라고 하는데 일체 중생이 다 가지고 있는 불성 속의 계라는 의미다. 『범망경』에서는 10중계(重戒)와 48경계(輕戒)를 말하며, 이를 배우라고 한다. 즉, 중생을 죽이지 말며, 훔치지 말며, 음행하지 말고, 거짓말하지 말고, 술을 팔지 말고, 남의 죄과를 말하지 말고, 자기를 칭찬하거나 남을 비방하지 말고, 자기 것을 아끼려고 남을 욕하지 말고, 성내지 말고, 삼보를 비방하지 말라는 것이 열 가지 크고 무거운 계라고 하였다. 그런데 그냥 하지 말라고 하지 않는다. 중생계의 본원(本源)은 자성 청정이라고 한다.[23] 뭇 중생이 청정한 불성을 자신의 본성으로 가지고 있으니 자비로운 마음에 머물며[住慈悲心] 불성을 일으키라 한다[生佛性]. 그러니 10중계, 48경계에서 경계 내용은 모두 불성에 어긋나는 행위들이다. 성불을 막는 짓이다. 보살계는 섭중생계(攝衆生戒)라 하여 중생을 이롭게 하는 중생요익계[有情饒益戒]다.

이 『범망경』은 신라인들에게 매우 중요한 의미를 지녔는데, 현재 알려진 연구서도 적지 않다. 원효는 『범망경소(梵網經疏)』 2권, 『범망경약소(梵網經略疏)』 1권, 『범망경종요(梵網經宗要)』 1권, 『범망경보살계본사기(梵網經菩薩戒本私記)』 2권, 『범망경보살계본지

22 원철 외 7인 역주, 『정선계율(精選戒律)』, 대한불교조계종 한국전통사상서 간행위원회출판부, 2010, 44–45쪽

23 "一切衆生戒本源自性淸淨" 『범망경』 2권(ABC, K0527 v14, p.323c06-c07).

범요기(梵網經菩薩戒本持犯要記)』 1권 등을 남겼고, 승장(勝莊), 의적(義寂), 현일(玄一), 단목(端目), 원승(圓乘), 태현(太賢) 등도 다수의 글을 남겼다.[24]

자장이 대표적 대승 계율서인 『범망경』과 관련한 저술을 남겼는지는 알 수 없다. 다만 『사분율갈마사기(四分律羯磨私記)』와 『십송율목차기(十誦律木叉記)』를 지었다는 것은 확인할 수 있으나, 그 역시 남아 있지는 않다. 사분율, 십송율 등이 글 제목에 들어가는 것으로 보아 초기불교 교단의 계율 연구도 심도 있게 했음을 짐작할 수 있다. 자장의 계율에 대한 관심은 이론적 탐구로만 그친 것이 아니라 실제 신라 불교계의 혁신으로 이어졌다.

자장정율과 그 불교교육적 의미

자장의 교육적 업적은 앞에서 말한 대중 강의를 통한 것 외에도 있다. 일연이 자장의 전기의 표지를 '자장정율(慈藏定律)'로 한 것에서도 알 수 있듯이 당시 신라 불교의 교단의 규칙을 정한 것이다. 『삼국유사』에서는 이렇게 기록하고 있다.

> 승니 5부(部)로 하여금 각각 구학(舊學)을 늘리고 반 달마다 계(戒)를 설하고 겨울과 봄에 모두 시험하게 하여 지계(持戒)와 범계(犯戒)를 알게 하였으며 관원을 두어 이를 유지하게

24 『범망경』이 신라에 처음 전해진 것이 언제인지는 알 수 없다. 『삼국유사』 「원광서학」을 보면 "불교의 가르침에 보살계가 있으니 나누면 열 가지다."라는 말이 있다. 그 열 가지가 『범망경』의 10중계를 말하는 것이라면 당시(귀산과 추항에게 세속 5계를 줄 때) 이미 신라에 들어와 있었던 것으로 볼 수 있다.

> 했다. 또한 순사(巡使)를 보내 외사(外寺)를 돌며 검사하고 승려들의 잘못을 살피며 경전과 불상을 엄중하게 정비하여 규정 형식을 만들었다. 한 시대의 불법을 보호함이 이때에 가장 융성하였다.[25]

당에서 귀국 후 신라의 조정에서는 자장의 우대 방식을 놓고 논의가 있었다. 불교가 들어온 지는 오래되었지만 당시까지 신라에서는 승단의 규범이 제대로 마련되지 않았다. 중국에서 율을 공부하고 온 자장으로 하여금 대국통(大國統)으로 삼아 체계를 마련하자는 논의를 왕이 받아들였다. 자장도 그 제의를 받아들였다. 그런데 자장의 입장에서 보면 과거 목숨을 바치더라도 받아들일 수 없다던 관직이 아니었던가? 그러나 이때 자장이 이 제의를 받아들였던 것은 대국통이 실직(實職)이 아니라 일종의 명예직이었고, 그를 떠나 불교를 알릴 좋은 기회라고 보았기 때문이었다. 그가 한 일은 승려의 계율 교육과 함께 교단의 규칙을 마련한 것이다. 계율에 대해 전문가인 그는 직접 계율 교육을 하였으며, 이를 봄·가을에 시험을 통하여 확인하기까지 했다. 또 신라의 실정에 맞게 승단의 규칙을 제정했는데, 규칙 제정도 중요하지만 더 중요한 것은 실행이다. 순사(巡使)로 하여금 절 안팎을 돌며 승려들의 행동을 살피게 하였다. 불교교육의 입장에서 보면 사찰은 불교교육기관이고, 승려는 깨달음을 목표로 공부하는 학생이다. 승단은 불교교육 행정 기구다.

자장은 불교교육의 행정 기구의 장이라는 점을 활용하여 학교

25 『삼국유사』「의해」, 자장정율.

의 교육 성과를 낼 수 있도록 규칙을 제정하고, 강의를 통해 직접 그 규칙의 내용에 대해 설명하고, 설명한 내용의 이해도를 시험을 통해 확인하고, 그것이 실생활에서 적용되는지까지 점검한 사람이다. 불교의 계율이 학교의 규칙과 다른 것은 단지 비위를 막는 것에 그치는 것이 아니라는 점이다. 자장이 교육한 것은 범계만이 아니라 지계까지 포함되어 있었다는 점을 주목해야 한다. 불교교육의 전통에서 보더라도 계는 삼학의 하나이며, 정과 혜의 출발점이다. 조직의 기강을 잡는 것을 넘어 부처의 길로 나아가는 공부인 것이다.[26]

계율 학교로서 통도사의 건립

자장은 열 개의 사찰을 세운 것으로 알려져 있지만, 그 가운데 계율과 관련하여 특별한 의미를 가지는 것이 통도사(通度寺)다. 통도사는 계율을 전문으로 하는 학교이다. 통도라는 이름에 대해서는 몇 가지 설이 있지만 교육과 관련지어 해석한다면 통(通)은 일체 중생이라는 의미이고, 도(度)는 제도, 즉 교육의 의미다. 모든 사람을 다 건진다, 깨닫게 한다는 의미다. 계율을 방편으로 삼아 모든 중생을 깨달음의 세계에 들어가게 하는 학교로 세운 것이 통도사다.

26 통도사에서 발간하는 월간 『축산보림』 2025년 4월호에서는 특집으로 「보살계, 영원한 새김: 물질을 넘어 마음을 새기는 서원」이라는 글을 게재(38-43쪽)하였는데, 율주 덕문 스님은 "계율을 지킨다는 것은 일반적으로 윤리적인 제재가 아니라 수행자가 자신의 몸과 마음을 변화시키고 성숙하게 만드는 과정이다."라고 교육적 의의를 지적하고 있다.

자장이 통도사를 창건한 것은 646년이다. 당으로부터 귀국한 지 3년 되던 해이다. 『삼국유사』에서는 계를 받아 불교를 믿는 집이 열에 아홉이 되고 출가를 청하는 사람이 점차 늘어난 상황에서 계단(戒壇)을 짓고서 사방에서 오는 것을 받아들였다 하였다. 계단은 수계 의식을 거행하는 장소다. 수계 의식은 정식 승려 입문식이다. 이때 수계자는 계사(戒師)로부터 구족계를 받고 승려가 되고, 재가자는 5계를 받게 된다. 그때까지만 하더라도 이런 의식에 대한 전문적이고 체계적인 지식이 부족했는데, 자장의 활동에 힘입어 본격화된 것이다. 통도사 계단에는 특히 자장이 중국에서 가지고 온 부처님의 두골과 어금니와 불사리 1백과, 부처님이 입던 가사 가운데 사리 일부와 가사를 두었다 했다. 또 삼장(三藏) 4백여 함도 통도사에 두었다 했다. 이로써 통도사는 부처님의 몸(사리)과 말씀(경전)과 행동(율)을 두루 갖춘 당시 불교학교가 된 것이다.

[그림 3-7] 통도사 금강계단
출처: 국가유산청.

사실, 그간 사학계에서는 자장의 계율을 통한 교단 정비의 업적을 국가불교와 관련하여 설명해 왔다. 불교교단을 국가의 행정체제의 하나로 편입시켜 국가의 관리 아래 두는 데 공헌한 것으로 그 의의를 이야기한 것이다. 그러나 자장의 계단 설립은 신라인의 생활에 큰 변화를 초래했을 뿐 아니라 신라의 대표적 지식인인 승려 집단을 탄생시켰다. 계단의 설립과 수계 절차는 승려의 입문 자격 의식이었다. 국가가 인증하는 절차였던 것이다. 당시 신라 사회는 아직 국학과 같은 학교교육 체제가 만들어지지 않은 상황이었다. 대신 화랑도라는 제도가 있었다. 제도로서의 화랑도(花郎徒), 사상으로서의 화랑도(花郎道)에서도 불교와 승려는 빠질 수 없다. 화랑도라는 제도가 교육 제도의 역할을 수행한 것은 지식인 승려의 역할이 크다. 바로 그 승려의 양성 제도를 신라 사회에서 처음 체계화시킨 사람이 자장이다. 당시 신라의 불교계에서는 그 제도가 체계화되지 못했다. 그것을 국가적 차원에서 법령으로 제도를 정비한 사람이다. 규칙을 제정하고, 정기적으로 강의를 통하여 그 규칙의 내용과 취지를 널리 알린 사람이다. 그리고 그 규칙이 잘 지켜지고 운영되도록 관리 감독의 체제를 만든 사람이다. 즉, 불교교육의 행정 체제를 만든 것이다.

자장의 최후의 가르침

자장의 만년의 모습에 대해서는 『고승전』과 달리 『삼국유사』에 비교적 상세히 나온다. 『고승전』에서는 자장의 만년에 대한 기록이 없다. 다만 자장이 남긴 저술을 "여러 경과 율의 소(疏) 10여 권을 편찬하였고, 『관행법(觀行法)』 1권을 세상에 내놓으니, 그의 나라에 널리 유포되었다."라는 것으로 끝을 맺고 있다. 이에 비해 『삼국유사』에서는 만년의 기사를 다음과 같이 따로 정리하고 있다.

> 만년에 서울을 떠나 강릉군(江陵郡)에 수다사(水多寺)를 창건하고 살았다. 다시 이상한 스님이 나오는 꿈을 꾸었는데, 북

대(北臺)에서 본 모습이었다. 와서 말하기를 "내일 대송정(大松汀)에서 너를 볼 것이다."라고 하였다. 놀라서 깨어나 아침 일찍 송정에 가니 과연 문수보살이 온 것에 감응하여 법요(法要)를 물으니 이에 말하기를 "다시 태백산 갈반지(葛蟠地)에서 만나자."라고 하고 마침내 사라져 나타나지 않았다. …… 자장은 태백산에 가서 그를 찾았는데 큰 구렁이가 나무 아래에 똬리를 틀고 있는 것을 보고 시종에게 일러 "이곳이 이른바 갈반지다."라고 말하고 이에 석남원(石南院)을 창건하고서 문수대성이 내려올 것을 기다렸다. 어떤 늙은 거사(居士)가 남루한 방포(方袍)를 입고 칡으로 엮은 삼태기에 죽은 강아지를 담고 와서 시종에게 "자장을 보려고 왔다."라고 하였다. 문인이 말하기를 "스승님을 받들면서부터 아직 우리 스승님의 이름을 부르는 자는 보지 못했는데 너는 어찌된 사람이길래 이렇게 미친 말을 하는가?"라고 하니 거사가 "다만 너희 스승에게 고하기만 해라."라고 하였다. 마침내 들어가 고하니 자장은 그것을 깨닫지 못하고 말하였다. "아마 미친 자인가." 문인이 나가서 그를 내쫓으니 거사가 "돌아간다. 돌아간다. 아상(我相)을 가진 자가 어찌 나를 볼 수 있겠는가."라고 말하고 이에 삼태기를 뒤집어 터니 개가 사자보좌(師子寶座)로 변하였고 거기에 올라타고 빛을 발하며 사라졌다. 자장이 그것을 듣고 비로소 예법에 맞는 몸가짐을 갖추고 빛을 찾아 남쪽 고개로 쫓아 올라갔으나 이미 묘연하여 미치지 못하고 드디어 쓰러져서 죽었다. 유골을 다비하여 굴속에 안장하였다.[27]

---

27 『삼국유사』「의해」, 자장정율.

자장이 만년에 명주에 수다사를 짓고 산 까닭은 언급되어 있지 않다. 학계에서는 그곳이 고구려와의 접경지대이므로 자장의 호국의식과 관련하여 설명하기도 하고, 중앙 정계의 변화(후원자인 선덕여왕의 사망과 정변)로 설명하기도 한다. 그 설명도 일리는 있다. 그런데 『삼국유사』「대산오만진신(臺山五萬眞身)」에 따르면, 자장이 오대산에 온 것은 귀국 직후인 643년(선덕여왕 12년)이다. 문수보살의 진신을 만나기 위해 왔다고 했다. 그렇다면 그가 이곳에 온 것은 순전히 종교적인 이유라 할 수 있다.

[그림 3-8] 수다사 옛터(수항리사지)
출처: 국가유산청.

종교적인 부분을 두고 정치적인 이유만으로 설명하는 것은 앞뒤가 맞지 않다. 자장이 최후를 보낸 갈반지의 석남원은 지금의 정암사(淨巖寺)다. 석남원을 짓게 된 것 역시 문수보살의 감응이다. 자장이 아상에 사로잡혀 문수보살을 몰라보고 언덕에서 최후를 맞이한 것을 실패한 인생으로 본다면, 그것은 이 설화를 잘못 이해한 것이다. 앞서 언급하였듯이 문수보살의 지혜는 무분별지다. 아상에 사로잡혀서는 얻을 수 없는 반야지다. 자장이 아상에 사로잡혀 문수를 만나지 못했으니 자장의 삶이 비참한 최후를 맞았다고 생각하는 것도 무리는 아니다. 그러나 설화의 세계는 대립과 역설의 세계이다. 잘난 이와 못난이의 대립이고, 알고 모름의 대립이다. 『삼국유사』「감통」편에는 경흥(憬興)법사가 문수보살의 가르침을 받는 장면이 있는데,[28] 자장의 설화와 매우 흡사한 구조를 가지고 있다. 즉, 권력자와 무명인의 대립을 통하여 권력자를 일깨우는 구조이다. 원효의 '낙산이대성(洛山二大聖)' 설화도 다르지 않다.[29]

사실, 자장은 문수보살을 몇 번이나 친견한 사람이다. 그러나 그 어떤 위대한 사람도, 인생의 최후 한 순간이라도 아상을 가지면 지혜로부터 멀어지게 된다는 가르침을 남겼다.

신라 불교는 중대에 와서 황금기를 맞이한다. 자장은 신라 상대의 끝자리에서 그 황금기의 기틀을 마련한 사람이다. 중국으로 유학을 가서 계율 관련 지식과 대장경, 불사리와 같은 불교 문물을 들여와 유통시킨 것은 말할 것도 없지만 무엇보다 계율로서 신라인의 삶을 불교적으로 바꾸어 놓았다. 이제 승려 사회를 넘어 일반인이 불교적 지를 소비하는 단계가 된 것이다.

---

28 경흥이 왕궁 행차를 하려는데 행색이 남루하고 손에 지팡이를 짚고 등에 마른 생선이 든 광주리를 이고 있는 거사가 나타난다. 경흥을 모시는 시종의 야단을 듣고 "살아 있는 고기를 양 넓적다리 사이에 끼고 있는 것과 마른 생선을 등에 지는 것 중 무엇이 나쁘냐?"라는 대꾸를 하며 사라진다. 경흥이 그 말을 듣고 쫓아가게 하니 남산 문수사 문밖에서 사라졌다. 이에 경흥은 그가 문수보살로서 자신을 경계한 것을 알아채고 다시는 말을 타지 않았다고 한다. 『삼국유사』「감통」, 경흥우성.

29 원효가 관음보살의 진신을 보기를 원해서 길을 가는데 다리 밑을 지나게 되었다. 월수백(月水帛)을 빨고 있는 여인이 있어 마실 물을 달라 하니 그 더러운 물을 떠 주었다. 원효는 이를 엎어 버리고 냇물을 떠 마셨다. 그때 소나무 위의 파랑새가 "제호(醍醐)를 마다한 화상이여!"라고 숨어 버렸다. 알고 보니 그 여인이 관음보살이었다는 것이다. 『삼국유사』「탑상」, 낙산이대성.

제4장

고승과 불교교육(2): 원효

제4장

고승과 불교교육(2): 원효

원효의 시대

원효(元曉, 617~686)는 신라를 넘어 고대 동아시아를 대표하는 불교 지성 가운데 한 사람이다. 불교인으로서 원효를 이해하기 위해서는 그가 불문에 든 출가 전후의 시대 상황부터 알아볼 필요가 있다. 원효가 왜 출가했는지, 출가 인연에 대해서 말해 놓은 기록은 없다. 『송고승전(宋高僧傳)』에서는 원효가 15세 전후의 나이[丱髮之年]에 홀연히 불문(佛門)에 들었다고 했다. 그렇다면 선덕여왕 즉위 원년(632) 정도일 것이다.

[그림 4-1] 원효 진영
출처: 日本高山寺.

그 전해(631)에 신라에 반란이 있어 그들의 구족을 멸하는 사태가 발생했다. 또 그 전해(630)는 지진이 일어나 대궐의 땅이 갈라지는 변괴가 있었다. 또 그 전해(629)는 고구려와의 전쟁이 있었고, 그 전해(628)에는 백제와 전쟁이 있었다. 그리고 가뭄이 들고, 백성들이 굶주려 자녀를 파는 일도 생겼다. 원효의 시대는 이러한 시대였다.

원효의 출가가 이러한 시대상과 관련이 있을까, 아니면 그의 출신과 관련이 있을까? 당시는 골품제가 막 형성되던 시대였다. 원효는 할아버지(잉피공 혹은 적대공)와 아버지(담날내말)의 이름이 후세까지 남아 있고, 할아버지의 사당도 일연이 이 기록을 남길 때 남아 있었다. 그의 출신을 6두품으로 추정할 수 있는 하나의 근거는 당시 학문이나 사상 쪽으로 나아간 계층이 6두품이었다는 것이다. 동시대의 강수(强首) 역시 같은 처지로 불가와 유가를 놓고 진로를 고민하다 유가를 선택하였다. 6두품 가운데 학문으로 방향을 잡은 사람은 불가나 유가 가운데 하나를 선택했던 듯하다. 강수의 말대로 유가는 세간, 불가는 출세간의 길로 길이 달랐다.

출세간의 길을 선택한 사람들의 마음이 다 같지는 않겠지만 진평왕 9년(587)에 대세(大世)와 구칠(仇柒)이라는 사람이 있었다. 대세는 내물왕의 7세손이었는데, 어려서부터 속세를 떠날 생각이 있었으며, 담수(淡水)라는 승려와 교유하기도 했다. 그는 “이 신라의 산골에 살다 일생을 마친다면, 어찌 연못의 물고기나 새장의 새가 푸른 바다의 넓음이나 산림의 여유로움을 모르는 것과 다르리오. 나는 곧 뗏목을 타고 바다를 건너 오월(吳越)로 가서 차차 스승을 찾을 것이다. 또 명산에서 도를 물을 것이다. 만약 평범한 사람에서 벗어나 신선을 배울 수 있다면 표연히 바람을 타고 허공을 나를 것이다. 이야말로 천하의 기이한 놀이요. 멋진 광경일 것이다."라는 생각을 가졌다.[1] 불가인지 도가인지 모를 이런 사람들도 당시에는 있었다.

원효가 출가의 길을 선택한 것은 신분 때문인지, 시대 상황 때문인지, 아니면 그의 성품 때문인지 알 수 없다. 그는 출가 후, 한 스승을 정해서 배우지 않았다. 이곳저곳을 다니며 돌아다니며 스승을 구했고, 급기야 중국 유학까지 떠난 것을 보면 그의 출가가 상황에 밀린 소극적인 선택은 아니었던 것 같다. 그가 태어난 마을 이름이 불지촌(佛地村)이라 한 것은 뒤에 붙은 이름일 것이다. 자신이 태어난 집을 절로 만들어 절 이름을 초개사(初開寺)라 하고, 신라어로 처음을 뜻하는 원효(元曉)를 불명으로 삼은 것은 모두 당시 스스로의 선택이다. 이를 보면, 그는 역사를 만들어 가는 의지력이 있는 인물이었음을 알 수 있다. 그의 시대가 어떠하든, 그의 출신이 어떠하든, 그는 언제나 새 아침을 열어 가는 인물이었던 것이다.

원효는 불지촌 북쪽 율곡(栗谷) 사라수(娑羅樹) 아래 태어났다고 했는데, 이는 석가모니의 어머니 마야부인이 무우수 아래서 석가모니를 낳은 것과 유사한 설화다. 일연은 민간의 이야기라 하면서 "어머니가 아이를 가져 만삭이 되어 마침 이 골짜기 밤나무 밑을 지나다가 갑자기 해산하고 창황하여 집으로 돌아가지 못하고, 우선 남편의 옷을 나무에 걸고 그 안에 누워 있었으므로 그 나무를 사라수라고 하였다. 그 나무의 열매도 보통 나무와는 달랐으므로 지금도 사라밤[娑羅栗]이라고 한다."라고 기록하였다.[2] 유성(流星)이 품속으로 들어오는 꿈을 꾸고 태기가 있었는데, 해산하

---

1 『삼국사기』「신라본기」, 진평왕조.

2 『삼국유사』「의해」, 원효불기.

려고 할 때는 오색구름이 땅을 덮었다고 한다. 태어날 때부터 총명하여 스승을 따라 배우지 않았다 하였기에 어릴 때 가정 교육에 대한 기록은 따로 없다.

원효의 스승

남겨진 원효의 전기들에는 원효의 출가에 관한 이야기는 없다. 그리고 출가 후 어떤 스승을 만나 어떤 공부를 했는지에 대한 항목을 따로 이야기해 놓은 것도 없다. 그러나 원효는 신라를 대표하는 대학승이었고, 그 과정에 많은 스승의 가르침과 선지식과의 교유가 있었을 것으로 추정할 수 있다. 교육 사상가, 교육실천가로서 원효의 위상을 정립하기 위해서는 원효가 대학승이 되는 데 기여한 인물들, 즉 그의 스승이 누구였는지를 파악하는 것은 중요하다. 남아 있는 자료들을 종합해 보면 그와 학문적으로 교유한 몇몇 고승의 이름이 파악된다. 보덕(普德)을 비롯해 낭지(朗智), 혜공(惠空) 등과 함께 대안(大安), 사복(蛇福)이 그들이다.

먼저, 보덕이다. 보덕은 고구려의 승려다. 연개소문이 보장왕에게 도교를 숭상할 것을 건의하였다. 그때 보덕은 반룡사(盤龍寺)라는 절에 있었는데, 도교가 들어오면 국운이 위태롭게 된다며 여러 차례 왕에게 간하였다. 왕이 이를 듣지 않자 방장(方丈)을 날려 하룻밤 사이에 백제의 완산주 고대산(孤大山)으로 옮겨와 경복사(景福寺)를 짓고 살았다는 기록이 『삼국유사』에 실려 있다.[3] 그때가 650년이었다. 얼마 지나지 않아 고구려가 멸망했다. 보덕은

3 『삼국유사』「흥법」, 보장봉로 보덕이암.

『열반경(涅槃經)』에 정통했던 것 같다.[4] 평양성에 살 때 노승이 강경을 요청하여 사양하다 『열반경』 40권을 강의하였다. 그런데 원효가 의상과 함께 백제로 온 보덕에게 배웠다는 것은 고려시대 대각국사(大覺國師) 의천(義天, 1055~1101)의 시에 남아 있다. 즉, 의천이 고달산 비래방장(飛來方丈)에 와서 보덕화상의 영정에 참배하면서 이런 시를 지었다.

> 『열반경』과 『방등경』의 가르침은(涅槃方等敎)
> 우리 성사가 전해 주셨는데(傳授自吾師)
> 두 성인(聖人)이 책을 펼쳐 보던 날(兩聖橫經日)
> 고승께서는 그때 독보적이셨네(高僧獨步時)

이 기록은 고려 문인 최자의 『보한집(補閑集)』에 남아 있다. 최자는 두 성인이 책을 펼쳐 보던 날이라는 시의 의미에 대해 원효와 의상은 『열반경』과 『유마경(維摩經)』을 보덕으로부터 전수받았다는 주석을 달아 놓았다.[5]

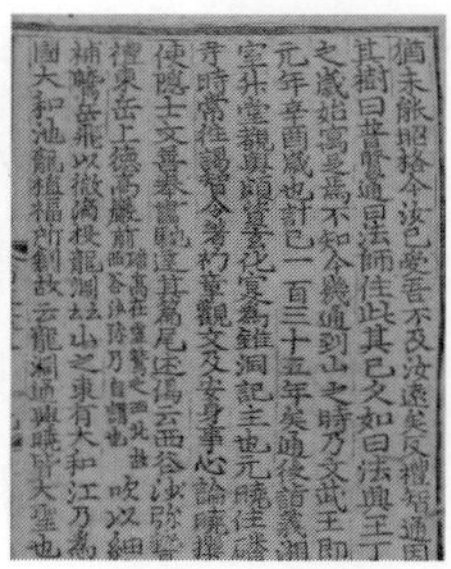

[그림 4-2] 『삼국유사』 낭지승운
출처: 한국사데이터베이스.

다음으로, 낭지다. 낭지와 원효의 관계에 대해서는 『삼국유사』 「낭지승운(朗智乘雲)」조에 기록이 남아 있다. 그에 따르면, 낭지는 영축산의 암자에 살면서 늘 『법화경』을 읽어 신통력이 있는 스님이었다. 원효가 반고사(磻高寺)에 머물 때 낭지를 찾아가서 배움을 청했는데, 낭지가

4 『삼국유사』 「탑상」, 고려영탑사.
5 최자, 『보한집』 「권하(卷下)」.

원효에게 「초장관문(初章觀文)」과 「안신사심론(安身事心論)」을 저술하게 하였다(이 글들은 지금 남아 있지 않다). 원효는 저술을 마치고 글을 보내면서 자신을 사미(沙彌)로, 낭지를 상덕(上德)으로 스승의 예를 갖춘 바 있다. 일연 역시 "지통과 원효는 모두 큰 성인으로, 두 성인이 공손하게 스승을 섬기니, (낭지의) 도가 높은지를 알 수 있다."라고 한 바 있다.[6]

다음으로, 혜공이다. 혜공에 대해서는 『삼국유사』 「이혜동진(二惠同塵)」조를 비롯하여 몇 군데 언급이 있다. 혜공은 출신이 당시 귀족이었던 천진공(天眞公)의 집에 고용살이하는 노파의 아들이다. 어릴 때부터 신이함을 드러내어 출가하여 작은 절에 상주하였다. 늘 미친 것처럼 만취하여 거리에서 삼태기를 지고 노래하며 춤을 춰서 사람들이 삼태기 스님, 즉 부궤화상(負簣和尙)이라 불렀다. 뒷날 원효의 무애행을 연상하게 하는 행적이다. 혜공은 만년에 항사사[恒沙寺; 지금의 오어사(吾魚寺)]에 살았는데, 이 동네 이름이 항사동(恒沙洞)이었다. 항하사(恒河沙) 같은 많은 사람이 출가하여 그렇게 동네 이름이 지어졌다 하니 그 교화 행적이 대단했던 것이다. 당시 원효는 여러 경소(經疏)를 찬술하고 있었는데 늘 혜공에게 와서 질의하였다 한다. 그렇지만 두 사람 사이는 격의 없이 농담(사실은 법담)을 나누는 사이였다.[7]

[그림 4-3] 포항 오어사
출처: 국가유산청.

6 『삼국유사』 「피은」, 낭지승운 보현수.

7 두 사람의 관계를 암시하는 설화가 있다. 어느 날 혜공과 원효 두 사람이 개

이 밖에 원효의 삶에 영향을 준 인물로는 대안(大安)과 사복(蛇福) 등이 있다. 『송고승전』에 의하면, 대안 역시 앞에서 이야기한 스승들과 마찬가지로 예측할 수 없는 신이한 인물이다. 형색과 복색이 특이하고 늘 저잣거리에서 구리로 된 발우를 두드리며 노래하며 "대안! 대안!"을 외쳤다는 사람이다. 신라 왕의 부인이 병이 나서 용궁에 사람을 보내 헝클어진 30여 장의 『금강삼매경』을 가져왔을 때 왕이 먼저 부른 사람이 대안이다. 대안은 이를 받아 편목을 정리하고 이 글을 원효에게 주어 강의하게 하라고 하였다. 이를 보면 두 사람은 당시의 석학들로서 서로를 잘 알고 교유하는 사이였다 할 수 있다. 특히 대안, 혜공, 원효는 모두 거리의 교육자로서 신라 민중불교의 개척자라 할 수 있다.

[그림 4-4] 금강삼매경을 강의하는 원효
출처: 日本 高山寺.

사복 역시 민중불교인 가운데 한 사람이었던 것 같다. 그 어머니가 홀어머니로서 남자와 관계치 않고 낳은 아이이며, 12세가 되도록 말을 못하고 일어서지도 못하는 장애자였다. 원효가 고선사(高仙寺)에 있을 때 사복이 찾아와 "그대와 내가 옛날에 경(經)을 실었던 암소가 지금 죽었으니 함께 장사 지냄이 어떻겠소?"라

울을 따르며 물고기와 새우를 잡아먹고 돌 위에 똥을 누었다. 혜공이 똥을 가리키며 희롱하여 말하기를 "너의 똥은 내가 먹은 물고기이다."라고 한 데서 오어사라는 절의 이름이 생겨났다 하였다. 『삼국유사』「의해」, 이혜동진.

고 하였다. 원효가 응하여 함께 사복의 집에 도착하였다. 원효에게 포살(布薩)시켜 주게 하니, 원효가 "나지 말지니, 그 죽음이 괴롭다. 죽지 말지니, 그 남이 괴롭도다."라고 하였다. 사복은 "(그

[그림 4-5] 고선사지 삼층석탑
출처: 국가유산청.

말이) 번거롭다."라고 하였다. (원효가) 이를 고쳐서 말하기를, "죽고 나는 것이 괴롭다."라고 하였다. 그 뒤 두 사람이 시신을 메고 활리산(活里山) 동쪽 기슭으로 갔다. 원효가 말하기를, "지혜의 호랑이를 지혜의 숲속에 장사 지냄이 또한 마땅하지 않으리오?"라고 하였다. 사복이 이에 게(偈)를 지어 말하기를, "그 옛날 석가모니불은 사라수(娑羅樹) 사이에서 열반에 드셨다. 지금 역시 그와 같은 이 있어 연화장세계에 들어가고자 한다."라고 하였다. 이 말을 마치고 띠풀을 뽑았더니, 그 아래에 있는 세계는 칠보로 장식한 난간과 누각이 장엄하여 인간 세상이 아니었다. 사복이 시체를 업고 함께 들어가니 그 땅이 갑자기 합쳐졌다.

이 설화를 다시 정리해 보면, 원효와 사복은 전생에 같은 절의 도반이었다. 그때 두 사람이 경전을 옮기는 일을 도와준 암소가 현세에서는 사복의 어머니가 되었다. 이 인연을 강조하기 위해 사복의 어머니가 남자와 관계하지 않고 사복을 낳았다고 했다. 사복이 원효를 찾아간 것은 예전의 인연 때문이었다. 사복과 원효의 포살 의식은 현세의 과보 청산 작업이다. 죽은 자를 포살함으로 나고 태어남이 없는 열반의 세계, 연화장세계로 들어가기 위

한 의식을 원효가 진행한 것이다. 암소가 경을 실은 공덕으로 사람이 되어 장애아 사복을 낳아 괴로운 일생을 보냈지만, 이제는 연화장세계에 들어 그 모든 업보를 청산하는 과정을 설화로 말한 것이다.

실제 사복은 원효와 가깝게 교유했던 인물로 보이며 원효 못지않은 학식을 가진 인물이었던 것 같다. 이 두 사람이 등장하여 이런 설화가 탄생한 것을 보면 사복 역시 원효가 민중불교의 대가가 되는 데 일정한 기여를 한 것으로 평가할 수 있다. 원효의 도반으로는 의상이 있지만, 그에 대해서는 뒤에 따로 이야기하기로 한다.

『송고승전』에서는 원효의 학문에 대해 "스승을 따르며 학문을 여쭈었는데 노는 곳이 일정치 않았다[隨師稟業, 遊處無恒]."라고 표현하고 있다. 이 말은 특정한 스승을 정해 놓고 배우지 않았다는 말이다. 여기서 노는 것은 지금 우리가 생각하는 노는 것이 아니다. 스승을 좇아 함께 지내는 것, 즉 종유(從遊)하는 것이다.

불교교육에서는 따로 스승이 없더라도 스스로의 수행이 중요하다. 수행은 불교교육의 고갱이다. 요즈음 말로 하면 자기교육의 성격이 강하다. 도반과 같이 수행하는 결사도 있지만, 신라시대의 수행은 홀로 하는 수행이 주다. 원효의 수행에 대해서는 따로 분명히 기록된 바가 없다. 다만 『송고승전』에서는 '산수좌선(山水坐禪)'이라 하여 산이나 물가에 앉아 참선하였다 기록하고 있다. 이 말은 원효가 특별히 어느 사찰을 정해 놓고 수행을 하지 않았다는 뜻이다. 그러다 원효는 입당 유학을 꿈꾸게 된다.

입당 유학의 시도와 좌절

알려진 대로 원효는 두 차례나 입당 유학을 시도했다. 첫 시도는 34세 때였다. 이때는 고구려를 거쳐 요동반도로 가는 길에 첩자로 오인되어 고초를 당하고 뜻을 이루지 못했다. 유학에 대한 열의를 접지 못하고 11년 뒤인 45세 때 두 번째 시도를 하게 된다. 당시 당(唐)은 대제국을 건설한 통일 왕조였고, 여러 방면으로 최고의 문명국이었다. 불교학 역시 최고의 수준을 보인 시대였기에 유학은 목숨을 걸 만한 가치가 있는 것으로 생각되었다. 당에 가서는 현장(玄奘, 602~664)의 문하에 들려고 했다고 『송고승전』에서는 말하고 있다.

현장은 당시 경전의 의문을 해결하기 위해 직접 서역으로 들어가 공부하고 돌아와 당대 최고의 역경승이 된 사람이다. 그가 돌아온 것은 645년이고, 이후 많은 경전을 번역하였는데, 그의 번역을 신역(新譯)이라 할 만큼 번역사에 새로운 장을 열었다. 또 현장은 귀국할 때 불사리(佛舍利), 불상을 비롯하여 경·율·논 520질 657부를 가지고 왔는데, 이는 당시 중국 불교계에서도 큰 사건이 되었다. 원효가 현장의 문하에 들어가려 했다는 것은 원효 역시 수많은 경전을 연구한 사람이라는 것을 생각할 때 수긍이 가는 대목이다. 원효는 이런 소식을 들었을 것이고, 첫 번째 입당 실패 이후 좌절해 있었다(『송고승전』에는 그 과정을 자세히 설명하고 있다). 다시 입당을 시도한 것은 661년이다. 이때의 상황을 『송고승전』에서는 이렇게 기록하고 있다.

> 본국의 바닷길 관문이자 당으로 가는 경계에 도착했다. 큰

> 배를 구해 만경창파를 건너려고 했다. 그 중도에 심한 폭우를 만났다. 길옆의 토굴 사이에 몸을 피해, 회오리바람과 습기를 피하고자 했다. 다음 날 날이 밝아 보니 해골이 있는 오래된 무덤가였다. 하늘에서는 아직도 비가 내리고 땅은 질어 조금도 앞을 나갈 수 없었다. 그래서 다시 그곳에 머물렀다. 밤이 깊지 않아 갑자기 귀신이 나타나 놀라게 했다. 원효가 이에 탄식하며 "전날 밤에는 토굴에서 잤어도 편안하더니 오늘 밤에는 귀신 굴에 근심이 많구나. 알겠노라. 마음이 일어나니 온갖 현상이 생겨나고, 마음이 없어지니 토굴과 무덤이 둘이 아님을. 삼계는 오직 마음이로구나. 모든 현상[萬法]은 오직 식(識)으로 인한 것이로구나. 마음 밖에 따로 현상이 없으니 어찌 다른 데서 따로 구할 것인가. 나는 당나라로 가지 않겠소."라고 했다.[8]

원효가 깨달았던 만법유식(萬法唯識)은 모든 존재 현상이 '식(識)'의 소산이라는 것이다. 불교 유식학(唯識學)은 '식'에 대한 사상이다. 그런데 이 '식'이 우리가 관심을 가지고 있는 앎과 관련이 있다. 서양철학에서 앎에 대한 사상을 인식론이라고 한다면, 불교철학에서 앎에 대한 사상은 유식학이라 할 수 있다. 그리고 유식학에서의 앎[識]은 곧 마음[心]과 동의어로 쓰이고 있다. 서양철학에서의 의식이나 인식의 개념과는 차이가 있다. 개념은 같아도 의미는 차이가 있다. 원효는 이 깨달음을 훗날 그의 모든 저술에 녹혔다. 그것을 바탕으로 하여 지금부터 원효의 교육론을 구성해 보자.

---

8 『송고승전』「의해」, 당신라국 석의상.

원효의 깨달음과 『대승기신론』에서 보는 마음

원효는 80여 부 200여 권의 저술을 내어놓았다. 그 가운데 깨달음에 대해 잘 설명하고 있는 것이 『대승기신론소(大乘起信論疏)』이다. 인도의 마명 보살(Aśvaghoṣa)이 쓴 『대승기신론(大乘起信論)』을 풀이한 책이 『대승기신론소』다. 『대승기신론』의 깨달음에 대한 논의는 사실 마음에 대한 논의와 다르지 않다. 『대승기신론』에서는 마음을 여러 방식으로 설명하고 있는데, 가장 기본적인 것이 진여의 마음[心眞如]과 생멸하는 마음[心生滅]이다. 일단 진여의 마음은 두고, 생멸하는 마음부터 설명해 보자.

생멸하는 마음이라는 말은 글자 그대로 생겼다 사라졌다 하는 마음이란 뜻이다. 원효가 토굴에서 귀신 체험을 하고, "마음이 일어나니 온갖 현상이 생겨나고"라고 한 그 마음이다. 어제는 아무 일 없었는데 오늘 귀신 생각에 사로잡히니 두려운 마음이 일어났다. 이렇게 일어났다 사라졌다 하는 마음이 생멸심이다. 원효는 생멸의 마음을 공화(空華)의 비유로 설명하였다. 공화는 허화(虛華)라고도 하는데 '헛꽃'이란 말이다. 눈병이 생겨 눈앞에 생겨난 환상의 꽃을 말한다. 눈병이 나으면 그 꽃은 사라진다. 눈앞의 꽃은 내가 분명 경험한 꽃이다. 나의 경험이기에 부정하기 어렵다. 그래서 경험자의 입장에서는 그 꽃이 없다고 할 수도 없다. 그러나 그 꽃은 나의 눈병에 '의지하여[依]' 생긴 것이다. 눈병 때문에 생겼다는 말이다. 당연히 눈병이 사라지면 헛꽃도 사라지게 된다. 아무리 내가 직접 경험했다 하더라도 그 경험이 진실을 담보하는 것은 아니다. 그의 경험을 부정할 수는 없지만 그의 경험을 받아들이는 눈이 병이 났기 때문에 경험의 해석 역시 '오염'될 수

밖에 없다. 그래서 눈병으로 망심(妄心), 망념(妄念)이 생겨난 것이다.

여기서 마음이 생겨나는 과정을 조금 더 보기로 하자. 우리는 외부 대상을 볼 때 혹은 어떤 생각을 할 때 그냥 대상을 있는 그대로 보는 것이 아니다. 시간적으로 그 이전에 성립된 인식의 틀, 불교에서 식(識)이라고 하는 것이 작동하여 그것을 해석해서 보게 된다. 예를 들어, 가을날에 세 사람이 모여 동쪽 울타리 밑에 핀 국화를 본다고 하자. 세 사람이 국화를 본 것은 세 사람의 체험이다. 세 사람이 체험을 했지만 체험의 내용과 질이 같지는 않다. 같은 꽃을 보았으나 같은 체험을 한 것은 아니라는 말이다. 세 사람이 서 있는 장소, 세 사람의 시력 상태, 세 사람의 후각 상태 등 신체 상태에 따라 체험하는 바가 차이가 생길 수도 있고, 세 사람의 심리 상태에 따라서도 차이가 생긴다. 또, 세 사람의 이전의 경험과 지식의 정도에 따라서도 체험하는 바가 차이가 생긴다. 이와 같이 세 사람이 국화를 보는 체험을 했어도 그 인식은 다 차이가 있게 마련이다. 인식의 차이가 사람에 따라 생겨나는 것만은 아니다. 한 사람이라 하더라도 차이는 발생한다. 원효는 밤중에 본 것과 아침에 본 것이 다르다고 느낀 것에 놀랐던 것이다. 생멸하는 마음을 본 것이고, 그 마음의 이면에는 식(識)이 작용한다는 것을 알고 "모든 현상은 오직 식으로 인한 것이로구나."라고 하였던 것이다.

불교에서는 여덟 가지의 식을 이야기한다. 눈이 대상을 만남으로써 안식(眼識), 즉 눈으로 인하여 생기는 인식이 만들어지고, 귀가 소리를 만남으로써 이식(耳識)이, 코가 냄새를 만남으로써 비식(鼻識)이, 혀가 맛을 만남으로써 설식(舌識)이, 몸이 외부 물건을 만남으로써 신식(身識)이 생긴다. 이른바 전 5식이다. 5식 이외에도 의식(意識)이라는 6식, 말나식(末那識)이라는 7식, 아리야식(阿梨耶識)이라는 8식까지 있다. 5식까지는 감각 경험이다. 아리야식은 의식적 · 무의식적 삶의 모든 체험을 다 저장한다 하여 장식(藏識)이라고도 한다. 분별하는 마음, 생멸하는 마음, 변화하는 마음의 저장소다.

우리가 흔히 알고 있는 원효가 해골바가지의 물을 마셨다는 이야기는 『송고승전』에는 나오지 않는 것이다. 뒤에 보태어진 것으로 보인다. 그런데 만일 이 이야기와 같이 원효가 아침에 해골바가지를 보고 구토를 일으켰다고 하자. 그러면 여기에는 먼저 눈으로 봄으로써 생긴 분별심, 즉 안식(眼識)이 작용했을 것이다. 역겨운 냄새를 맡았다면 비식(鼻識)이 작용했을 것이다. 그리고 안식, 비식의 이면에는 해골이 무섭고 더럽다는 기억, 즉 의식(意識)이 작용했을 것이다. 그런가 하면 내가 기억하지 못하는 어떤 과거의 기억이나 꿈속의 경험과 같은 인식의 근원적 요소인 말나식, 아리야식이 작용할 수 있을 것이다. 이를 원효는 "모든 현상은 오직 식으로 인한 것이로구나."라고 표현한 것이다.

깨달음의 과정

원효는 눈병을 치료하는 과정을 깨달음[覺]의 과정으로 설명하고 있다. 눈병이 나기 전의 상태, 이를 '본래 깨달음' '본래 앎'이라는 의미의 본각(本覺)이라 한다. 눈병이 나서 헛꽃을 보는 상태를 깨닫지 못한 상태, 불각(不覺)이라 한다. 눈병이 났음을 비로소 인지하고 고쳐 나가는 단계를 시각(始覺)이라 한다. 치료의 순서는 본각에서 불각, 불각에서 시각, 시각에서 다시 본각의 단계가 된다. 왜 본각에서부터인가? 인간은 원래 본각의 존재다. 깨달음의 존재요, 앎의 존재라는 것이다. 지금의 자신의 상태를 생각해 보고, '내가 왜 본각의 존재냐? 나는 무명의 존재다.'라고 스스로 말할지 모른다. 그러나 그렇지 않다. 인간은 태어난 조건이 다 같지는 않지만, 기본적으로 앎의 존재다. 이 앎을 지금의 지식으로 생각해서는 안 된다. 지식이 교육을 받아야 가능한 것이라면, 여기서 말하는 앎은 그보다는 훨씬 폭이 넓다. 앎의 능력은 누구나 다 가지고 태어난다. 눈이 있으면 볼 줄 알고, 귀가 있으면 들을 줄 안다. 코가 있으면 냄새 맡을 줄 아는 이 능력이 앎의 능력이다. 인간은 이러한 존재다. 그래서 각의 존재, 앎의 존재라고 한 것이다.

원효는 이를 중생심(衆生心 또는 衆生心性)이라 하였다. 우리가 흔히 생각하는 어리석은 중생의 마음이 아니다. 뭇 생명의 마음이다. 아니, 마음의 바탕이다. 모든 현상이 이 바탕에서 기인하는 것이다. 그런데 불각이라고 한 것은 무슨 말인가? 그것은 잘못된 앎이다. 눈으로[根] 대상[境]을 보았지만 거의 동시에 관념이 붙는다. 관념은 해석이다. 선입견[識]이다. 아침이 되면 눈이 떠지고, 눈이 떠지면 온갖 것이 보인다. 그러나 그냥 보는 것이 아니라 지금까지 보고 듣고 하면서 생긴 관념으로 본다. 원효도 당시에는 해골에 담긴 물은 더럽다는 관념으로 본 것이다. 이를 불각의 상태, 앎의 왜곡이 일어난 상태라고 하였다. 그렇다면 어떻게 하면 각의 상태로 나아갈 수 있을까? 향을 싼 종이에 향의 냄새가 배고, 생선을 산 종이에는 생선의 냄새가 배게 마련이다. 그것을 훈습(薰習)이라 한다. 원래 앎의 능력을 가지고 태어났지만 무명에 훈습되면 무명에 물들어 어리석은 삶, 불각의 삶을 살게 되고 만다. 이때 우리의 마음은 여러 변화를 나타낸다. 깨닫지 못해 마음이 흔들리는 단계, 또 '나'라고 하는 주체가 생기는 단계, 주체가 생겨 대상 경계가 눈에 들어오는 단계가 있다. 이를 세 가지 미세한 마음의 변화[三細]라고 한다. 대상 경계가 눈에 들어오면 또 마음은 좋아하거나 좋아하지 않는 분별심이 생겨난다. 그리고 이 분별심이 지속되면서 괴로움과 즐거움이 생겨난다. 이어 좋아하고 싫어하는 것에 대한 집착이 일어나고, 대상에 붙은 언어, 문자에 묶이게 된다. 언어, 문자에 묶이면 행동으로 업을 짓게 된다. 행동으로 발현된 업은 결국 괴로움이라는 결과를 낳게 되는데, 이를 여섯 가지 거친 마음의 변화[六麤]라고 『대승기신론』에서는 이야기한다. 그러나 무명에 훈습되어 불각으로 나아가지 않고 진여에 훈습되면 깨달음의 삶을 살게 된다. 길은 양쪽으로 열려 있는 셈이다. 우리의 마음은 오묘한 것이다. 어느 길을 갈 것인가? 무명도 자신의 방향으로 끌어당기는 훈습력이 있지만 진여 또한 훈습력이 있다. 두 훈습력이 동시에 마음을 끌어당기고 있는 것이다. 그래서 마음이 무명의 방향으로 가고 있다가도 진여의 불가사의한 힘에 이끌려 본각으로 돌아갈 수 있는 것이다. 불가사의한 힘에 의해 방향 전환이 이루어지고, 드디어 불각으로 향하던 마음이 깨달음 쪽으로 방향 전환이 이루어진다. 드디어 깨달음의 여정이 시작된다. 그래서 이를 시작[始覺]이라 한다.

깨달음의 여정은 네 단계가 있다. 첫 번째는 무명의 방향으로 길을 가다 발길을 멈춘 단계다. 걸음만 멈추어도 더 이상의 악행은 짓지 않게 되지만 아직 깨달음이라고 할 수는 없다[凡夫覺]. 두 번째는 이 길이 잘못된 길이라는 것을 인식하는 단계다. 여전히 완전한 깨달음은 아니지만 깨달음의 부류에 들 수 있는 단계다[相似覺]. 세 번째는 내가 왜 그 길을 가게 되었나 하는 것을 알게 되는 단계다. 그 길을 선택하게 된 것이 분별심에 의한 것임을 알고, 분별심을 버린 단계다[隨分覺]. 깨달음에 근접한 단계다. 네 번째는 마음의 행로를 낱낱이 아는 단계다. 망심이 처음 일어나는 것부터 모두 알아차리니 다시는 어긋날 일이 없다[究竟覺]. 그런데 이 네 번째 단계는 결국 망념이 일어나기 전의 자리, 원래 자리였다. 눈병을 치료하고 나니 망념으로 생긴 환상의 꽃, '헛꽃'이 사라진 것이다. 그렇다고 내 눈이 기능하지 않는 것은 아니다. 더럽고 깨끗함을 나누는 마음, 분별하는 마음이 사라진 것이지, 마음이 작동하지 않는 것은 아니다. 이제 비로소 '걸림 없는 자유인으로서 원효[元曉不羈]'가 된 것이다.

그런데 이렇게 깨달음의 여정이 마련되어 있지만 현실적으로 누구나 쉽게 깨달음의 길로 들어설 수 있는 것은 아니다. 열심히 하여 성불할 가능성이 있는 사람[正定聚]이 있는가 하면, 타락하여 악도에 떨어질 사람[邪定聚]도 있다. 그런가 하면 그 어느 쪽인지 아직 정해지지 않은 사람[不定聚]도 있다. 이른바 부정취 중생인데, 이들 가운데 수승한 사람은 진여의 길로 가고, 열등한 사람은 물러나 악도에 떨어질 수 있다. 『대승기신론』에서는 이들 부정취 중생을 위해 네 가지 믿음과 다섯 가지 수행법을 제시하고 있다. 네 가지 믿음이란 진여의 법이 가치 있다는 것, 부처님에게는 무량공덕이 있다는 것, 진리의 길을 따르는 것이 큰 이익이라는 것, 수행승을 믿고 따르는 것 등이다. 그리고 다섯 가지 수행법은 보시, 지계, 인욕, 정진, 지관(止觀) 등이다. 이 수행법은 사실상 대승불교의 6바라밀을 이야기한 것이다. 여기다 초학자, 심겁자(心

怯者)를 위해 수승한 방편으로 염불수행까지 이야기하였다.

지금까지 『대승기신론』을 텍스트로 해서 원효철학을 주로 앎의 관점에서 이야기해 보았다. 원효의 관심사는 인간의 삶이고, 그래서 원효철학은 인간학이다. 원효철학과 교육학이 만날 수 있는 지점은 여기다. 이를 다시 한번 정리하면 이렇다. 인간, 나아가 뭇 생명은 모두 앎의 능력, 깨달음의 능력을 가지고 태어난다. 그것은 선천적인 것이고 이를 본각이라고 한다. 그러나 현실적으로는 본각의 존재임을 알지 못하고, 왜곡된 인식을 가진 불각의 존재로서 살아가게 된다. 원효의 철학과 교육학은 '깨달음의 철학' '깨달음의 교육학'이고, 그것은 불각의 상태를 시각의 과정을 통하여 본각에 이르게 하는 여정이다. 어떻게 보면, 현대교육학에서 학습자는 무지의 존재이고, 학습의 과정은 무지에서 앎의 과정으로 나아가는 것이니 그것은 원효의 교육학과 다름없지 않느냐고 할 수도 있을 것이다. 그러나 그렇지 않다. 원효의 교육학에서 주목할 것은 불각이 출발점이 아니라는 것이다. 불각은 지금의 상태이지, 출발점이 아니다. '깨달음의 교육학'에서는 출발점과 목표점이 같다. 본각이다. 이 말은 원래의 상태로 돌아가는 것, 이른바 환지본처(還至本處)가 목표라는 것이다. 눈병만 치료하면 된다. 교육을 인간 만들기, 인간 형성으로 보는 현대의 인간공학적 관점과 차이가 있다.

원효철학에서 앎의 의미

원효철학에서 앎이란 무엇인가? 오늘날 우리는 앎을 (외부) 대상(세상)에 '대한' 앎이라고 보고 있다. 나와 나 밖의 존재와 현상은 이원적으로 존재하는 것이다. 그러나 원효에게 있어서 나와 세상은 이원적으로 존재하는 것이 아니다. 모든 존재와 현상은 우리가 인식하는 것처럼 그렇게 존재하는 것이 아니다. '그렇게'라는 말은 '고정된 상태로'라는 말이다. 우리는 산을 어떻게 보는가? 물은 어떻게 보는가? 산은 산이고, 물은 물로 보지 않는가? 그러나 산은 산으로 존재하는 것이 아니고 물은 물로 존재하는 것이 아니라는 것이 불교의 입장이고, 원효의 입장이다. 물이란 개념과는 달리 '실제의' 물은 고정되어 있지 않다. 끊임없이 운동하고 있고, 변화하고 있다. 물은 액체라고 생각하지만 그것은 개념상 그러할 뿐, 실제는 무어라 정의할 수 없는 상태다. 상황에 따라 끊임없이 변화하고 있는 것이 실제의 물이다. 그런데도 나는, 내 마음은, 나의 인식은 세상을 내 눈에 보이는 대로 존재하는 것처럼 생각한다. 착각이다. 원효의 깨달음은 '아, 지금까지 내가 착각했구나!' '모든 것이 내 마음이 만들어 낸 것이구나!' 하는 깨달음이다. 세상은 우리가 생각하는 대로 존재하는 것이 아니다. 오히려 내 생각이 사라진 그곳에 세상은 자신의 모습을 드러낸다(철학자 라캉(Lacan)은 "내가 존재하지 않는 곳에서 나는 생각하고, 고로 생각하지 않는 곳에 나는 존재한다."라고 했다).

원효철학에서 깨달음은 신비적인 것이 아니다. 앎이다. 지금의 지식은 고정되어 있고 개념화되어 있지만, 원효의 앎은 열려 있고 살아 있다. 앎이 곧 삶이다. 앎과 삶이 결코 분리될 수 없다. 앎이 없는 곳에는 삶이 있을 수 없고, 삶이 없는 곳에는 앎이 있을 수 없다. 앎은 개념이 아니고 작용이다. 작용은 우연히 일어난 것이 아니라, 조건에 따른 필연적 결과다. 그러나 인간은 그 작용을 자신의 관념으로 해석한다. 여기서 앎은 개념화되고, 왜곡되고, 오염된다. 한때 붓다가 사위국(śrāvasti) 기수급고독원에서 비구 1,250명을 대상으로 강의를 한 적이 있다. 그 강의록이 『금강경』이다. 붓다의 대화의 상대자는 수보리(Subhūti)다. 수보리는 붓다에게 수많은 질문을 던지고, 붓다는 그의 모든 질문에 성실히 답한다. 수보리의 질문은 깨달음이 무엇이며, 부처가 무엇이며, 중생이 무엇이며, 진리가 무엇이냐는 등 불교의 핵심적인 내용들이었다. 그런데 붓다의 대답 방식이 참 특이하다. 우리가 학교에서 학생이 선생님에게 A가 무엇이냐고 물으면, 선생님은 A는 무엇이라고 대답을 한다. 그러나 붓다는 이날 수보리에게 "A는 A가 아니다(A卽非A)." "그 이름이 A다(是名A)."라고 답을 한다. 이날 우리가 붓다에게 산이 무엇이며 물이 무엇이냐고 물었다면, 붓다는 "산은 산이 아니고, 그 이름이 산이니라. 물은 물이 아니고, 그 이름이 물이니라."라고 대답했을 것이다. 붓다는 왜 이렇게 대답을 했겠는가? 붓다의 지식관은 무유정법(無有定法)의 지식관이다. 고정된 진리란 없다는 지식관이다. 이러한 붓다의 지식관을 이어받은 것이 원효철학이다. 그래서 앎의 성격은 공성(空性)이고, 무아(無我)로 특징지어진다. 원효철학에서 교육의 과제는 이 공성과 무아를 체득하는 것이고, 고향으로 돌아와 존재와 세계의 본모습을 만나는 것이다.

지금까지 우리는 원효가 제시한 불교교육학의 구조를 살펴보았다. 이 점만으로도 그는 신라의 불교교육사에 큰 공헌을 했다. 그러나 그것이 다가 아니다. 이론의 정립으로 끝나지 않았다.

저잣거리의 교육자, 원효

원효가 동아시아의 위대한 사상가였다는 것은 새삼 거론할 필요가 없다. 그런데 원효의 삶을 사상만으로 이야기할 수 없다. 저잣거리의 교육자였다는 점을 간과해서는 안 된다. 그의 교화행에 대해『삼국유사』에서는 이렇게 기록하고 있다.

> 원효 성사가 파계하여 설총을 낳았다. 이후 속복으로 바꾸어 입고, 스스로 소성거사(小性居士)라고 했다. 우연히 광대들이 가지고 노는 큰 박을 얻었다. 그 모양이 괴이하여 생긴 대로 그릇을 만들어 무애라고 이름을 붙였다. 이는『화엄경』의 '어느 것에도 걸림이 없는 사람은 생사를 벗어난다.'는 말에서 따온 것이다. 원효는 계속해서 노래를 지어 세상에 퍼뜨렸다. 일찍이 그 그릇을 가지고 수많은 촌락을 노래하고 춤추며 다니다 읊조리며 돌아오니, 가난하고 무지몽매한 사람들도 다 부처의 이름을 알게 되고, '나무아미타불'의 염불을 하니 원효의 교화가 컸던 것이다.[9]

그런데 이런 원효의 교화행은 '뜻밖의' 것이 아니었다. 그가 파계했기에 혹은 국가불교체제에 편입되지 못했기에 '어쩔 수 없이' 선택한 것도 아니다. 그의 시대는 한편으로는 국가불교가 가장 왕성하던 시대였지만, 다른 한편으로는 민중불교의 흐름도 있었던 시대였다. 이런 가운데 그의 실천적 관심은 명백히 민중불교로 향하고 있었다. 앞서 말한 바와 같이 원효와 동시대 승려로 혜

9 『삼국유사』「의해」, 원효불기.

공이 있었는데, 원효는 그와 교유하였다. 그는 작은 마을에 살면서 삼태기를 지고 거리에서 노래하고 춤추며 민중을 교화하였다. 그의 삶은 원효에게도 큰 영향을 준 듯하다. 혜공과 원효는 서로 장난을 칠 정도로 친한 사이였으며, 경전을 연구할 때 많은 의견을 나누기도 하였다. 또 한 명의 민중불교인이 대안법사인데, 그는 저잣거리에서 그릇을 두드리며 "대안! 대안!" 하며 다녔다. 원효의 무애가, 무애무의 염불 교화는 이러한 시대의 요청에 대한 반응이었던 것이다.

한역(漢譯) 불교 경전에서의 교화는 산스크리트어 *paripac* (paripacati, paripācana), *vineṣate*, *śāsana*(팔리어 sāsana) 등의 역어(譯語)이며, 뜻은 불타가 중생을 제도하는, 중생을 성숙하게 하는 과정이다. 그래서 성숙과 열반의 산스크리트어와 교화를 지칭하는 말이 모두 *paripac*이라고 한다. 한역 과정에서 교화 이외에도 '개화(開化)' '섭화(攝化)' '시화(施化)' '권화(勸化)' '조복(調伏)' 등으로 번역되기도 하였다. 원효 불교만이 아니라 대승불교의 전통에서 중생 교화는 핵심적인 단어다. 그 어느 것도 이와 무관할 수는 없다. 물론 불교의 중생 개념은 요즈음 우리가 널리 사용하고 있는 사회과학적 민중 개념과는 다른 개념이다. 정치적으로 억압당하고, 경제적으로 수탈당하고, 문화적으로 소외당한 민초들을 요즈음 우리는 민중이라 하지만, 원시 불교에서의 중생의 개념은 오온(五蘊)의 구성체 정도가 될 것이다. 그렇지만 인류의 역사 속에서 보면 중생은 무색무취한 존재가 아니라 오히려 민중에 가깝다. 그래서 흔히들 '무지한 중생'이라고 하지 않는가? 원효가 정토교에 관심을 가진 것은 정토의 가르침이 이 '무지 중생' '무명 중생'의 맞춤형 불교였기 때문이다. 원효의 중생은 실은 원효가 무애가를 부르고 무애무를 추며 누비고 다녔던 신라의 시골 마을의 필부필부들이다. 이들에게 '나무아미타불'이라는 6자염불을 미디어로 하여 교화를 펼쳤던 사람이 원효였던 것이다.

원효는 『무량수경종요(無量壽經宗要)』『아미타경소(阿彌陀經疏)』 등 정토교 관련 저서를 남겼다. 그런데 『무량수경종요』에서 원효는 중생의 마음의 바탕은 툭 트여 걸림이 없다고 했다. 허공과 같고, 바다와 같다고 했다. 진여의 마음을 말한 것이다. 그러나 중생의 마음은 인연에 따르기 때문에 움직일 때도 있고, 고요할 때도 있다고 하였다. 생멸의 마음을 말한 것이다. 그래서 어떤 사람은 번뇌의 바람이 불어 오탁에 빠져 바람을 따라 구르기고 하고, 고통의 물결에 잠기어 흘러가는 사람도 있다. 또 어떤 사람은 선근(善根)을 이어서 번뇌의 흐름을 끊고 저 언덕에 이르러 고요해지기도 한다. 이렇게 움직임과 고요함은 한 바탕의 꿈과 같아 깨어나면 고요함도 움직임도 없다. 예토와 정토가 본래는 한마음[一心]이요, 생사 열반도 두 경계가 없다고 하였다. 그러나 중생으로 보아 꿈을 깨는 것은 너무나 어려운 일이다. 그래서 정토교에서는 부처님의 원력(願力)을 제시한다. 지금 내 몸이 여의치 않아 천리길을 갈 수가 없다. 그러면 그 길을 포기해야 하는가? 그렇지 않다. 배를 타고 가거나 말을 타고 가면 된다. 나의 힘으로 다 될 것이라는 생각은 착각이다. 짧은 소견으로 생각하면 생각할수록 일은 더 꼬이게 된다. 대자대비한 부처님의 자비력에 맡기면 된다. 그것이 원효가 민중들에게 제시한 나무아미타불, 6자염불이다. 염불은 종자[因]다. 성불의 종자다. 종자를 심어야 열매[果]를 거둔다.

그런데 원효가 위대한 교육학자이자 교육자라는 것은 이 종자에 대한 남다른 생각에서도 볼 수 있다. 원효는 종자를 두 가지로 나누었다. 근본적인 것과 그것을 돕는 보조적인 것이다. 이를 정인(正因)과 조인(助因)이라 했다. 그러면 무엇이 정인이고, 무엇이 조인인가? 원효는 염불을 조인이라 했고, 발보리심을 정인이라 했다. 발보리심(發菩提心)이란 글자 그대로 '부처가 되겠다.' '깨달은 사람이 되겠다.'는 마음을 내는 것이다. 달리 말하면, 내 삶을 바른 방향으로 바꾸어 보겠다는 다짐이다. 이 마음은 능력, 즉 근기에 따라 차이가 있는 것이 아니다. 상배 · 중배 · 하배의 삼배(三輩)를 막론하고 공통적으로 가지고 있는 마음이고 누구나 낼 수 있는 마음이다.

『아미타경』과 『무량수경』에는 발원(發願)을 이야기하고 있다. 붓다는 극락의 아름다움을 이야기해 놓고, 그곳에 왕생하겠다는 목표를 세우라고 수차 이야기하고 있다. 이것이 발원이고, 그 발원이 발보리심이다. 물론 엄격히 따지면 양자는 차이가 있을 수 있다. 중생의 발원은 개인적 욕망으로 흐를 수 있고, 보살의 발원은 상구보리 하화중생의 보리심이다. 그렇다면 개인적 욕망에서 벗어나지 못하는 사람들은 어떻게 되는 것인가? 이들을 위한 마지막 손길이 염불이다. 신을 삼는 것을 업으로 하는 광덕 같은 이도 생업과 함께 하는 것이 염불이고, 욱면과 같은 비천한 종도 방아 찧는 일을 마치고 할 수 있는 일이 염불이다. 그 염불을 저잣거리에서 몸소 시범을 보인 이가 원효다.

제5장

고승과 불교교육(3): 의상

제5장

고승과 불교교육(3): 의상

의상의 가계와 출가

의상(義湘, 625~702)의 삶에 대해 알려 주는 전기(傳記)는 몇 종류가 있다. 대개 고승들의 전기가 그러하듯, 의상 역시 출가 이전의 행적에 대해서 상세하게 알려 주는 전기는 없다. 「부석본비(浮石本碑)」에 출생연도가 무덕 8년(진평왕 47년, 625)이라는 것이 알려져 있다. 또 출가한 곳이 황복사(皇福寺)이고, 그때가 29세 무렵이었다는 것, 아버지가 김한신이라는 것은 『삼국유사』에 기록되어 있다. 『송고승전』에는 의상의 성이 김 씨가 아닌 박 씨로 되어 있고, 계림 사람이라고 하였다. 또 어려서 영특했는데 자라면서 속세를 떠나 이곳저곳을 소요(逍遙)하다 불문(佛門)에 들었다고 한다. 그리고 그의 성품은 천연(天然)하였다고 기록하고 있다.

[그림 5-1] 원효와 의상
출처: 日本 高山寺.

의상은 『삼국유사』에서는 29세에 출가한 것으로 되어 있다. 「부석본비」에서는 출가 시기를 '관세(丱歲)'라 하였는데 이는 상투를 트는 시기이므로 청소년기로 볼 수도 있다. 의상의 신라에서의 스승으로는 보덕(普德)을 들 수 있다. 앞 장의 '원효의 스승'에서도 살펴보았듯이, 원효와 의상은 보덕으로부터 『열반경』과 『유마경』을 수학한 것으로 알려져 있다.

입당 수학

잘 알려져 있듯이 의상은 출가 이후 얼마 지나지 않아 원효와 함께 입당 유학을 시도했다. 이를 『삼국유사』 「의상전교」에서는 이렇게 기록하고 있다.

> 얼마 있지 않아 서방으로 가서 불교의 교화를 보고자 하였다. 드디어 원효(元曉)와 함께 요동(遼東)으로 갔다가 변방의 순라군에게 첩자로 오인받아 수십 일 동안 갇혔다가 간신히 면하여 돌아왔다. 영휘(永徽) 초에 마침 당(唐)나라 사신의 배가 서방으로 돌아가려고 하자 편승하여 중국(中國)으로 들어갔다. 처음 양주(楊洲)에 머물렀더니, 주장(州將) 유지인(劉至仁)이 청하여 관아 안에 머무르게 했는데 공양이 지극하였다. 얼마 있지 않아 종남산(終南山) 지상사(至相寺)로 찾아가서 지엄(智儼)을 배알하였다. 지엄의 전날 밤 꿈에 큰 나무 하나가 해동(海東)에서 나서 가지와 잎이 널리 퍼져 중국(神州)에까지 와서 덮고, 위에는 봉황의 둥지가 있는데, 올

라가서 보니 마니보주(摩尼寶珠)가 하나 있어 광명이 멀리까지 비쳤다. 깨고는 놀랍고 이상히 여겨 청소를 하고 기다렸더니 의상이 바로 왔다. 특별한 예의로 맞아 조용히 말하기를, "나의 어제 꿈은 그대가 나에게 올 징조였다."라고 하고 제자가 됨[入室]을 허락하니, 『잡화경(雜花經)』의 미묘한 뜻을 구석구석 분석하였다. 지엄이 학문을 상의할 영특한 자질을 만나 새 이치를 능히 발견해 내어 가히 깊은 것을 파고 숨은 것을 찾아내니, 쪽과 꼭두서니가 본색을 잃은 것과 같았다.[1]

[그림 5-2] 화엄3조 법장
출처:『法藏大舒典』.

의상이 입당 유학을 시도한 까닭을 『송고승전』에서는 당나라의 불교 교학이 성행함을 들었기 때문이라고 했다. 당에 가서는 당시 유식학의 대가인 현장(玄奘)의 문하에서 공부하려고 하였던 것 같다. 그러나 입당 후 생각이 바뀌어 종남산 지상사(至相寺)로 가서 지엄(智嚴, 602~668)의 문하에 들었다. 지엄은 중국 화엄종의 2조이며, 당시 의상과 함께 동문수학한 3조 법장(法藏, 643~712)의 스승이다. 지엄은 의상을 특별한 예의로 맞았고, 꿈에서 그 조짐을 볼 정도였다. 의상은 그 문하에서 화엄 경전의 연구에 몰두했고, 그 수준은 스승을 능가할 정도였다.

의상은 중국에서 수학할 때 율사로 이름난 도선(道宣, 596~667)과

1 『삼국유사』「의해」, 의상전교.

교유한 이력이 있다. 도선은 앞서 자장율사를 언급할 때 잠깐 언급한 바 있지만 남산 율종의 초조이며, 동아시아 율학의 기초를 닦은 고승이다. 두 사람의 교유에 대해서는 이렇게 기록되어 있다.

> 옛날 의상법사가 당나라에 들어가서 종남산 지상사 지엄존자가 있는 곳에 이르니, 이웃에 도선율사가 있어 늘 하늘의 공양을 받고 매번 재를 올릴 때마다 하늘의 주방에서 음식을 보내왔다. 하루는 도선율사가 의상법사를 청하여 재를 올리는데, 의상법사는 이미 와서 바르게 앉아 있는데 하늘의 공양은 때가 지나도 이르지 않았다. 의상이 빈 바리때로 돌아가니 천사(天使)는 이제야 다다랐다. 율사가 "오늘은 어째서 늦었는가?"라고 물으니, 천사가 말하기를, "온 골짜기에 신병(神兵)이 가로막고 있어 들어올 수 없었습니다."라고 하였다. 이에 율사는 의상법사에게 신의 호위가 있음을 알고 그의 도력이 자기보다 나음에 탄복하여 그 공양물을 그대로 남겨 두었다가 다음 날 또 지엄과 의상 두 대사를 재(齋)에 청하여 그 사유를 자세히 말하였다.[2]

도선과 의상은 29세라는 나이 차이가 있었지만 두 사람의 교유가 보통이 아니었음은 알 수 있다. 또 설화에서 신병은 화엄신중이었을 것이고, 의상의 도력이 높았음을 이야기한 것이다.

『송고승전』에는 "의상은 설행(說行)을 중시하여 강석을 펼칠 때를 제외하고는 정근 수행하였으며, 장엄찰해(莊嚴刹海)에서 춥고

2 『삼국유사』「탑상」, 전후소장사리.

따뜻함을 가리지 않고 정진하였다."라고 하였다. 또 "의정(義淨) 세예법(洗穢法)을 행했는데, 수건을 사용하지 않았고 서서 마르기를 기다렸다. 세 법의(法衣)와 병발(瓶鉢)을 가진 것 외에 다른 물건을 가지지 않았다."라고 하였는데, 그의 수행의 엄격함을 알 수 있다.[3]

의상의 귀국은 스승 지엄의 입적(668)과 당의 신라 침공 계획과 관련이 있다. 지엄은 의상의 사상 형성에 큰 영향을 끼친 인물인데, 의상은 그로부터 의지(義持)라는 호를 받았다[수학 동문인 법장은 문지(文持)라는 호를 받았다]. 이는 의상의 실천적인 측면을 평가한 것으로 보인다. 스승의 입적에 뒤이어 신라와 당 양국 간의 정세가 긴장 상태에 들게 되었다. 김흠순, 김인문, 김양도 등이 구금되었고, 흠순 등이 고종의 신라 침공 계획을 의상에게 알려 주어 입국케 함으로써 국난을 면하게 하였다.

귀국 후 낙산사의 창건

670년에 귀국한 의상은 산천을 주유하며 사찰 지을 곳을 찾았는데, 그렇게 하여 지어진 절이 낙산사(洛山寺)와 부석사(浮石寺) 등이다. 어느 곳이 먼저 지어졌

[그림 5-4] 낙산사 의상대
출처: 국가유산청.

3 『송고승전』「의해」, 석의상.

는지는 논란이 있지만 『삼국유사』「낙산이대성관음정취조신(洛山二大聖觀音正趣調信)」에는 "법사가 처음으로 당나라에서 돌아와 관음보살의 진신(眞身)이 이 해변의 굴 안에 산다고 듣고, 이로 인하여 낙산(洛山)이라고 이름하였으니, 대개 서역(西域)의 보타낙가산(寶陁洛伽山)이 있는 까닭이다."라고 하였다. 절의 연기설화는 이러하다.

> 재계(齋戒)한 지 7일째에 좌구(座具)를 새벽 물 위에 띄웠더니 용천(龍天)의 8부(八部) 시종이 굴속으로 인도하였다. 공중을 향하여 예배를 드리니 수정 염주 한 꾸러미를 내어 주므로 의상이 받아 물러났다. 동해의 용 역시 여의보주 한 알을 바치므로 법사가 받들고 나왔다. 다시 7일을 재계하고 나서 곧 (관음의) 진용을 보았다. (관음이) 말하기를, "자리 위의 산정에 한 쌍의 대나무가 솟아날 것이니, 그 땅에 불전을 지음이 마땅하리라."라고 하였다. 법사가 그 말을 듣고 굴 밖으로 나오니 과연 대나무가 땅에서 솟아나왔다. 이에 금당을 짓고 상을 빚어 모시니 원만한 모습과 고운 자질은 엄연히 하늘이 낸 듯하였다. 그 대나무는 다시 없어졌다. 그제야 그 땅이 진신의 주처임을 알았다. 이로 인해 그 절 이름을 낙산이라고 하고, 법사는 받은 두 구슬을 성전에 모셔 두고 떠났다.[4]

관음 기도를 한 끝에 관음보살의 진신을 만났고, 진신의 가르침

4 『삼국유사』「탑상」, 낙산이대성관음정취조신.

에 따라 절을 짓게 된 것이다. 관세음보살이 어떤 보살인지에 대해서는 이 책의 제9장에서 상세히 언급할 것이지만, 한마디로 표현한다면 중생구원의 보살이다. 관세음보살의 진신이 사는 곳에 기도를 하여 감응을 얻었고, 관세음보살이 이르는 곳에 절을 지었는데, 중생 구제를 위한 불교학교를 지은 것이라 할 수 있다. 의상이 중국에서 화엄학을 공부하고 돌아와 왜 관음보살을 모시는 사찰을 지었느냐는 의문이 있을 수 있지만 화엄사상과 관음신앙은 별개의 것이 아니다. 『화엄경』「입법계품(入法界品)」에는 선재동자의 53선지식을 참문하는 내용이 있는데, 28번째 참문한 선지식이 관세음보살이다. 서역의 관세음보살이 거주하는 보타낙가산이 모범, 원형이라면 그 원형을 신라 땅에 재현한 곳이 낙산사다. 보타낙가산을 소백화산(小白花山), 관세음보살을 백의대사(白衣大士)라 하는데, 의상이 낙산 관음굴에 예배하고 지었다고 전해지는 「백화도량발원문(白花道場發願文)」이 남아 있다.

이제 관음대성의 거울 속의 제자의 몸으로
제자의 거울 속의 관음대성께 목숨 바쳐 정례하옵고
진실한 발원을 사뢰오니 가피를 내려 주소서
오로지 원하옵건대
제자는 세세생생 관세음을 부르며 스승으로 모시겠습니다.
보살께서 아미타불을 머리에 이고 다니시듯이
저 또한 관음대성을 머리에 이고 다니겠습니다.
십원(十願), 육향(六向)과 천수천안과 대자대비가 모두 관음대성과 같아지고
몸을 버리는 이 세상과 몸을 받는 저 세상에서 머무는 곳

> 마다
> 그림자가 형체를 따르듯이 언제나 설법을 듣고 참된 교화를 돕겠습니다.[5]

뒤에서 다시 언급하겠지만, 스승 관세음보살과 그 제자인 나는 한 몸이다. 제자는 세세생생 관세음을 부르며 스승으로 모시겠다고 다짐하며, 언제나 그의 설법을 듣고 그의 참된 교화를 돕는 사람이 되겠다고 한다. 동서양에 스승을 예찬하는 명문이 여럿 남아 있지만, 의상의 이 글은 신라시대의 최고의 스승 예찬 게송이라 할 만하다. 스승과 나(제자)를 한 몸으로 여기고 있고, 목숨 바쳐 정례하고, 세세생생 스승으로 모시며, 스승을 머리에 이고 다니겠다고 하며, 그림자가 형체를 따르듯 스승에게 배우고 스승의 교육을 돕겠다는 발원은 일찍이 본 적이 없다.

태백산 부석사의 창건

부석사는 당시 의상이 문무왕의 명으로 676년 태백산에 창건한 사찰이다. 그 내용은『송고승전』에 다음과 같이 전한다.

> 의상이 입국한 후 산천을 두루 다녔는데, 고구려와 백제의 바람과 우마(牛馬)가 서로 미치지 못하는 곳에 이르러 "이곳은 땅이 신령스럽고 산이 수려하여 참으로 법륜을 굴릴 만

5 고려시대 승려 체원이 지은 주석서『백화도량발원문약해』에 수록되어 있다. (https://kabc.dongguk.edu/content/view?dataId=ABC_BJ_H0096_T_001)

한 곳인데 어찌 권종이부(權宗異部)의 무리들이 500명이나 모여 있는가?"라고 하였다. 의상은 또 조용히 생각하기를 대화엄교(大華嚴敎)는 복선(福善)의 땅이 아니면 흥할 수 없다. 이때 선묘용(善妙龍)이 의상을 늘 따라다니며 수호했다. 그가 의상의 뜻을 알고 허공에서 큰 변화를 일으켜 큰 돌로 변하여 넓이 1리의 가람의 지붕을 덮었는데 떨어질 듯했다. 이에 군승(群僧)이 놀라 사방으로 흩어져 버렸다. 이에 의상이 이 절에 들어가 겨울에는 따뜻한 곳에서, 여름에는 서늘한 곳에서 자리를 펴고 경전 강석의 자리를 펴니, 부르지 않아도 스스로 이르는 자가 많았다.[6]

아마 당시 부석사 터에는 권부이종이라는 다른 사상을 가진 사람들이 있었던 모양이다. 의상의 귀국 때 용이 되어 뱃길을 호위하던 그 선묘 낭자가 이곳에도 등장하여 의상을 호위하며 그들을 물리치게 하였고, 마침내 강석을 펼 수 있었다는 것이다. 주지하듯이 부석사의 주존불은 아미타불인데, 원래는 무량수전의 내부를 녹유전(綠釉塼)으로 장식했다. 이는 이곳이 아미타불이 상주하는 극락정토라는 사

[그림 5-3] 의상의 귀국을 돕는 선묘
출처: 日本 高山寺.

6 『송고승전』「의해」, 석의상.

상에서 유래한 것이며, 부석사 자체가 정토경전에 따라 건축되었다.[7] 의상의 화엄사상이 관음과 아미타신앙과 밀접한 관련성을 맺고 있음을 알 수 있다.

[그림 5-5] 부석사 무량수전
출처: 국가유산청.

부석사의 창건은 신라에 부석종(浮石宗)을 탄생시켰다. 부석종은 화엄종을 일컫는다. 의상은 부석존자로 불리었다. 이로써 부석사는 신라 최대의 화엄종립대학이 되었다. 그 영향은 신라 중대뿐 아니라 하대에까지 이어져 혜철과 무염 등 선종 산문을 개창조들도 이곳을 거쳐 갔을 정도다. 신라라는 나라가 없어져도 사상은 지금까지 한국 불교에 큰 영향을 주고 있다. 나아가 일본 등 해외의 불교에도 영향을 주었다. 이 장에서 사용한 몇 장의 그림도 일본 교토의 고잔지(高山寺)에 남아 있던 일본 국보 '화엄종조회전(華厳宗祖師絵伝)'이 그 출처이고, 의상과 원효가 그 그림의

7 김두진, 「의상의 생애와 정치적 입장」, 국민대학교 한국학연구소, 『한국학논총』 14, 1991, 23쪽.

주인공이다.[8]

의상이 왕실의 원찰인 황복사에서 머물며(그것은 아마 왕실과 밀접한 관련성 때문이었을 것으로 추정된다), 진정, 표훈 등 제자 양성을 하면서도 왕도를 벗어난 지방에 이렇게 사찰을 건립한 것은 교육사의 측면에서 보면 큰 교육적 의의가 있다. 사찰은 단지 종교적 성소만이 아니기 때문이다. 그것은 바로 불교교육이 이루어지는 학교이기 때문이다. 그 학교가 중앙이 아닌 지방으로 확대되는 데 큰 공헌을 한 것이다. 부석사는 통도사 등과 함께 2018년 6월에 "산사, 한국의 산지 승원(Sansa, Buddhist Mountain Monasteries in Korea)"이라는 명칭으로 유네스코 세계유산에 등재되었다.

의상의 경우, 수많은 사찰을 창건했을 뿐 아니라 수많은 강의를 한 기록이 남아 있다. 이는 신라시대 불교교육사에서 매우 중요한 장면이다. 이제 기록에 남은 의상의 강의 장면을 하나하나 살펴보기로 하자.

강사 의상의 교육실천

의상은 화엄 교학의 사상가일 뿐 아니라 매우 활동적인 교육자였다. 『삼국유사』에서 일연은 의상의 교화사적을 기록하며 "의상전교(義湘傳敎, 의상이 불법을 전하다)"라고 글의 타이틀을 달았고, 『송고승전』에서는 "湘講樹開花 談叢結果(의상의 강설 나무가 꽃을 피웠고, 강담의 숲이 열매를 맺었다)"라고 하였다. 동시대의 다른 사

8 홈페이지에서 그 그림과 해설을 볼 수 있다. https://kosanji.com/about/national_treasure/#a_01

상가들은 사제 관계, 사자상승(師資相承)의 기록이 별로 없는 데 비해 의상은 그것이 분명하다. 그래서 "강설의 나무가 꽃을 피웠고, 강담의 숲이 열매를 맺었다."라고 한 것은 매우 적절한 비유다. 그는 실제 교육자로서 제자 양성에 탁월한 업적을 남겼으며, 남아 있는 경전에 대한 해설인 강경이나 교리, 학설에 대한 강설, 강담 등의 기록도 적지 않다.[9] 부석사에서 행한 40일간의 '일승십지문답', 황복사에서 행한 '법계강의', 태백산 대로방에서의 '십불강의', 소백산 추동에서의 90일간의 '『화엄경』 강의' 등 기록에 나타난 강석만도 적지 않으며, 특히 추동에서의 『화엄경』 강의 때는 3,000명이라는 많은 대중이 운집하였다 한다.[10] 비록 상세한 기록은 아니고 편린에 지나지 않지만 이들 기록을 하나하나 살펴보자.

부석사에서의 강의

먼저, 부석사에서의 강의 기록이다. 부석사는 앞에서도 말했듯이 의상이 당에서 귀국한 후 문무왕 16년(676)에 왕명으로 지은 절이고 화엄 교학을 펼친 성지이다. 어느 해인지는 알려져 있지 않지만, 이곳에서 40일간 법회가 열린 적이 있다.

> 부석산 40일 법회에서 (의상)스님이 "일승십지(一乘十地)는 횡(橫)이며 수(竪)다."라고 하자, 상원(相元)과 지통(智通) 등이 "이미 스님의 뜻은 알고 있습니다."라고 말했다. 그 법회가

9 신라시대의 불교 강경 의례에 대한 자세한 대한 내용은 이 책 11장 참조.
10 전해주, 『의상화엄사상사연구』, 민족사, 1993.

> 끝날 때 각기 깨달은 바를 말씀드리니, 스님이 "모두 아직 멀었다. 일승의 십지란 적멸도량에서 비로소 정각을 이루신 부처님의 마음에 의지하여 보는 것이다."라고 했다.[11]

이날 강의 주제는 『법계도(法界圖)』의 일승(一乘)의 십지(十地)에 대한 것이었다. 뒤에 자세히 살펴볼 『법계도』의 정식 명칭은 『화엄일승법계도(華嚴一乘法界圖)』이다. 의상의 사상도 일승사상으로 요약할 수 있다. 그 일승에 대해 제자들과 문답을 하고 있는 것이다. 의상의 교육 형식은 경전의 내용을 일방적으로 해설하는 것이 아니다. 제자와의 문답 형식을 띠고 있다. 물론 이러한 문답 형식은 동서고금을 막론한 가장 보편적인 강의 형식의 하나였으며, 석가모니의 교화 역시 문답 혹은 대화 형식이었다. 이러한 불교의 문답 전통은 동아시아의 불교의 의례 가운데 강경 의례의 한 부분으로 남아 있다. 신라의 고승들이 널리 활용한 교화 방식이기도 했겠지만 의상이 즐겨 사용한 방식이었으며, 『법계도』나 『지통문답(智通問答)』 등에서 그 사례를 볼 수 있다. 『송고승전』에서는 의상의 제자교육에 대해 "제자들이 가르침을 청해 올 때는 서두르지 않았다. 그들의 마음이 고요히 가라앉을 때를 기다린 뒤 그들을 일깨워 주었다. 의상은 의문에 따라 막힌 곳을 풀어 주되 조그마한 의심도 남지 않도록 했다."라고 한다.[12]

11 『법계도기총수록』 상2.

12 『송고승전』「의해」, 석의상.

황복사에서의 강의

다음으로 황복사에서의 강의 기록이다.[13]

> 표훈(表訓), 진정(眞定) 등 10여 대덕이 스님이 계신 곳을 가서 이 인(印)을 배울 때, 부동오신(不動吾身)이 (법신임을) 어떻게 볼 수 있는지에 대해 여쭈었다. 이에 스님은 사구게(四句偈)로써 답하였다. "모든 인연의 근본은 나이며, 모든 법의 근원은 마음이며, 말은 매우 중요한 근본이니, 진실한 선지식이다." 이어 이르기를 "그대들은 마땅히 마음을 잘 써야 할 뿐이다."라고 말씀하셨다. …… 상원(上元) 원년(元年) 황복사에서 이야기한 것이다.[14]

[그림 5-6] 황복사 삼층석탑
출처: 국가유산청.

13 상원 원년은 경덕왕 19년(760)인데, 이때는 의상의 사후다. 의상이 황복사에서 한 강의라 하면 시간이 맞지 않다. 그래서 표훈은 의상의 직제자가 아닌 손제자라는 설도 있다.

14 『법계도기총수록』 상1.

여기서 이 인(印)이란 법계도(인)를 말한다. 의상의 강의는 특정 경전에 한정되지는 않았지만 『법계도』를 활용한 강의도 적지 않았다. 의상은 수많은 『화엄경』 강의를 한 명강사였으며, 그 기간이 60일, 90일 등 장기간에 걸쳐 이루어진 것도 많다. 교육의 관점에서 생각해 보면, 『법계도』는 『화엄경』 강의를 거듭한 끝에 강의의 효과와 효율성을 높이기 위해 새로운 형식의 교육미디어를 개발한 것이 아닌가 짐작할 수 있다.[15] 『법계도』는 방대한 화엄 사상을 설명한 것이니 만큼 강경에는 자주 활용했던 것 같고, 도인(圖印)은 오늘날의 학교 졸업장과 같이 제자들을 인가(認可)할 때도 활용하였다.[16] 황복사 강의에서는 오신(吾身), 즉 '내 몸'이 어떻게 법신임을 알 수 있는지에 대해 제자들이 물었다. 이에 대해 의상은 인연의 근본은 '나'이며, 내 '마음', 내 '말'이 선지식임을 알라는 이야기를 하였다.

태백산 대로방에서의 강의

다음은 태백산 대로방에서의 강의 기록이다.

고기(古記)에 이르기를 의상 스님이 태백산 대로방(大蘆房)에

---

15 물론 『법계도』의 저자에 대한 논란도 있지만, 여기서는 의상의 것을 전제로 하고 논의를 전개하였다. 설령 스승 지엄 역시 이러한 도인 형식을 즐겨 사용했고, 지엄의 저작이라 하더라도 그것을 교육에 활용한 것은 부인할 수 없는 사실이다.

16 균여의 『석화엄지귀장원통초』(권하)에서는 제자 지통이 그릇이 완성되었음을 알고 〈법계도인〉을 주었다는 말이 있다. 『한국 불교전서』(제4책), 139-140쪽.

> 계실 때, 진정(眞定), 지통(智通) 등을 위해 "수행하는 사람이 십불(十佛)을 보고자 할 때는 마땅히 안목을 길러야 한다." 라고 설했다. 지통 등이 "무엇이 안목입니까?" 하고 여쭈었다. 스님이 말하기를 "『화엄경』으로 자신의 안목을 삼아라. 한 구절 한 문장이 모두 십불이니 이것 밖에서 십불을 보고자 한다면 다생다겁이 끝나도 보지 못하리라."라고 하였다. 스님은 "이른바 무착불이 세간에 편안히 머무르는 것은 정각을 이루었기 때문이다. 오늘 나의 오척의 몸의 이름이 세간이다. 이 몸은 허공법계에 편만하고, 텅 비어 이르지 않은 곳이 없으므로 정각이라 한다. 세간에 편안히 머무르기 때문에 생사의 집착을 여읜 것이다. 그러나 만약 실재를 기준으로 하여 말한다면 세 가지 세간이 원만히 밝고 자재하기 때문에 무착불이라 한 것이다.[17]

태백산과 소백산은 의상의 주된 교화지였다. 이 기사는 태백산 대로방에서 『화엄경』의 행경십불(行境十佛)에 대하여 설한 내용이다. 십불은 수행을 통하여 얻을 수 있는 열 가지 부처의 경지에 대한 것인데, 의상의 강의에서는 매우 중요한 주제였다. 현존하는 의상의 『화엄경문답(華嚴經問答)』에 보면, 역시 십불에 대한 문답이 상당히 많다. 이른바 십불이란 무착불, 원불, 업보불, 지불, 열반불, 법계불, 심불, 삼매불, 성불, 여의불인데, 특정 부처를 지칭한다기보다는 모든 부처를 일컫는 말이다. 의상이 『화엄경』 한마디 한마디가 모두 십불 자체임을 깨달으라고 한 것은 『화엄경』의

---

17 『법계도기총수록』 하2.

철저한 공부를 독려하는 스승의 가르침이다.

소백산 추동에서의 강의

다음은 그 유명한 추동에서의 강의 기록이다.

> (의상의 문하에) 거(居)한 지 3년째에 어머니의 부음이 왔다. 진정(眞定)은 가부좌를 하고 선정에 들어가 이레 만에 일어났다. …… 선정에서 나와서는 뒷일을 의상에게 고하니 의상은 문도를 거느리고 소백산의 추동(錐洞)에 가서 초가를 짓고 도중(徒衆) 3,000명을 모아 약 90일 동안 『화엄대전』을 강했다.[18]

의상의 십대제자 가운데 한 사람이 진정(眞定)이다. 홀어머니를 두고 스승 의상을 찾아 출가한 지 3년째에 그 어머니가 돌아가신 부고를 받았다. 요즈음 같으면 달려가 장례의식을 치르고, 사십구재와 같은 추모의식을 거행했을 것이다. 그러나 진정법사는 부음을 듣고 선정에 들었다가 이레 만에 자리에서 일어났으며, 이러한 제자를 본 스승 의상은 제자의 어머니를 위하여 추모의 법석을 소백산 추동에서 열었던 것이다. 이때 의상은 『화엄경』을 90일간 강의하였고, 그곳에는 3,000명이나 되는 사람이 모였다고 하니 여기에는 승속이 다 참여하였을 것이다. 강의가 끝나는 날 어머니가 진정에게 현몽하여 "나는 이미 하늘에 환생하였다."라고 하

18 『삼국유사』「효선」, 진정사효선쌍미.

였다.[19]

그런데 당시 문인 지통이 이때의 강의의 요점을 두 권으로 정리하여 세상에 유통되었는데, 그 책이 이른바 『추동기』(『지통문답(智通問答)』『지통기』『추혈문답(錐穴問答)』 등 여러 이름이 있음)이며, 내용은 『법계도기총수록(法界圖記叢髓錄)』에 부분적으로 나타나 있다. 최근 김상현은 그동안 당의 법장(法藏, 643~712)의 저작으로 알려진 『화엄경문답』 역시 『추동기』의 이본(異本)임을 논증하는 논문을 발표한 바 있고, 그것을 단행본으로 출간하여 세상에 알렸다.[20] 이와 같이 제자가 스승(의상)의 경전 강의를 정리하여 편찬한 것으로는 『추동기』 외에도 『도신장(道身章)』이 있다. 제자 도신에 의해 편찬된 이 책의 내용은 역시 『법계도기총수록』에 일부 남아 있다. 이 『도신장』은 어디에서 행한 강의인지는 알려져 있지 않다. 그 밖에 『자체불관론(自體佛觀論)』 역시 의상의 강의를 어느 제자가 기록한 문답으로 『법계도기총수록』에 남아 있다. 이를 보면, 의상의 강의는 알려져 있지 않은 것도 꽤 많은 것 같다.

세미나 방식의 연구와 강의

최치원이 쓴 『법장화상전(法藏和尙傳)』(원명은 『당대천복사고사주번경대덕법장화상전(唐大薦福寺故寺主飜經大德法藏和尙傳)』)에는 의상의 강의 방식과 관련한 내용이 있다.

19 『삼국유사』「효선」, 진정사효선쌍미.

20 김상현 교감번역, 「『錐洞記』와 그 異本 『華嚴經問答』」, 『교감번역 화엄경문답』, 씨아이알, 2013, 219-239쪽. (원문은 1996년 『한국학보』 84집에 게재됨)

> 의상은 법장(法藏)의 글을 읽어 보니 마치 스승의 가르침을 직접 듣는 것과 같았다. 문을 잠그고 탐토(探討)하기를 열흘이 지나서야 밖을 나갔다. 문하의 제자로서 스승의 법을 이을 만한 네 영재인 진정(眞定), 상원(相元), 양원(亮元), 표훈(表訓)을 불러 각각 다섯 권씩 나누어 강의하게 하면서 말하기를, "나를 넓혀 주는 자는 법장이고, 나를 일으켜 세우는 자는 너희들이다. 문설주에 의지하여 문을 나설 수 있고, 도끼를 잡아야 도끼 자루를 다듬을 수 있다. 각자 마땅히 열심히 하여 스스로를 속임이 없어야 한다."[21]

법장의 글이란 당의 지엄 화상 문하에서 동문 수학하던 법장의 『탐현기(探玄記)』인데, 당시 당에서 수학하던 신라승 승전(勝詮)이 가져온 것이다. 의상이 이 자료를 가지고 직접 강의를 한 것은 아니고, 네 제자들에게 분담을 시켜 연구하고 강의하게 하였다. 요즈음 같으면 대학원 세미나 급의 수준 높은 교육이 될 것이다.

의상의 제자

의상은 3,000명의 제자를 두었으나 그중 빼어난 이는 십대제자(十代弟子), 사영(四英), 등당도오자(登堂睹奧者) 등으로 일컬어졌다. 십대제자(혹은 십성제자)란 『삼국유사』에서 말한 오진(悟眞), 지통(智通), 표훈(表訓), 진정(眞定), 진장(眞藏), 도융(道融), 양원(良圓), 상원(相源), 능인(能仁), 의적(義寂) 등 열 명이다. 이들은 아

21 최치원, 『법장화상전』 『한국 불교전서』 3, 775c면.

성(亞聖)이라 불렸고, 각각 전기가 있을 정도로 빼어난 사람들이었다. 그들은 자신의 저술도 있고, 많은 제자도 양성하여 일가를 이루었다. 사영(四英 혹은 四足)은 최치원의 『법장화상전』의 표현인데, 네 명의 빼어난 제자로서 진정, 상원, 양원, 표훈을 말한다. 또 『송고승전』에서는 지통, 표훈, 범체(梵體), 도신(道身) 등을 가리켜 등당도오자(登堂睹奧者), 큰 알을 깨고 나온 가류라조(迦留羅鳥, 금시조)라고 했다.

이상에서 보았듯이 의상은 당대의 누구보다도 강경 활동을 활발하게 하였다. 국가나 사찰에서 의례로서 행해지는 강경이 아니라 제자와 일반인을 깨우치기 위한 강경이었다. 의상의 강경 활동은 신라 사회 안에서 화엄 교학의 수준을 한 단계 높이는 데 기여하였음은 말할 것도 없고, 일본을 비롯한 동아시아 화엄학의 발전에도 기여하였다. 그리하여 신라의 대표적 교육 사상가로서 손색이 없다 하겠다.

『법계도』에 나타난 의상의 교육 사상

이제 화엄사상을 중심으로 의상의 교육론을 살펴보기로 한다.[22]

22 원효에 비해, 또 그의 위상에 비해 의상의 교육론과 관련한 논문이 드물다. 남겨진 저서가 별로 없기 때문일 것이다. 박재영, 「의상(義湘)의 『화엄일승법계도(華嚴一乘法界圖)』의 교육사(教育史)적 의의」, 『동아시아불교문화』 11집, 2012; 박재영, 「7세기 지성으로서의 고승(高僧) 의상(義湘) 연구」, 『한국교육사학』 34권 2호, 2012; 박보람, 「의상계 화엄을 통해 본 교육의 목적과 주체」, 한국교육철학회 편, 『교육과 한국 불교』, 학지사, 2017, 113-139쪽 등이 있다.

의상은 동시대의 사상가, 예를 들면 원효에 비해 많은 저술을 남기지는 않았다. 기록상 흔적을 추적해 보면 『십문간법관(十門看法觀)』 1권, 『입법계품초기(入法界品鈔記)』 1권, 『소아미타경의기(小阿彌陀經義記)』 1권, 『화엄일승법계도』 1권, 『백화도량발원문』 1권 및 기도 발원문인 『일승발원문(一乘發願文)』 등이 있다. 우리에게 가장 널리 알려진 것은 역시 『화엄일승법계도』(이하 『법계도』라고 함)이다. 『법계도』는 일연이 한 솥의 음식을 맛보는 데는 한 점의 고기만으로 충분하다고 표현했듯이, 화엄사상을 요약 정리한 도장 모양의 그림이다. 그래서 『법계도』의 내용부터 살펴보기로 하자. 『법계도』의 구성은 먼저 이를 짓게 된 목적을 적은 글, 서문이 있다. 이어 〈법계도인(法界圖印)〉이 제시되어 있다. 법계도인은 7언 30구 210자의 게송을 도장 모양의 그림 형식으로 만든 것이다. 이어 도장 모양으로 만든 까닭과 글의 의미 등을 해석한 석문(釋文)이 있다. 끝에는 발문(跋文)이 있다.

서문에서는 "부처님의 좋은 가르침은 정해진 처방이 있는 것이 아니고 중생의 근기와 병의 증상에 따르는 것이지, 하나로 정해져 있는 것이 아니다. 어리석은 사람은 그림자에 집착하여 본체를 잃는 것을 알지 못한다. 열심히 해도 근본으로 돌아갈지 기약하지 못한다. 그래서 불교의 이치에 의지하고 스승들의 가르침에 근거하여 간략히 반시(槃詩)를 만든다. 이름에 집착하는 무리들을 이름 붙일 수 없는 참된 근원에 돌아가게 하고자 함이다."라고 하였다.[23] 그러니까 이 글을 쓴 목적은 그림자를 참이라고 착각하고 이름에 집착하여 본질을 놓치는 무리들이 참된 근원에 돌아갈 수

23 「화엄일승법계도」『한국 불교전서』(제2책), 1쪽.

있도록 한 것임을 밝히고 있다. 교육적 목적의 글이라는 것을 알 수 있다. 이어 시를 어떤 순서로 읽어야 하는지를 말하고 있다. 가운데 법(法) 자로부터 시작하여 굽이굽이 돌아 불(佛) 자에서 끝이 난다고 말하고 있다.

서문에 이어 제시한 〈법계도인〉은 다음과 같다.

〈법계도인〉을 제시한 다음, 왜 도장[印]이라고 하는가를 설명하고, 이어 왜 도장 모양의 길이 오직 하나의 길로만 되어 있는지, 왜 굽이굽이 굴곡이 있는지, 하나의 길에 시작과 끝이 없는 이유는 무엇인지, 왜 4면 4각으로 되어 있는지, 왜 글에 시작과 끝이 있는지 등을 문답식으로 제시하고 있다. 이어 게송(시)의 내용 풀이로 들어간다. 게송은 다음과 같다.

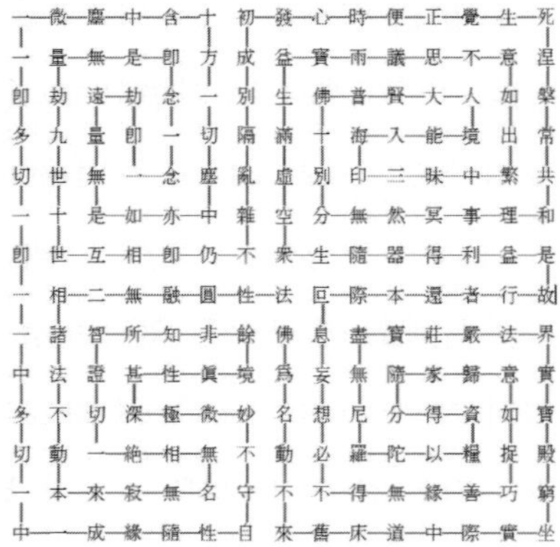

[그림 5-7] 화엄일승법계도

출처: 한국 불교전서.

法性圓融無二相 (법의 모습은 둥글어 두 모습이 아니며)

諸法不動本來寂 (모든 법은 부동하여 본래가 고요한 자리)

無名無相絶一切 (이름도 없고 모양도 없이 일체가 끊어진 자리)

證智所知非餘境 (깨달음의 지혜로 알 뿐 다른 자리 아니네)

眞性甚深極微妙 (참된 성품 깊고도 미묘하여)

不守自性隨緣成 (자기 성품 고집 않고 인연 따라 나투노라)

一中一切多中一 (하나 가운데 전체 있고 전체 속에 하나 있네)

一卽一切多卽一 (하나가 전체고 전체가 하나)

一微塵中含十方 (한 티끌 속에 시방 세계 있으니)

一切塵中亦如是 (모든 티끌 이와 같네)

無量遠劫卽一念 (무량겁이 일념이요)

一念卽是無量劫 (일념이 무량겁이라)

九世十世互相卽 (구세 십세가 서로 붙어 있지만)

仍不雜亂隔別成 (어지럽지 않고 따로따로 이루어졌네)

初發心時便正覺 (초발심했을 때가 곧 정각의 때요)

生死涅槃常共和 (생사 열반이 하나로 어우러졌네)

理事冥然無分別 (이치와 현상이 깊이 어우러져 분별이 없으며)

十佛普賢大人境 (십불과 보현은 큰 사람의 경지)

能入海印三昧中 (능히 해인 삼매 가운데 들어가)

繁出如意不思議 (생각대로 나타냄이 헤아릴 수 없고)

雨寶益生滿虛空 (중생에 도움 주는 보배 비 허공에 가득하니)

衆生隨器得利益 (중생은 그릇 따라 이익을 얻는구나)

是故行者還本際 (이 까닭에 행자가 돌아가고자 하는 본래 자리는)

叵息妄想必不得 (망상을 쉬지 않고는 얻을 수 없네)

無緣善巧捉如意 (인연 떠난 좋은 방편 마음대로 잡아서)

歸家隨分得資糧 (본가로 돌아가는 길, 분수 따라 양식을 얻네)

以陀羅尼無盡寶 (다라니는 무한한 보배)

莊嚴法界實寶殿 (법계를 장엄하고 보배 궁전 채우니)

窮坐實際中道床 (원래 그대로 중도의 자리에 늘 앉아)

舊來不動名爲佛 (억만겁 부동함을 이름하여 부처라네)

게송의 구조는 처음 18구는 자리행(自利行), 그 이후의 4구는 이타행(利他行), 그 이후의 8구는 수행 방편과 그에 따른 이익을 말하고 있다. 자리행은 진리의 세계를 말하고 있다. 화엄의 세계는 흔히 법계(法界)로 비유된다. 여기에는 네 가지 진리의 세계가 있다. 깨달음의 입장에서 보면 화엄 세계는 둘로 나누어지지 않는 세계다. 거기에는 이름도 없고 모양도 없다. 깊고도 미묘한 세계, 이 세계가 이법계(理法界)다. 그러나 그 이치의 세계는 스스로 독자적인 모습을 가지지 못한다. 따라서 자기 성품을 고집하지 않고 인연 따라 모습을 나투게 되어 있다. 인연 따라 드러난 모습, 그것이 사법계(事法界)다. 사법계에서 보면 산은 산이고, 물은 물일 수밖에 없다. 그러나 물이 물로 보이고 산이 산으로 보이는 것이 해 때문이라고 한다면, 해와 산 그리고 물은 별개의 것이 아니다. 나와 너가 둘이 아니다. 의상의 게송에 의하면, 한 물건, 한 사람, 한 티끌 속에도 법의 이치가 없음이 없으니[一微塵中含十方] 그 하나하나 속에 전체가 있고, 전체가 가운데 하나가 있다[一中一切多中一]. 생사와 열반이 다르지 않고[生死涅槃常共和], 부처와 중생이 다르지 않다. 이치와 현상이 깊이 어우러져 분별이 없으니 이것이 이사무애법계(理事無碍法界)다. 이치와 현상이 분별 없는 세계에서는 개개 현상이 아무리 섞여 있어도 다 자기 모습을 분명히 할 수 있고, 어지럽지 않다[仍不雜亂隔別成]. 이것이 사사무애법계(事事無碍法界)다.

이 화엄세계를 인간의 마음에 적용해 보자. 인간의 마음은 깊고 오묘한 세계다[眞性甚深極微妙]. 이 마음은 모양도 형상도 없으며[無名無相絶一切], 우리가 마음이라 이름 붙이지만 그 이름에 구애되지 않는 세계다. 이것이 마음의 세계, 마음의 이법계다. 그런데 그 마음은 불변의 실체가 있는 것이 아니어서 인연 따라 천변만화의 모습을 보여 주게 된다[不守自性隨緣成]. 이것이 마음의 사법계다. 마음은 상황에 따라 이런저런 작용을 하고 모습을 나타내지만 그것은 내 생각이 만들어 내는 것이 아니다. 유식학에서는 전5식과 6식, 7식, 8식이 만들어 낸다고 한다. 원효와『대승기신론』에서는 아리야식의 자리에서 생멸의 마음도 생기고, 진여의 마음도 생긴다고 하였다. 진여의 마음을 의상은 본래 자리[本際]라고 하였고, 이 자리는 깨달음의 지혜로만 알 수 있는 자리라고 하였다[證智所知非餘境]. 그리고 이 자리는 망상을 쉬어야만 얻을 수 있다고 하였다[叵息妄想必不得]. 망상을 쉬려면 해인삼매가 필요하다. 해인삼매로 망상이 떠난 자리는 무심의 자리가 된다. 무심이 되면 부처의 성품[性]이 저절로 드러난다[起]. 화엄사상에서 말하는 성기(性起)다.

이와 같이 화엄의 세계는 원래가 스스로 구족한 세계다. 그래서 자리행이라고 했다. 천차만별의 세계가 있어도 걸림이 없으며 과거, 현재, 미래의 3세, 과거의 과거, 과거의 현재, 과거의 미래 등 9세, 10세가 함께 있어도 걸림이 없다. 자유자재의 경지다[繁出如意不思議]. 일부러 누구에게 이익을 주려하지도 않는다. 다만 중생은 자기 그릇대로 이익을 받을 뿐이다[衆生隨器得利益]. 이것이 진정한 부처와 보살의 이타행이다. 법성게는 자리행과 이타행에 이어 수행 방편을 이야기하고 있다. 그런데 수행도 억지로 하는 수행이 아니다. 망상을 쉬는 수행이다. 망상을 쉬면 인연에 연연하지 않는다. 그리고 인연을 떠난 수행이라야 자유자재함을 얻는다[無緣善巧捉如意]. 인연을 떠난다는 것은 억지로, 무리하지 않는다는 것이다.

『법계도』의 끝은 맺음말(발문)이다. 여기서는 왜 편집한 사람의 이름을 적지 않았는지, 그러면서 왜 편집 연월일은 표시했는지,

제자: 현재의 내 몸이 미래세(未來世)에는 부처가 된다고 하면 그 부처가 지금의 내 몸을 교화하여 수행하게 하는 것입니까?

의상: (그 부처가) 교화하여 수행하게 하는 것이다.

제자: 그 부처는 오늘의 내가 수행해서 (미래에) 얻을 것인데 어찌 지금의 나를 교화하고 수행하게 한다고 합니까?

의상: 그 부처가 교화하지 않는다면 지금의 내 몸이 부처가 되지 못하는 까닭이다. 그 부처의 교화가 있어야 비로소 내가 수행하여 부처가 될 수 있다.

제자: 어찌하여 그렇습니까?

의상: 만약 연기도리(緣起道理)의 입장에 의거하면, 그 부처가 아니면 지금의 내가 없고, 지금의 내가 아니면 그 부처도 없다. 그래서 그러함을 알 수 있다. 지금 그러한 것처럼 과거에도 그러하였다. ……

제자: 만일 그렇다면 결국 <u>스스로가</u> <u>스스로를</u> 교화한다는 것인데 어떻게 그럴 수 있습니까?

의상: 남이 아니기 때문에 교화할 수 있다. 만일 남이라면 교화할 수 없다. 왜냐하면 남은 자기 밖에 있기 때문에 나의 교화 대상이 아닌 것이다.

제자: 그렇다면 자신은 이미 부처인데, 어찌하여 교화를 한다고 합니까?

의상: 그가 부처이기 때문에 교화를 한다. 만약 부처가 아니면 종일토록 교화해도 성불하지 못할 것이다. 본래 성불한 존재이나 자신이 그것을 모르고 있는 것이다. 스

은 저자가 다시 하였음)

스로가 그러하다는 것, 스스로가 부처라는 것을 알려 주는 것, 이것을 이름 붙여 교화라고 하는 것이다. 그래서 참다운 교화는 교화할 바가 없는 것이고, 참다운 성취는 성취할 바가 없는 것이다.

제자: 만일 그러하다면 결국 자기 힘으로 스스로 자기를 교화한다는 것입니다. 교화에는 다른 사람을 교화한다는 뜻은 전혀 없습니까?

의상: 또한 다른 사람을 교화하는 것도 가능하다. 남이 아니면 자신도 없기 때문이다. 자타가 인연으로 이루어져 분별이 없기 때문이다. 그래서 부처는 능히 자신을 완전히 남이라고 볼 수 있기 때문에 따로 교화할 대상이 없다는 것이다.

현대 어느 교육학자도 이런 교육론을 이야기한 사람은 없다. 아주 특이한 교육론이다. 자기가 자기를 교육한다는 것이다. 그것도 미래의 자기가 현재의 자기를 교육한다는 것이다. 지금의 논리로는 도저히 이해할 수 없는 교육론이다. 지금의 교육학 논리는 스승이 제자를, 아는 사람이 모르는 사람을 가르치는 것이다. 물론 최근 들어 '자기교육(self-education)'이란 말이 나오고 있지만 의상의 교육론은 이와도 다르다. 의상의 이러한 교육론을 이해하기 위해서는 자기, 즉 '내 몸'이라는 것을 먼저 이해해야 한다. 의상은 '내 몸'을 '오신(吾身)' '금오신(今吾身)' '오척신(五尺身)' 등으로 표현하고 있다. 일상적인 측면으로 보면, '내 몸'은 '남의 몸'과 상대되는 개념이다. 내 몸이 있고, 남의 몸이 있지 않은가? 남의 몸은 남의 몸이고, 내 몸은 내 몸이니까. 그리고 또 보통의 경우, 내 몸은 다 '지금의 내 몸'이지 다른 몸이 없다. 있다면 살아 있는 내 몸이 있을 뿐이지, 죽은 뒤의 내 몸이라는 것이 무슨 의미가 있는가? 살아 있는 이 몸, 즉 다섯 자 정도의 길이를 가진 보통 사람의 몸이 곧 '내 몸'인 것이다. 그런데 앞의 대화에서 보면, 우리는 방금 앞에서 말한 뜻으로 '내 몸'을 이야기하고 있는데, 의상은 그렇지 않다. 우리는 지금 여기에 있는 '내 몸'을 이야기하고 있는데, 의상은 그렇지 않다. 의상의 '내 몸'은 지금 여기에만 있는 것도 아니고, 남과 구분되는 것도 아니다. 의상의 견해는 화엄사상의 논리다.

사법계(事法界)의 입장에서 보면 나는 나고, 남은 남이다. 산은 산이고, 물은 물이다. 같을 수가 없다. 그러나 이치의 입장[理法界]에서 보면, 내가 너이고, 네가 나다. 산이 물이고, 물이 산이다. 부처는 중생을 모두 자신의 몸으로 보지, 중생의 몸이 있고 부처의 몸이 있다고 보지 않는다. 현재와 과거, 미래도 마찬가지다. 우리의 인식 속에는 과거, 현재, 미래가 뚜렷이 구분되지만 부처의 눈으로 볼 때 한 찰나(일념)만 존재한다. 그래서 『법계도』에서도 "구세십세호상즉(九世十世互相卽)"이라 하였다. 구세는 과거의 과거, 과거의 현재, 과거의 미래라는 과거 삼세, 현재의 과거, 현재의 현재, 현재의 미래라는 현재 삼세, 그리고 미래의 과거, 미래의 현재, 미래의 미래라는 미래 삼세를 말한다. 여기에 이 구세가 따로 있는 것이 아니라 다만 일념이라고 한다. 이 일념을 포함하여 십세라고 하고, 그것이 서로 붙어 있다고 한 것이다. 그러니까 미래의 '내 몸'이 지금의 '내 몸'과 따로 존재하는 것이 아니라는 것이다.

『부모은중경(父母恩重經)』에 이런 이야기가 있다. 부처님께서 사위성에 계실 때, 제자들과 길을 걷다가 마른 뼈 무더기를 보고, 공경 예배하셨다. 이를 본 제자들이 삼계도사(三界導師)이시고 사생자부(四生慈父)이신 부처님께서 어찌 마른 뼈 무더기에 예배를 하느냐고 하였다. 이에 부처님은 이 뼈 무더기가 아득한 과거세에 부모일 수도 있다고 하였다. 지금의 자식이 내 자식이 아니고 과거의 내 조상일 수 있다는 말이니, 자식이 부모고 부모가 자식이며, 현재가 과거고, 과거가 현재라는 논리도, 또 현재가 미래고, 미래가 현재라는 논리도 성립되는 것이다. 이를 의상은 "연기도리(緣起道理)의 입장에 의거하면 그 부처가 아니면 지금의 내가 없고, 지금의 내가 아니면 그 부처도 없다."라고 한 것이다. 자, 여기서 의상과 제자의 대화를 다시 보자.

> **제자**: 현재의 내 몸이 미래세(未來世)에는 부처가 된다고 하면 그 부처가 지금의 내 몸을 교화하여 수행하게 하는 것입니까?
>
> **의상**: (그 부처가) 교화하여 수행하게 하는 것이다.

현재의 내 몸을 우리 눈앞에 보이는 나뭇잎이라고 해 보자. 그 나뭇잎은 미래에는 무엇이 되는가? 단풍이 될 것이고, 낙엽이 될 것이고, 그리고…… 여기서 '그리고……'라고 한 것은 그 이후에는 무엇이 될지 모르기 때문이다. 그런데 그 나무 아래에 떨어져 거름이 되고, 그래서 다시 어떤 과정을 거쳐 어린싹이 된다고 하자. 누군가 이 나무 곁에 와서 이 어린싹을 보고, 이 싹은 미래의 낙엽이 되고, 그 낙엽이 거름이 되고, 그 거름이 싹을 자라게 하여 이 싹이 이렇게 푸르게 존재하는 것이라고 하면 그 말은 터무니없는 말이 되는가? 의상이 이 몸을 다섯 자의 몸, 오척신이라고 한 것은 나무의 싹과 같은 것이다. 단풍과 낙엽과 거름은 이른바 미래의 몸, 미래신이다. 그 미래의 몸과 '지금 이 몸[今吾身]'은 별개의 것이 아니다. 더 넓게 말하면, 그 싹은 단풍과 낙엽만이 아니라 공기와 물과 햇빛과 한 몸이고, 나아가 새소리, 물소리, 흘러가는 구름까지도 한 몸인 것이다. 이것을 문학적 비유라고만 생각해서는 안 된다. 이러한 '미래의 몸'이 지금의 몸을 만든다는 것은 잘못된 논리가 아니다. 다시 한번 그들의 대화를 보자.

> **제자**: 그 부처는 오늘의 내가 수행해서 (미래에) 얻을 것인데 어찌 지금의 나를 교화하고 수행하게 한다고 합니까?
>
> **의상**: 그 부처가 교화하지 않는다면 지금의 내 몸이 부처가 되지 못하는 까닭이다. 그 부처의 교화가 있어야 비로소 내가 수행하여 부처가 될 수 있다.

제자의 질문은 직선적인 시간관에서 있을 수 있는 의문이다. 미래의 것이 지금의 것에 영향을 끼칠 수 있느냐는 말이다. 미래는 앞으로 있을 일이고, 아직 일어나지도 않은 일인데, 그것이 지금의 나에게 영향을 준다고 하니 가능하지 않은 일이라 보는 것이다. 그런데 미래가 없다면 과거도 없는 것이다. 미래 없는 과거가 없듯이 과거 없는 미래도 없다. "그 부처가 교화하지 않는다면 지금의 내 몸이 부처가 되지 못하는 까닭"이란 그 부처와 이 몸이 둘이 아닌 까닭이다.

의상의 글 가운데 앞서 소개한 「백화도량발원문」을 다시 보자. 귀국 후 낙산에서 기도할 때 관세음보살을 친견하고자 하는 발원문이라 했다. 여기에 보면 "이제 관음대성의 거울 속의 제자의 몸으로, 제자의 거울 속의 관음대성께 목숨 바쳐 정례하옵고"라는 말이 있다. 관세음보살의 거울 속의 제자, 제자의 거울 속의 관세음보살이라는 말은 양자가 둘이되 둘이 아니라는 말이다. 이렇게 되면 불제자가 말하되, 불제자의 말이 아닌 관세음보살의 말이 되는 것이다. 거울은 마음이다.

동학의 2대 교주인 해월 최시형 역시 비슷한 이야기를 한 적이 있다. 하루는 청주 지역의 신도인 서택순의 집을 지나다가 베 짜는 소리가 들려 "누가 베를 짜는가?" 하고 물으니, 서택순이 자기 며느리가 짠다고 대답하였다. 이에 해월은 "그대의 며느리가 베를 짜는 것이 참으로 그대의 며느리가 베를 짜는 것인가?" 하고 되물었다.[26] 서택순이 해월의 말을 알아듣지 못하였던 것이다. 해월의 말은 며느리가 며느리가 아니라는 말이다. 며느리가 곧 한울(하느님)이라는 이야기다. 한울이 베를 짜는 것이지, 며느리가 베를 짜는 것이 아니라는 말을 한 것이다. 이미 나는 부처이고, 관세음보살이고, 한울인 것이다. 내가 수행하고, 염불하고, 베를 짠다 해도 그것은 내가 수행하고, 말하고, 베 짜는 것이 아니라 부처가 수행하고, 관세음보살이 말하고, 한울이 베를 짜는 것이다. 이를 부처가 부처를 교화한다. 내가 나를 교화한다고 한다고 해도 마찬가지다. 부처가 중생을 가르치는 것이 아니고 중생이 부처에게 배우는 것도 아니다. 내가 남을 가르치는 것도 아니고, 남이 나를 가르치는 것도 아니다.

대승불교에서 일불승(一佛乘) 사상이 있다. 성문, 연각, 보살 등

26 천도교중앙총부, 『천도교경전』, 포덕 110년(1969), 133쪽.

다양한 근기를 가진 수행자들이 있어도 그 본바탕은 다 부처라는 사상이다. 부처의 바탕이 없는데 어떻게 부처가 될 수 있는가? 그래서 의상 역시 본래 각자는 성불한 존재이지만 그것을 모르고 있을 뿐이라고 한 것이다. 교화라고 하는 것은 스스로가 부처라는 것을 알려 주는 행위, 그것이라고 말하고 있는 것이다. 제자의 마지막 질문은 "교화라는 것이 자신이 자신에게 행하는 것이라면, 다른 사람을 교화한다는 것은 불가능한 일인가?"라는 것이다. 이에 의상은 그도 가능하다고 말한다. 그러나 그것이 가능한 것도 자타 구분이 없기 때문이라고 한다.

실제 우리는 다른 사람을 대상으로 교육하고 있지 않은가? 그러나 의상의 관점에서는 그 타인도 실은 타인이 아니다. 우리 머릿속에는 자타의 경계가 깰 수 없을 정도로 굳게 박혀 있으며, 의상의 마음속에는 아예 그런 자타의 구분이 없는 것이다.

의상의 영향과 화엄대학

한국 불교는 교학적으로 유독 화엄사상의 영향이 크고, 거기에는 해동 화엄초조인 의상의 기여가 뚜렷하다. 훗날 '화엄전교십찰(華嚴傳敎十刹)'이라 하여 화엄사상의 전교에 중심이 된 열 개의 사찰이 기록으로 남아 있다. 『삼국유사』에는 태백산의 부석사(浮石寺), 원주의 비마라사(毘摩羅寺), 가야산의 해인사(海印寺), 비슬산의 옥천사(玉泉寺), 금정산의 범어사(梵魚寺), 남악(南岳)의 화엄사(華嚴寺) 등 여섯 개 사찰이 「의상전교(義湘傳敎)」조에 기록되어 있다. 또 최치원의 「법장화상전(法藏和尙傳)」의 주(註)에는 '화엄대학(華嚴大學)'이라 하여, 십찰의 명칭이 기록되어 있다. 즉, 중악공산(中岳公山)의 미리사(美理寺), 남악(南岳) 지리산의 화엄사, 북악의 부석사, 강주(康州) 가야산 해인사 및 보광사(普光寺), 웅주(熊州)의 가야협(迦耶峽) 보원사(普願寺), 계룡산 갑사(岬寺), 양주(良州) 금정산 범어사, 비슬산 옥천사, 전주 무산[毋山] 국신사(國神寺), 한주(漢州) 부아산(負兒山) 청담사(青潭寺) 등이 그것이다. 이렇게 의상과 그 제자들이 전국에 화엄대학을 짓고 수준 높은 교육을 실시한 것은 신라 불교교육의 역사상 큰 성취다.

제6장

고승과 불교교육(4): 진표

신라의 삼국 통일 후, 8세기의 대표적 고승으로는 진표(眞表)를 들 수 있다. 『삼국유사』를 비롯하여 『송고승전』에 그 자취가 뚜렷이 남아 있다. 학계에서 진표에 대한 연구가 적지 않게 이루어졌지만 교육자로서의 모습에 대한 연구가 전무하다. 그러나 신라 불교교육사에서 진표는 7세기 고승의 시대와 9세기 선불교의 시대를 이어 줄 수 있는 인물이다. 드물게 백제 불교의 전통을 계승하고 있는 인물이라는 점, 한국 불교사에서 대표적인 수행승이라는 점에서도 주목해야 할 인물이다. 무엇보다 그의 어별 교화(魚鼈 敎化)와 짐승 교화는 신라 불교교육의 특징을 잘 나타내 주는 사례이다.

진표의 시대와 가정 배경

진표의 생몰연대는 정확히 알 수 없다. 진표의 전기를 기록한 문헌이 세 종류가 남아 있다. 『삼국유사』「진표전간(眞表傳簡)」

[그림 6-1] 진표율사
출처: 금산사.

(이하 약칭 「전간」)과 역시 『삼국유사』에 「관동풍악발연수석기(關東楓岳鉢淵藪石記)」(이하 약칭 「석기」)가 국내 기록으로 남아 있고, 그에 앞서 기록된 것이 『송고승전(宋高僧傳)』의 「당백제국금산사진표전(唐百濟國金山寺眞表傳)」(이하 약칭 「진표전」)인데, 그의 생몰 연대가 기록되어 있지 않다. 「전간」에는 진표가 부사의 방에서 수행을 거듭하여 지장보살로부터 계를 받은 시기가 23세, 개원 28년 경진년이라 했다. 서기로 740년이고, 12세에 출가한 기록으로 미루어 본다면 출생연도는 717년이라 볼 수 있다. 다른 기록들도 이런 식으로 추정하면, 733년(「석기」) 혹은 729년(「진표전」)이란 계산도 나온다. 하여튼 8세기 초반 성덕왕대(702~737)를 거쳐 효성왕대(737~742), 경덕왕대(742~765), 혜공왕대(765~780)까지 기록이 있는 것으로 보아 8세기에 활약한 인물로 볼 수 있다.

그런데 진표의 이력을 보면, 그는 통일 후에 출생하여 신라인임에도 불구하고 「진표전」에는 전기의 표제가 '백제국 진표'라고 되어 있고 첫 문장이 "사문 진표는 백제국 사람이다[釋眞表者, 百濟人也]."라고 하여 그가 백제국 출신임을 강하게 드러내고 있다. 실제 그의 고향은 옛 백제의 땅이다. 「전간」에서는 완산주 만경현(두내산현)이라고 하였고, 「석기」에는 전주 벽골군 도나산촌 대정리라 하였고, 「진표전」에서는 금산이라고 하여 차이가 있으나 모두 옛 백제 지역임은 분명하다.

당시의 시대적 상황에 대해서는 삼국의 전쟁이나 나당전쟁, 백제부흥운동 등 일련의 전쟁 후 시간이 제법 흘러서인지 직접적인 언급이 없다. 다만, 금강산에서 점찰법회를 열 때 명주(강릉) 경계에 흉년이 들어 백성이 굶주리는 상황이 발생했다는 언급이 있다. 그때 진표는 그들을 위해 계법을 설하니 사람마다 받들어 지켰으며, 수많은 고성 해변가 물고기가 스스로 나와 죽으니, 백성들이 이를 팔아 식량을 마련했다고 한다.

부모에 대해서는 "아버지는 진내말(眞乃末), 어머니는 길보랑(吉寶娘)으로 성은 정 씨(井氏)이다."라는 기록이 「석기」에 남아 있다. 진내말을 내마(奈麻)라는 신라 관직으로 본다면 그 지역의 귀족 출신으로 추정해 볼 수 있다. 그의 일생을 예견해 주는 태몽은 남아 있지 않은데, 아버지와 관련한 내용이 남아 있다. 그는 12세에 이르러 출가했는데, 당시 아버지의 허락을 얻어 출가했다 하며, 뒷날 부사의방에서 교화를 펼 때 고향으로 가서 아버지를 뵙기도 하였다는 기록, 만년까지 아버지와 함께 발연수에서 같이 도업을 닦으며 효를 다하였다는 기록이 「석기」에 남아 있다. 단지 효를 다한 것만이 아니라 도반의 길을 걸었다는 것은 주목할 만한 내용이다. 집안에서는 부모가 자식을 가르치는 스승이 되었겠지만, 도업으로서는 자식인 진표가 스승이 되어 부친을 인도한 것이어서 불교의 이상적인 부모-자식 관계의 한 모습을 보여 주었다.

출가와 스승 숭제법사

승려의 생애를 고찰할 때 출가는 삶의 변곡점 가운데 하나이다.

기록은 공통적으로 그가 12세에 출가했다고 한다. 출가의 계기가 되는 사건에 대해서는「진표전」에 기록되어 있다.

> 당(唐) 개원 연간에 짐승을 쫓아다니다 밭둑에 쉬었다. 개구리를 잡아 버들가지를 꺾어 꿰미를 만들어 꿰어 물속에 두었다. 반찬을 만들어 먹을 생각이었다. 산에 들어가 사냥을 하다 사슴을 쫓아 북쪽 길로 집으로 돌아가는 바람에 개구리를 꿰어 놓았다는 것을 완전히 잊어버렸다. 다음 해 봄, 사냥길에 개구리 울음소리를 듣고 물로 가 보니 30여 마리의 개구리가 아직 살아 있는 것을 보았다. 진표는 이에 탄식하며 자책하기를, "괴롭구나. 어찌 내 입과 배를 위하여 저들을 해가 지나도록 고통을 받게 했는가?"라고 하며, 버들가지를 끊어 풀어 주었다. 이로 인하여 출가의 뜻을 품었다.[1]

자신이 저지른 일이기는 하지만 타자의 고통을 보고 회심(回心)했다는 것에서 그의 종교적 감수성을 엿볼 수 있다.[2] 이로부터 사냥을 하며 짐승을 잡던 그의 삶이 타인의 고통, 나아가 중생의 고통을 해결하는 삶으로 바뀐 것이니 주목할 만한 일이다. 당시 진표의 나이 11세 혹은 12세였다면 산과 들을 다니며 짐승을 쫓는 일들은 일상이었을 것이다. 그런데 그는 왜 이로부터 회심을 하였는가? 남겨진 기록에서는 뚜렷한 단서를 발견할 수 없다. 우리

---

1 『송고승전』「당백제국금산사진표전(唐百濟國金山寺眞表傳)」.

2 싯다르타 태자가 춘경제에 나가 농부의 보습에 몸이 잘려 꿈틀거리는 벌레의 모습을 보고 연민의 마음을 가진 감수성을 연상할 수 있다.

는 그가 율사로서의 정체성을 가진 것과 백제 불교의 전통의 하나가 계율 불교임을 관련지어 볼 수 있다. 이 관점에서 보면, 그는 백제 지역 불교의 문화적 전통에 자연스럽게 입문한 것이 된다. 달리 말하면, 진표에게는 그러한 교육적 · 문화적 환경이 조성되어 있었던 것이다.

이런 백제의 문화와 역사적 전통 아래서 진표는 열두 살의 나이에 금산사(金山寺) 숭제(崇濟, 「석기」에는 順濟로 기록되어 있음)법사의 강석하에 들어가 불법을 배우기를 청하였다. 금산사의 설립에 대해서 오래된 기록은 없는 상황이나 중관 해안(中觀 海眼)이 쓴 『금산사사적』(1635)에는 "백제 법왕 1년(599)에 법왕이 즉위하여 살생을 금지하는 법을 발표하고, 이듬해(600)에 금산(사)에 38명의 승려를 득도시켰으며, 또 왕홍사(王興寺)를 창건하였다."라고 기록되어 있다.[3] 그렇다면 백제 법왕 원년(599년)에 세워진 절인데, 당시 법왕이 12월에 즉위하여 살생금지령을 내리고 민가에서 기르는 매와 새매를 풀어 주고, 물고기를 잡고 사냥하는 도구를 태워 버리게 했으며, 이듬해인 왕홍사를 창건하고, 30명의 승려를 득도시켰다는 기록이 있

[그림 6-2] 금산사 미륵전
출처: 국가유산청.

3 금산사 홈페이지(https://www.geumsansa.org/37)의 언급이다. 그러면 당시 왕홍사와 같이 세워졌다는 이야기인데, 『삼국사기』나 『삼국유사』에는 왕홍사의 창건 기사만 나와 있다.

다. 왕홍사와 금산사가 같은 사찰은 아니지만 두 사찰이 모두 미륵신앙의 중심 사찰이며, 백제의 대표적 사찰이다. 그리고 통일신라기 금산사의 대표적 고승이 진표다. 진표가 미륵으로부터 계를 받은 것도 그러한 불교적 전통을 내면화한 것이다.

다음으로 진표의 스승인 숭제법사가 누구인지를 알아볼 필요가 있다. 「전간」에는 숭제법사가 진표를 받아들이고 스스로 말하기를 "나는 일찍이 당나라에 들어가 선도(善道)삼장(三藏)에게서 수업을 받았고, 그 후에 오대산으로 들어가 문수보살의 현신에 감응하여 오계(五戒)를 받았다."라고 했다고 기록되어 있다. 이 기록 외에 다른 기록은 없다. 널리 알려진 당의 고승으로서 선도는 '善導'로 표기되는 정토종의 종사(宗師)가 있다. 또 '善道'로 표기되는 또 다른 고승도 있지만 어느 쪽인지 그 어느 쪽도 아닌지는 알 수는 없다. 오대산에 가서 문수보살의 현신에 감응하여 오계를 받은 것은 자장율사를 연상케 하는데, 그것은 오대산이 문수 성지이기 때문이다. 또 그가 밀교 수행과 밀교 경전을 공부한 고승이었기에 밀교 신앙의 현장인 오대산으로 가 수행을 한 것으로 추정된다. 숭제법사에 대한 내용은 중국 측 기록인 「진표전」에도 없고, 우리나라에도 「전간」 외에는 관련 기록이 없기에 논의를 더 진행하기에는 무리가 있다. 그렇지만 기록대로 그가 중국에 유학을 하고 돌아왔다면 제자 진표는 그로부터 당의 선진적 불교적 지를 전수받았을

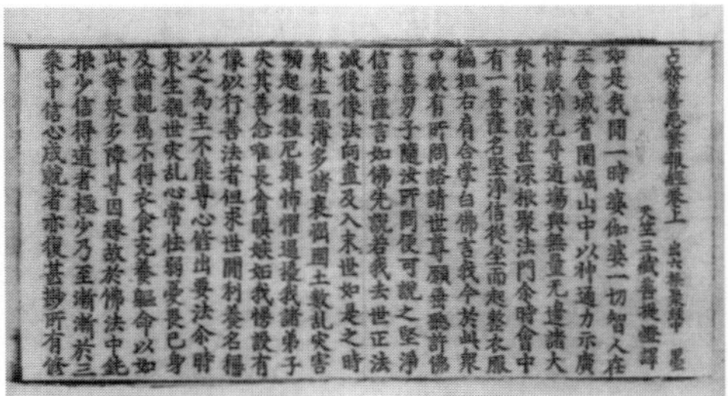

[그림 6-3] 진표전간

출처: 국사편찬위원회.

것이다.

이제 스승 숭제와 제자 진표 사이의 가르침에 주목해 보자. 「전간」에는 진표가 “삼가 수행하기를 어찌하여야 계를 받을 수 있습니까?”라고 여쭙자 숭제법사가 “정성이 지극하면 곧 1년을 넘기지 않는다.”라고 말한 내용이 있다. 「석기」에는 순제가 사미계법(沙彌戒法)을 주고, 『공양차제비법(供養次第秘法)』 1권, 『점찰선악업보경(占察善惡業報經)』 2권을 전하며 말하기를 “너는 이 계법을 가지고 미륵, 지장 두 보살 앞에서 정성을 다해 참회를 구하여 친히 계법을 받아 세상에 널리 전하라.”라고 하였다고 기록되어 있다. 두 기록을 보면, 스승은 제자 진표에게 사미계를 주어 예비 승려 생활을 하도록 한 것이다. 그러나 깨달음은 누가 일러 줄 수 있는 것이 아니기에 스스로의 참회 기도를 통하여 불보살의 감응을 얻도록 지도했다. 이것이 불교의 교육 방법이다. 그리고 진표에게 주었다는 『공양차제비법』은 흔히 『대일경(大日經)』이라 불리는 『대비로자나성불신변가지경(大毘盧遮那成佛神變加持經)』의 제7권 「대비로자나공양차제법(大毘盧遮那供養次第法)」으로 보이는데, 밀교 경전이다. 『점찰선악업보경』 역시 밀교 경전이므로 스승은 진표에게 밀교 수행과 수학을 권했던 것이다. 이는 교학 중심의 대승 불교와 함께 신행을 중시하는 밀교가 진표를 중심으로 8세기 신라의 불교교육의 중요한 한 부분으로 전개되었음을 알 수 있는 내용이다.

진표의 수행

진표는 스승의 가르침에 따라 수행을 계속해 나갔다. 「전간」에서는 그의 수행을 이렇게 기록하고 있다.

> "정성이 지극하면 곧 1년을 넘기지 않는다." 진표가 스승의 말을 듣고 명산을 두루 돌아다니다가 선계산(仙溪山) 부사의암(不思議菴)에 석장을 머무르고 삼업(三業)을 갖추어 수련하여서 망신참(亡身懺)으로 계율을 얻었다. 처음에 일곱 밤을 기약하고 오체를 돌에 부딪혀 무릎과 팔뚝이 모두 부서지고 피를 바위에 흩뿌렸으나 성인의 감응[聖應]이 없는 듯하여 몸을 버릴 것을 결심하고 다시 7일을 기약하였다. 14일이 끝나자 지장보살을 보고 정계(淨戒)를 받았다. 이때가 곧 개원(開元) 28년 경진 3월 15일 진시였고, 이때 나이가 23세였다. 그러나 뜻이 미륵보살에게 있기 때문에 도중에 그치지 않고 이에 영산사(靈山寺)—혹은 변산(邊山) 또는 능가산(楞伽山)이라고도 한다.—로 옮겨 또한 처음처럼 부지런하고 용감하게 수행하였다. 과연 미륵보살이 나타나 『점찰경(占察經)』 2권—이 경전은 곧 진(陳)과 수(隋) 사이에 외국에서 번역된 것이니 지금 처음 나온 것은 아니다. 미륵이 경을 진표에게 준 것이다—과 증과(證果) 간자(簡子) 189개를 주고 일러 말하기를 "이 중 제8간자는 새로 얻은 묘계(妙戒)를 이르고, 제9간자는 구족계(具足戒)를 더 얻음을 이른다. 이 두 간자는 내 손가락뼈이고 나머지는 모두 침단목(沈檀木)으로 만든 것으로 모든 번뇌를 이른 것이다. 너는 이것으로써 세상에 법을 전

하여 사람을 구하는 뗏목으로 삼아라."라고 하였다.[4]

이 부분은 진표의 수행과 깨달음을 기록한 부분이다. 「진표전」이나 「석기」의 기록과는 다소 차이가 있지만 구조는 비슷하다. 그 내용을 정리해 보면, 첫째, 진표의 수행은 스승 숭제법사의 지도에 따라 이루어진 것임을 알 수 있다. 「석기」에는 스승이 수행 방법을 일러 주고 두 책을 준 것이 사미계를 준 다음이라 했는데, 신라시대 불교교육사에서 스승이 이렇게 수행 방법을 일러 주고 지침이 되는 책까지 제공한 사례는 드물다. 둘째, 그가 수행한 곳은 주로 명산이었고, 부사의암(부사의방)과 변산, 능가산 영산사도 그중 하나였다. 셋째, 그의 수행법은 망신참을 기본으로 하는 것이었다. 망신참은 글자 그대로 몸을 생각하지 않는 참회법으로, 전통적인 12두타(頭陀)행을 능가하는 고행이었다. 진표의 수행에 대해서 「진표전」에서는 "밤에는 낮의 공력의 배로 하였는데, (몸은) 빙빙 돌면서 바닥에 부딪치고, 마음마다 잡념이 없게 하고, 생각마다 진실되고 경건하게 하였다."라고 하였으며, 「석기」에서는 "21일을 기약하고 밤낮으로 열심히 닦고 돌을 두드리며 참회하였다. 3일이 되자 손과 팔이 꺾여 떨어졌다."라고 하였다. 그리고 「전간」에서는 앞에서 인용한 바와 같이 "오체를 돌에 부딪혀 무릎과 팔뚝이 모두 부서지고 피를 바위에 흩뿌렸다." "몸을 들어 땅에 부딪쳤다."라고 기록하였다. 이와 같은 망신(亡身) 수행은 신라 불교 수행의 역사에서 획기적 사건이다. 자신의 생명을 가벼이 여기는 것이 아니라 모든 것을 다 바치겠다는 진심과 전력의 수행

4 『삼국유사』「의해」, 진표전간.

이기 때문이다. 넷째, 참회 수행의 결과는 불보살로부터 서상수계(瑞祥受戒)를 받고 경을 얻는 것으로 나타난다. 서상수계는 앞서 자장율사에서 설명하였듯이 수계의 한 방식인데, 수계 체계가 갖추어지지 않았거나 근처에 적절한 계사(戒師)가 없을 때 직접 불보살로부터 꿈이나 삼매에서 계를 받는 것이다. 진표는 이미 스승이 있었음에도 형식적인 수계보다 불보살과의 감응에 의한 수계를 원했던 것이다. 진표의 이러한 수계 방법은 불보살로부터 가르침을 받는 것이기에 불교교육의 한 방식이라 할 수 있다. 이 가르침은 불보살의 일방적인 가르침이 아니라 수행자의 정성스럽고 간절한 수행이 뒷받침될 때 가르침을 주는 불보살과 가르침을 받는 수행자 양자 사이에 감응이 생기는 것이다. 그러한 예를 진표가 보여 주었던 것이다.

「전간」에서는 진표가 지장보살을 만나 정계(淨戒)를 받은 것이 개원(開元) 28년(효성왕 4년), 진표의 나이 23세 때였다 한다. 지장보살로부터 정계를 받았음에도 멈추지 않고 더 수행하여 마침내 미륵보살을 만났고, 그로부터 『점찰경』과 간자 189개를 얻어 세상에 법을 전하고 사람을 구할 뗏목을 삼으라는 당부도 받았다. 여기서 『점찰경』과 간자에 대해 조금 더 알아볼 필요가 있다. 이는 진표에만 해당되는 것이 아니라 일찍이 원광에서부터 시작하여 신라 사회 전체에 큰 영향을 끼쳤으며, 교화에서 중요한 의미를 지니기 때문이다.

『점찰경』은 『점찰선악업보경』 혹은 『지장보살경』으로도 불리는데, 천축삼장 보리등(菩提燈)이 한역(漢譯)한 경전으로 기록되어 있으나 중국에서 찬술한 것으로 알려져 있다. 말법시대의 중생들을 위한 방편을 요청한 데 대해 부처님이 지장보살을 설법자로 추

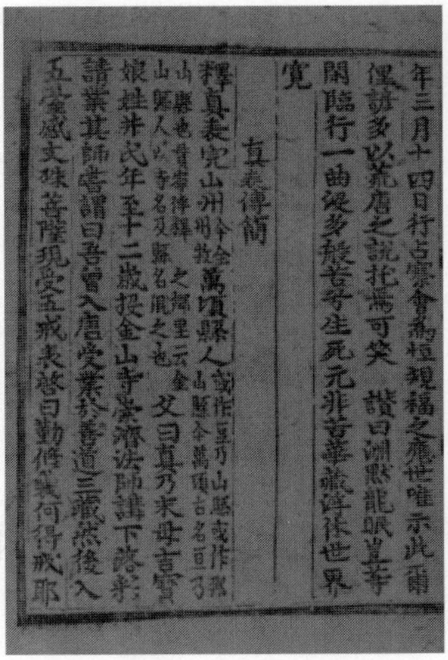

年三月十四日行占察會爲恒規福之應世唯示此爾
偎諸多以荒唐之說托焉可笑 讚曰淵默龍眠豈等
閑臨行一曲從多般苦寄生死元非苦華藏浮休世界
寬

眞表傳簡

釋眞表完山州(今全州牧)萬頃縣人(或作豆乃山縣或作那山縣今萬頃古名豆乃山縣也貫寧傳釋表之鄉里云金山縣人以寺名及縣名混之也)父曰眞乃末母吉寶娘姓井氏年至十二歲投金山寺崇濟法師講下落彩請業其師嘗謂曰吾曾入唐受業於善道三藏然後入五臺感文殊菩薩現受五戒表啓曰勤修幾何得戒耶

[그림 6-4]『점찰선악업보경』
출처: 불교기록문화유산 아카이브.

천하였고, 이에 따라 지장보살이 한 법문이 경의 내용이다. 지장보살은 말법시대에는 중생들이 "일체의 이치에 대하여 마음이 분명하고 뚜렷하지 못해서 바라는 것만 많고 괴로움만 많아서 여러 가지 일에 얽매이고 끌려다니므로, 하는 일이 안정되지 못하며, 생각이 흔들리고 혼란하여 수도하는 일을 그만두고 말게 되므로" "마땅히 목륜상(木輪相, 손가락 크기의 나무조각)의 법을 써서 지난 세상에 지었던 선악(善惡)의 업과 현재의 고락(苦樂)과 길흉 등의 일을 점을 쳐서 살펴야 할 것"이라 한다.[5] 다시 말하면, 중생 교화는 시대와 중생의 근기에 맞게 해야 하는데, 말법시대에는 중생의 근기가 매우 약하므로 그들의 근기를 특별히 고려하여 교육을 해야 하는 것이다. 그 하나의 방편으로 선악의 업과 과보를 점찰하게 하여 그에 따라 수행하도록 하는 방법을 제시한 경이『점찰경』이다. 목륜상이란 점 치는 도구인데, 10륜상(숙세 선악 업보의 종류 차이를 쓴 것)과 6륜상(숙세 선악 업보의 상태 차이를 쓴 것), 3륜상(3세 가운데 받는 과보의 차이를 쓴 것)의 세 종류가 있는데, 조합하면 숫자 189가 된다. 진표가 미륵보살로부터 받은 189종 간자가 바로 그것이다. 이 간자를 활용하여 자신의 숙세의 업을 파악하고, 그 업을 참회하고 바른 깨달음으로 나

5 『점찰선악업보경』1권(ABC, K0421 v13, p.658a01).

아가게 하는 것이 점찰법회의 목적이다. 지금 입장에서 보면 비과학적이고 미신적인 것이라 여길 수도 있겠으나, 단순히 길흉화복을 점치는 것과는 근본적으로 다르다. 고통의 현실을 벗어나고자 하는 마음과 미래에서 희망을 찾고자 하는 중생의 마음을 활용한 불교의 교화법으로, 그 목표는 정각을 이루는 데 있다.

진표의 어별 교화, 짐승 교화

진표가 지장보살, 미륵보살로부터 계를 받고, 사람을 구할 『점찰경』과 간자를 얻었다는 것은 이제 세상에 나갈 때가 되었다는 것이다. 그 장면을 「진표전」에서는 이렇게 적고 있다.

> 길을 따라 산을 내려가는데 초목이 그를 위해 낮게 드리우고 길을 덮고 골짜기의 높고 낮음의 구분이 없었다. 날짐승과 들짐승이 걸음 앞에 순하게 엎드렸다. …… 그때 남녀 사람들이 머리카락으로 진흙길을 덮기도 하고, 옷을 벗어 길을 덮기도 하고, 담요와 모포로 (진표의) 발을 덮기도 하고, 화려하고 아름다운 천으로 구덩이를 메우기도 하였다. 진표는 그 인정에 부응하여 곡진히 한 걸음 한 걸음을 밟고 나아갔다. 어떤 여인이 흰 모포의 끝으로 길을 덮었다. 진표는 놀라는 듯하며 회피하여 다른 길을 걸었다. 여인이 평등하게 대하지 않음을 이상하게 생각했다. 진표는 "내가 자비가 없어 평등하게 대하지 않은 것이 아닙니다. 모포의 실 사이에 돼지 새끼가 있음을 관하였습니다. 내가 생명을 해칠까

> 염려하여 잘못을 범하는 것을 피했을 뿐입니다."라고 했다. 원래 그 여자는 도축하는 집 출신인데 돼지를 팔아 이 모포를 산 것이다.[6]

진표의 중생 교화에는 특별히 짐승 교화가 많다. 앞의 설화는 진표가 짐승들을 교화한 까닭을 이야기하고 있다. 진표는 수행의 결과, 보통 사람들에게 없는 능력을 얻었던 것이다. 그 능력을 「진표전」에서는 관(觀)의 능력이라 했다. 일종의 불교적 통찰력인데, 불교교육을 통해 달성하고자 하는 중요한 목표 가운데 하나이다. 진표는 이러한 능력으로 그 여인이 길에 깐 모포가 돼지를 팔아 산 것이라는 것을 알고, 함부로 밟지 않았던 것이다. 그의 자비심과 교화의 능력은 이와 무관하지 않다.

미륵보살의 기별을 받은 진표는 이렇게 산을 내려왔고, 거기서 매해 개단(開壇)하고 법시(法施)를 널리 베풀었는데 단석(壇席)의 정성스럽고 엄격함이 당시에는 없었던 정도라고 「전간」에서는 기록하고 있다. 여기서 개단했다는 것은 계단(戒壇)을 설치하여 중생을 불법으로 이끈 것을 말할 것이다. 「석기」에는 금산사 이후의 교화에 대해 다음과 같은 설화를 전하고 있다.

> 진표는 금산사를 나와 속리산으로 향하였는데 길에서 소달구지를 탄 사람을 만났다. 그 소들이 진표 앞을 향해 와서 무릎을 꿇고 울었다. 소달구지를 탄 사람이 내려서 묻기를 "어떤 이유로 이 소들이 화상을 보고 우는 것입니까? 화상은 어디에서 오시는 것입니까?"라고 하였다. 진표가 말하기

6 『송고승전』「당백제국금산사진표전」.

> 를 "나는 금산수(金山藪)의 진표라는 승려인데, 나는 일찍이 변산 불사의 방에 들어가서 미륵·지장 두 성전에서 친히 계법과 진생(眞栍, 간자)을 받고 절을 짓고 머물러 오래 수도할 곳을 찾고자 한 까닭으로 온 것이다. 이 소들은 겉은 미련하나 속은 현명하여 내가 계법을 받은 것을 알고 법을 중하게 여기는 까닭으로 무릎을 꿇고 우는 것이다."라고 하였다. 그 사람은 듣기를 마치고 이내 "축생도 항상 이와 같은 신심이 있는데 하물며 나는 사람으로 어찌 마음이 없겠는가?"라고 하고, 즉 손으로 낫을 잡고 스스로 머리카락을 잘라 버렸다. 진표는 자비심으로써 다시 머리를 깎아 주고 계를 주었다. 속리산 골짜기에 이르러 길상초(吉祥草)가 핀 곳을 보고 그것을 표시해 두었다.[7]

진표의 교화력이 짐승에까지 미친 것을 알려 주는 설화다. 「전간」에서는 한 걸음 더 나아가 물고기와 자라를 교화하는 장면을 싣고 있다.

> 교화가 이미 널리 미치자 유람을 다니다가 아슬라주(阿瑟羅州)에 이르렀다. 섬 사이의 물고기와 자라가 다리를 만들어 물속으로 맞아들이니 불법을 강의하고 (물고기와 자라가) 계를 받았다. 이때가 곧 천보 11년(752) 임진 2월 15일이다. …… 경덕왕이 그것을 듣고 궁 안으로 맞아들여 보살계(菩薩戒)를 받고 조(租) 7만 7천 석을 시주하였고 왕후와 외척 모두 계

7 『삼국유사』「의해」, 관동풍악발연수석기.

> 품(戒品)을 받고 견 5백 단, 황금 50량을 보시하였다. 이를 모두 받아서 여러 사찰에 나누어 주고 널리 불사를 일으켰다. 그 사리는 지금 발연사(鉢淵寺)에 있으니 곧 바다 생물들을 위해 계를 준 곳이다.[8]

진표의 교화가 육지 짐승뿐 아니라 수중 짐승에까지 미쳤음을 말하고 있다. 그로 인하여 국왕(경덕왕)도 계를 받았으니, 그의 계율 교화는 일세를 풍미했다 해도 과언이 아닐 것이다. 진표의 짐승 교화는 승전(勝詮)법사가 당에서 귀국하여 돌멩이를 권속으로 삼아 화엄을 강의한 것과 더불어 신라시대 불교교육사의 특징을 잘 보여 주고 있다. 그동안 한국교육사에서 진표를 논의에서 제외했던 것은 매우 안타까운 일이 아닐 수 없다.

제자 양성

진표는 많은 제자를 양성했는데, 그에 대해서는 「전간」에서 이렇게 전하고 있다.

> 법을 얻은 제자 중 영수는 영심(永深), 보종(寶宗), 신방(信芳), 체진(體珍), 진해(珍海), 진선(眞善), 석충(釋忠) 등이고, 모두 산문(山門)의 개조(開祖)가 되었다. 영심은 곧 진표의 간자를 전하였는데 속리산(俗離山)에 살면서 법통을 계승하였고 단을 만드는 법은 점찰(占察) 육륜(六輪)과 조금 다르나 산중에

8 『삼국유사』「의해」, 진표전간.

> 서 전하는 본래의 규범과 같았다.[9]

「석기」에는 영심 등의 제자가 찾아와 가르침을 청하는 장면이 있는데, 자못 감동적이다.

> 이때 속리산 대덕 영심(永深)이 대덕 융종(融宗)·불타(佛陁) 등과 함께 율사가 있는 곳에 와서 청하였다. "우리들은 1,000리를 멀지 않다 여기고 계법을 구하러 왔습니다. 원컨대 법문(法門)을 주십시오." 진표가 묵묵히 대답이 없었다. 세 사람은 복숭아 나무 위로 올라가 땅에 거꾸로 떨어지며 용맹하게 참회하였다. 진표가 이에 가르침을 전하여 관정(灌頂)을 하고, 드디어 가사와 바리, 『공양차제비법』 1권, 『일찰선악업보경(日察善惡業報經)』 2권과 간자 189개를 주었다. 또 미륵의 진생(眞栍) 9자와 8자를 주고, 경계하여 말하였다. "9자는 법 자체이고 8자는 신종성불종자이다. 내가 이미 너희들에게 맡기었으니 이를 가지고 속리산으로 돌아가라. 산에 길상초가 자라는 곳이 있으니 여기에 정사(精舍)를 세우고 여기에 따라 법을 가르쳐서 인간계와 천계를 널리 제도하고 후세에 널리 펼쳐라." 영심 등이 가르침을 받들고 곧바로 속리산으로 가서 길상초가 난 곳을 찾아 절을 창건하고 길상사(吉祥寺)라 하였다. 영심은 여기에서 처음으로 점찰법회를 열었다.[10]

---

9 『삼국유사』「의해」, 진표전간.

10 『삼국유사』「의해」, 관동풍악발연수석기.

이를 보면, 진표의 제자교육법은 자신의 경험에 바탕한 것이다. 즉, 제자들 역시 망신참회를 통하여 계법을 받도록 하고, 자신이 불보살로부터 받았던 경전과 간자를 다시 전해 준 것이다. 그 제자들이 곳곳에 절을 세우고 교화를 펼침으로써, 8세기 신라 사회의 불교교육의 중심에 진표가 있었음을 알 수 있다. 『삼국유사』 「심지계조」에서는 9세기 초 헌덕왕의 아들 심지가 출가하여 수행하고 있을 때, 마침 속리산에서 법석을 연 진표의 제자 영심을 찾아가 예참을 하여 서상수계를 받는 장면이 기록되어 있어 9세기에도 진표가 행한 교화의 영향은 줄지 않았음을 알 수 있다.

일연의 진표 찬(讚)은 진표의 교육자적 모습에 초점을 맞추고 있다.

> 몸을 나타내어 말세의 게으르고 무지한 중생을 깨우치고
> (現身澆季激慵聾)
> 영악(靈岳)과 선계(仙溪)에서 감응하여 통하였다
> (霊岳仙溪感應通).
> 탑참(搭懺)을 정성껏 전하였다 하지 말라
> (莫謂翹懃傳搭懺).
> 동해에 다리를 만들어 어룡(魚龍)을 교화하였다
> (作橋東海化魚龍).[11]

신라시대 불교교육사에서 진표는 자장과 함께 율사, 즉 계율의 스승으로서 알려져 있다. 율사로서 두 사람은 두타 수행과 참회

11 『삼국유사』「의해」, 진표전간.

를 통하여 서상수계를 받았다는 점 그리고 일생 계율을 교화의 중심으로 삼았다는 점은 공통적이다. 자장은 계법이 아직 정착되지 않은 신라 사회에 대국통이라는 직을 활용하여 계단을 처음 확립한 선구자적 역할을 담당했고, 진표는 신라 사회의 모든 구성원, 국왕에서부터 물고기까지 모든 중생이 용화세계에서 성불하도록 돕는 것을 임무로 삼은 스승이었다.

제7장

아미타신앙과 불교교육

제7장

아미타신앙과 불교교육

제7장부터 제9장까지는 신라의 대표적 서민불교라 할 수 있는 아미타신앙, 미륵신앙, 관음신앙에 대한 이야기다. 이들 신앙이 신라인의 삶과 교육, 그 바탕이 되는 신라의 문화와 교육 문화에 끼친 영향에 대한 이야기다. 원래 신앙은 사상을 기반으로 하여 형성된다. 이론적 사상을 기반으로 실천적 신앙이 형성되는 것이다. 그런데 그 이론적 사상의 기반은 석가모니의 '말씀'의 곳간인 경전이다. 신라를 기준으로 본다면 대개 서역이라 일컬어지는 인도와 그 인근에서 편찬된 경전은 실크로드를 통해 유통이 이루어진다. 중국에 유통된 경전은 한문으로 번역되는데, 유명한 경전은 몇 차례나 번역이 되기도 한다. 중국에서 번역된 경전은 대부분 신라로 건너왔고, 원효와 같은 고승들의 손에 의하여 다시 해설이 붙게 된다. 번역은 제2의 창작이라는 말이 있듯이 번역의 과정에서 지의 변용이 일어나고, 해설의 과정에서도 지의 변용이 일어난다. 지의 변용은 일선의 소비자인 서민들에게 전달되기까지 다시 변용의 과정을 거치게 된다. 그들은 문자적 형태의 지를 소비할 수 없기 때문이다. 사실 신라 사회 자체가 문자 사회라기보

다는 구술 사회다. 따라서 신라인, 특히 서민들은 불교적 지를 구술적 형태로 변화시켜 소비하게 되고, 여기서 그들의 창의성이 드러나게 된다. 이 장에서는 신라인들이 아미타사상을 어떻게 받아들였고, 그것을 어떻게 변용시켜 소화했는지를 알아보기로 한다.

신라인의 아미타사상 관련 저술

중국 당대(唐代)에는 정토종을 비롯하여 천태종, 법상종, 화엄종, 율종, 선종, 밀종 등 다양한 종파가 형성되었다. 그 이면에는 경전의 번역이 있었다. 아미타사상 역시 아미타 관련 경전의 유통과 그 경전의 풀이인 논소(論疏)에 힘입어 형성되고 전파되었다. 아미타사상이 언제 신라에 들어왔는지는 자세히 알 수 없다. 그러나 자장에서부터 시작하여 원측, 원효, 의상 등 신라의 고승들치고 아미타사상 관련 저술을 남기지 않은 사람이 없을 정도로 아미타신앙은 7세기 이래 '핫 이슈'였다. 자장은 『아미타경의기(阿彌陀經義記)』와 『아미타경소(阿彌陀經疎)』 각 1권을 남겼으며, 원측은 『아미타경소』와 『무량수경소(無量壽經疏)』 각 1권을 남겼다. 원효는 『아미타경소』 2권, 『무량수경종요(無量壽經宗要)』 2권과 『아미타경통찬소(阿彌陀經通贊疏)』

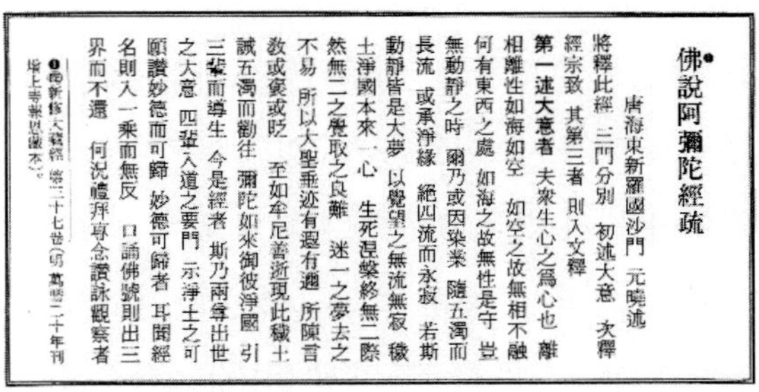
佛說阿彌陀經疏
唐海東新羅國沙門 元曉述
將釋此經 三門分別 初述大意 次釋經宗致 其第三者 則入文釋
第一述大意者 夫衆生心之爲心也 離相離性如海如空 如空之故無相不融 何有東西之處 如海之故無性是守 豈無動靜之時 爾乃或因染業 隨五濁而長流 或承淨緣 絶四流而永寂 若斯動靜皆是大夢 以覺望之無流無寂 穢土淨國本來一心 生死涅槃終無二際 然無二之覺取之良難 迷一之夢去之不易 所以大聖垂迹有遐有邇 所陳言敎或褒或貶 至如牟尼善逝現此穢土 誡五濁而勸往 彌陀如來御彼淨國 引三輩而導生 今是經者 斯乃兩尊出世之大意 四輩入道之要門 示淨土之可願讚妙德而可歸 妙德可歸者 耳聞經名則入一乘而無反 口誦佛號則出三界而不還 何況禮拜專念讚詠觀察者

[그림 7-1] 원효의 아미타경소
출처: 불교기록문화유산 아카이브.

2권, 『무량수경소』 1권, 『무량수경사기(無量壽經私記)』 1권, 『무량수경료간(無量壽經料簡)』 등 여러 저서를 남겼다. 화엄사상가로 알려져 있는 의상 역시 『소아미타경의기(小阿彌陀經義記)』 1권을 남겼고, 그 밖에 경흥, 영인, 의적, 도증, 태현, 법위, 현일 등 많은 고승도 저술을 남겼다. 이 가운데 지금도 남아 있는 것은 원효의 몇 저술과 경흥, 현일의 저술이다. 신라인들이 남긴 저술을 보면 대개 이른바 정토 3부경이라고 하는 『아미타경(阿彌陀經)』 『무량수경(無量壽經)』 『관무량수경(觀無量壽經)』에 대한 기(記)나 소(疏)와 같은 풀이가 많고, 『미타증성게(彌陀證性偈)』와 같은 게송이나 『서방극락요찬(西方極樂要讚)』과 같은 찬문(讚文)도 있다. 신라로 보자면, 아미타사상의 유통에 가장 큰 공헌자는 역시 원효일 것이다.

원효의 아미타사상

원효는 『미타증성게(彌陀證性偈)』에서 아미타불이 된 법장(法藏) 비구의 발심과 서원, 증득과 회향의 과정을 이렇게 읊고 있다.

> 지금으로부터 오랜 과거 한때에(乃往過去久遠世)
> 높은 뜻 세우신 법장비구 계셨네(有一高士號法藏)
> 무상보리심으로 발심하셨고(初發無上菩提心)
> 속을 떠나 도에 들어 모든 형상 부수었네(出俗道入破諸相)
> 누가 일심에 두 가지 형상이 없음을 알리(誰知一心無二相)
> 뭇 생명이 고해에 허덕임을 가엽이 여겨(而愍群生沒苦海)
> 48대원 일으켜 세우셨으니(起六八大超誓願)

정행을 다 닦아 온갖 더러움을 벗어났나니(具修淨行離諸穢)
법계의 몸은 헤아리기 어려워(法界身相難思議)
고요하여 함이 없으나 하지 않음이 아니네(寂然無爲無不爲)
지극히 저 부처님의 몸과 마음에 수순하면(至以順彼佛身心)
반드시 어긋나지 않고 정토에 태어나리(必不獲已生彼國)[1]

이 『미타증성게』는 원효의 일심사상에 따라 정토사상을 표현한 것으로 여겨진다. 어떤 의례에 활용했을 것 같은 게송이다. 아미타사상 관련 원효의 저술 다수가 일실되었고, 사상의 전체 면모가 밝혀지지 않은 상황이다. 다만 그가 남긴 『아미타경소』 2권, 『무량수경종요』 2권 등을 통해 짐작할 수 있을 뿐이다. 원효는 이 두 권의 저서에서 중생의 문제로부터 이야기를 끌어내고 있다. 실은 후대 사람의 저작이라고 이야기되고 있는 『유심안락도(遊心安樂道)』까지 포함해서 대부분의 원효의 저서는 중생, 중생심으로부터 출발한다. 그러고 보면 원효사상에서 핵심 개념이 바로 중생, 중생심이라고 할 수도 있겠다.

원효의 중생심은 원효 불교의 핵심 사상인 일심과 다름 아니다. 중생심이 융통 자재하여 걸림이 없다는 것, 바탕이 평등하여 깨끗하고 더러움의 구별이 있을 수 없다는 것 등은 진여의 관점에서 본 일심 그 자체다. 그러나 이 마음이 번뇌의 바람으로 인하여 오탁에 떨어져 구르기도 하고, 괴로움의 파도에 빠져 길게 흘러가기도 한다는 것은 생멸의 관점에서 본 일심인 것이다. 그래서 깨달

1 지눌의 『법집별행록절요병입사기(法集別行錄節要幷入私記)』에 들어 있는 원효의 게송이다.
(https://kabc.dongguk.edu/)

음의 입장에서 보면 다만 일심일 뿐이라고 하였다.

예토, 정토가 따로 실재하는 것이 아니라는 입장이다. 내 마음이 진여의 상태로 돌아가 있으면 그곳이 정토이고, 내 마음이 오탁악세에 있으면 그곳이 예토라는 것이다. 이러한 생각은 원효가 정토를 어떻게 보고 있는가를 말해 주는 것이다. 그의 정토관은 일심사상을 중생의 근기에 맞게 변형 혹은 적용한 것이다. 정토 자체가 일심의 다른 표현이라고 보아도 무방하다. 극락정토에 왕생하는 것은 일심으로 돌아가는 것의 다른 표현이다. 그런데 중생에게는 생멸하는 마음이 있기에 번뇌라는 긴 꿈을 꾸고 있고, 그리하여 오탁악세의 고해, 즉 예토에 살고 있는 것이다. 이를 극복하고 일심으로 돌아가려면 성인의 도움을 받을 수밖에 없다. 성인 가운데 한 분인 아미타불은 삼배구품의 모든 중생을 위하여 염불을 비롯한 갖가지 방편을 제시해 놓았고, 우리는 그 길을 통해 일심으로 돌아갈 수 있다는 논리를 제시하고 있다.

신라 중대의 불교의 흐름은 국가불교, 왕실불교의 흐름도 있었지만 다른 한편 민중불교의 흐름도 뚜렷하다. 그 중심 인물이 원효이며, 원효의 민중불교의 사상적 바탕이 아미타신앙이다. 원효의 교화 덕분에 가난하고 무지몽매한 사람들도 다 부처의 이름을 알고, 나무아미타불의 염불을 하게 되었다고 『삼국유사』에서는 전하고 있다. 아미타사상이 사상으로만 그치지 않고 원효를 비롯한 고승들의 교화에 힘입어 신라인의 삶 속에서 신앙으로 작동된 것이다.

불교적 지의 소비자로서 민중

불교의 경전의 유통 과정을 보면, 먼저 원효와 같은 고승들에 의해 풀이되고 연구된다. 이 단계에서는 아직 일반 서민들에게까지 전달되지는 않는다. 불교적 지의 '소비자'는 지식인인 것 같지만 그렇지 않다. 주 소비층은 아무래도 다수의 민중이다. 우리는 소비라고 하면 부정적인 말로 여기기 쉽다. 생산과 상대되는 개념으로 쓰이면서 생산은 좋은 것이고 소비는 그 반대로 여겨지고 있다. 그러나 물건의 유통에서도 그러하겠지만, 지의 유통에서도 소비는 매우 중요한 과정이다. 생산의 목적이 소비에 있기도 하지만 소비가 지의 생산을 자극하기 때문이다. 소비가 없으면 지가 유통되지 않고, 지가 유통되지 않으면 지의 창조가 이루어지지 않는다. 이 점에서 지는 물건의 유통 과정과 다를 바 없다.

신라 사회에서 불교적 지의 소비자는 위로는 왕과 귀족에서 아래로는 노비에 이른다. 상층 계급의 소비 행태와 하층 계급의 소비 행태는 공통적인 면도 있지만 차이가 있다. 그 차이를 가름하는 것이 미디어의 활용 방식이다. 양측이 사용하는 미디어에 차이가 있다. 민중 계층은 감각적 미디어에 가깝고 상대적으로 귀족 상층은 문자와 같은 추상적 미디어의 활용 빈도가 높다. 그러나 전체적인 숫자를 보면 하층이 압도적 다수이기에 역사상 드러나지 않는 사람들이라 하더라도 그들의 소비 행태에 관심을 기울이지 않으면 안 된다. 그들은 지를 그냥 받아들이지 않는다. 그들이 소화할 수 있는 방식으로 변화하여 받아들인다. 문자적 방식은 그들이 소화해 낼 수 없다. 그들은 감각적 방식으로 받아들여 그들의 삶에 적용한다. 그 감각적 방식의 하나가 설화다.

설화는 논리적으로 구성되는 근대적 담론과 구별되는 원시성이 드러나는 미디어다. 이 말을 설화에는 논리가 없다는 것으로 오해해서는 안 된다. 이 세상에는 다양한 논리가 있다. 설화의 논리는 근대 과학적 논리와는 다르다는 말이다. 또 설화가 원시적이라 해서 미개하다고 생각해서는 안 된다. 설화의 원시성은 설화가 세계를 파악하는 하나의 방식이다. 그 방식은 직관적이고 감각적이다. 그러다 보니 유아적 세계와 맞닿는 부분이 있다. 우리가 잘 아는 소파 방정환(1899~1931)은 어린이의 세계로 이야기 세계, 그림 세계, 노래 세계를 말했다. 어린이들은 세상을 감각적으로 파악한다. 신라인의 사고와 어린이의 사고는 그런 점에서 맞닿아 있는 것이다. 개념적으로 접근하지 않기에 설화는 어렵지 않다. 재미있다. 그렇지만 본질은 놓치지 않는다. 그래서 민중교육의 미디어로서 매우 중요하다.

지의 유통은 그냥 이루어지는 것이 아니다. 쉽고 재미있고 유익하기에 활발하게 유통이 이루어진다. 이 미디어를 만든 사람으로 원효와 같은 고승도 있지만, 대부분 민중 자신들이다. 그러니까 그들은 신라 사회에서 불교적 지의 소비자이지만, 소비자로만 머문 것이 아니다. 자신들이 소화할 수 있는 방식으로 지를 변용한 사람들이고, 그 지를 유통시킨 사람들이기도 하다.

광덕 엄장 설화에 나타난 아미타신앙

그리하여 신라인의 아미타신앙 사례는 대부분 설화의 형태로 남아 있다. 『삼국유사』는 10여 건의 아미타신앙 관련 설화나 향가가 남아 있다. 그 가운데 원효가 등장하는 설화가 있다. 「광덕 엄장」 설화가 그것이다. 설화의 줄거리부터 보자. 광덕(廣德)과 엄장(嚴莊)은 문무왕(661~681)대의 승려다. 광덕은 분황사 서쪽에 숨어 살며 신을 삼는 것을 업으로 하는 사람인데 아내가 있었다. 엄장은 남악에서 암자를 짓고 화전민으로 살아가는 사람이었다. 둘은 매우 친한 사이여서 먼저 극락왕생하는 사람은 반드시 알리고 가기로 약속했다. 어느 날 저녁 무렵, 엄장의 집, 창밖에서 "나는 이미 서방극락에 가노니 그대는 잘 살다가 속히 나를 따라오게."라는 소리가 들렸다. 엄장이 급히 문을 밀치고 둘러보니 구름 밖에 하늘의 음악 소리가 들리며 환한 빛이 땅에 비치었다. 엄장이 다음날 광덕의 처소에 가 보았더니 과연 광덕이 죽어 있었다. 엄장과 광덕의 부인이 함께 장례를 치렀다. 장례 후, 엄장이 광덕의 부인에게 남편이 죽었으니 이제 나와 같이 살자고 하여 허락을 얻었다. 밤에 잘 때 엄장이 관계하려 하자 부인이 부끄럽게 여기며 말하기를 "스님이 서방정토를 구하는 것은 연목구어와 같습니다."라 하였다. 엄장이 이상하게 여겨 "광덕과 이미 관계한 터에 어찌 나와는 안 되는 것이오?"라며 물으니, "남편은 나와 같이 산 지 십 년이 넘었어도 하룻밤도 같은 자리에서 잔 적이 없으니 어찌 몸을 더럽혔겠습니까? 남편은 매일 밤 단정히 앉아 한결같은 소리로 아미타불만 염불하거나 혹은 16관(觀)을 지었으니, 관(觀)이 익으면 밝은 달이 창을 넘어 들어오고, 그 달빛에 가부좌를 더욱 당겼습니다. 정성을 바침이 이와 같으니 서방극락에 왕생하지 않으려 해도 어디를 가겠습니까? 대체로 천 리를 가는 사람은 한 걸음부터 알 수 있으니 스님을 보니 동쪽으로는 가겠지만 서방극락은 잘 모르겠습니다."라고 하였다. 엄장이 이에 부끄러워 물러나 바로 원효대사를 찾아가 극락왕생의 방법을 묻는다. 원효는 '쟁관법(錚觀法)'이라는 방법으로 그를 이끌어 주었다. 쟁관법이 무엇인지는 알려져 있지 않으나, '쟁(錚)'을 '정(淨)'으로 본다면 마음을 맑게 하는 관법 정도로 이해된다. 엄장은 이에 몸을 깨끗이 하여[潔己] 뉘우치고[悔責] 한마음으로 관을 닦으니[一意修觀] 역시 극락왕생할 수 있었다.

광덕의 노래, 「원왕생가」

그런데 광덕의 부인은 분황사의 노비였는데, 실은 관음보살의 19응신의 하나였다. 광덕에게는 일찍 이런 노래(향가)가 전해져 오고 있었다.

> 달아, 이제 서방까지 가려는가요?
> 무량수전에 뉘우침 오램을 함씬 사뢰소서.
> 다짐 깊으신 존전을 우러러 두 손을 모두어,
> 원왕생, 원왕생 그리는 사람 있다고 아뢰소서.
> 아아, 이 몸을 남겨 두고 사십팔대원 이루실까.[2]

설화의 줄거리는 단순하지만 많은 것을 담고 있다. 가장 먼저 보이는 것은 아미타사상의 유통이다. 문무왕 당시 민중 사회에 아미타사상이 어느 수준, 어느 정도로 전파되고 유통되었는지를

2 서재극의 번역을 조동일, 『한국문학통사 1』, 지식문화사, 1992, 161쪽에서 재인용했다.

이 설화를 통해 짐작할 수 있다. 이미 신라에서는 민중 사회에까지 다양한 정토사상 수행법이 유행했음이 이 설화에서 드러난다. 설화에서는 6자염불과 함께 관상(觀想) 수행, 그리고 원효의 쟁관법이 등장한다.

16관법

우리는 아미타신앙하면 육자염불을 떠올리지만, 관상법 역시 중요한 수행법의 하나다. 설화에서 광덕이 밤마다 염불과 함께 한 수행인 관상법은 16관법이라고도 하는데, 그 근거는 『관무량수경』이다. 이 경전에 따르면, 16관법은 지는 해를 생각하는 일상관(日想觀), 맑은 물을 생각하는 수상관(水想觀), 보배 땅을 생각하는 보지관(寶地觀), 보배 나무를 생각하는 보수관(寶樹觀)과 함께 보배 연못, 보배 누각, 연화대, 불상, 진신, 관세음보살, 대세지보살, 자신의 왕생, 정토의 잡상, 상품극락, 중품극락, 하품극락 등을 관하는 것이다. 관하는 방법은 마음을 하나로 모으고 생각을 한곳에 집중하는 것이다. 일상관의 경우, 서쪽으로 향하여 바르게 앉아 지는 해를 관하는 것인데, 경전에서는 "마음을 굳건히 하고 생각을 오롯이 하여 움직이지 말고, 해가

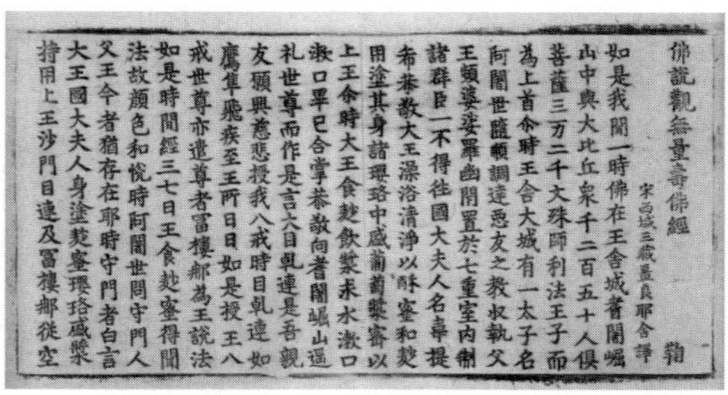
佛說觀無量壽佛經
宋西域三藏畺良耶舍譯
如是我聞一時佛在王舍城耆闍崛
山中與大比丘衆千二百五十人俱
菩薩三万二千文殊師利法王子而
為上首爾時王舍大城有一太子名
阿闍世隨順調達惡友之教收執父
王頻婆娑羅幽閉置於七重室內制
諸群臣一不得往國大夫人名韋提
希恭敬大王澡浴清淨以酥蜜和麨
用塗其身諸瓔珞中盛葡萄漿密以
上王爾時大王食麨飲漿求水漱口
漱口畢已合掌恭敬向耆闍崛山遙
礼世尊而作是言大目乾連是吾親
友願興慈悲授我八戒時目乾連如
鷹隼飛疾至王所日日如是授王八
戒世尊亦遣尊者富樓那為王說法
如是時間經三七日王食麨蜜得聞
法故顏色和悅時阿闍世問守門人
父王今者猶存在耶時守門者白言
大王國大夫人身塗麨蜜瓔珞盛漿
持用上王沙門目連及富樓那從空

[그림 7-2] 관무량수경

출처: 불교기록문화유산 아카이브.

지는 형상을 마치 매달아 놓은 북과 같음을 보아야 한다. 해를 보고 나서도 눈을 감으나 뜨나 그 형상이 분명히 보이도록 할 것"이라고 한다. 이렇게 하나하나 극락세계를 관하는 것이 16관법이다. 이 관법은 단순히 눈으로 어떤 외부 대상을 살펴 관찰하는 것이 아니다. 이는 오히려 마음 수행법이다. 마음을 모아 극락세계를 관찰하는 것은 아미타불의 설법(수업)을 듣는 것이다. 예를 들어 말하면, 여덟 번째 관인 상관(像觀)은 일심으로 부처님의 모습을 관하는 것인데, 이렇게 하면 마음의 눈[心眼]이 열려 너무나 뚜렷한 극락세계의 모습을 구체적으로 보게 된다. 이렇게 되면 수행자는 흐르는 물과 광명, 그리고 여러 보배 나무와 오리, 기러기, 원앙 등이 모두 미묘한 법을 설하는 것을 들을 수 있다. 이는 선정에 들었을 때만 그런 것이 아니라 선정에 나왔을 때도 그러하다. 지금 이 자리, 여기에서 염불삼매가 가능하다고 경전에서는 말하고 있다. 광덕이 밤새 16관을 지었다는 것은 그의 수행이 어느 정도였는지를 말해 주고 있다.

앞서 정토 3부경을 이야기했지만, 그 가운데 『관무량수경』은 다른 두 경전과 달리 하나의 설화로 이루어져 있다. 왕사성의 태자 아사세가 조달이라는 나쁜 친구의 꾐에 빠져 아버지 빔비사라왕(마가다왕국의 왕)을 감옥에 넣어 굶기자, 왕비 위제희 부인이 왕을 구하기 위해 나섰다. 아사세가 어머니 위제희마저 감옥에 가두었고, 위제희는 감옥에서 부처님께 법을 청하였다. 그때 부처님이 설법한 것이 16관법이다. 이 관법은 많은 공덕이 있음에도 불구하고 실제 수행은 육자염불에 비해 쉽지는 않았던 것 같다. 광덕이 염불과 함께 16관법을 행했다는 것으로 신라 민중의 수행 수준을 짐작할 수 있다.

왕생의 방법, 왕생인

신라 사회에서 아미타신앙의 지향점은 역시 극락왕생이다. 이곳 사바세계를 떠나 극락왕생하여 그곳에서 대자연의 미묘법문은 듣고 불퇴전의 아비발치(보살로서 성불이 결정된 경지) 일생보처(一生補處, 최고 경지의 보살)에 이르게 되는 것이다. 그런데 이곳 사바세계에 있는 입장에서는 어떻게 왕생하느냐가 문제다. 그것을 정토학에서는 왕생인(往生因)이라고 한다. 일찍이 이 왕생인에 대해서는 경전에서도 분명히 이야기해 놓았고, 고승들의 논의가 많았다. 『아미타경』에서는 염불이 왕생인이라고 했고, 『관무량수경』에서는 관법 수행을 이야기했다. 『무량수경』에서는 아미타부처님의 명호를 듣고 신심을 내어 기뻐하거나 한 생각만이라도 지극한 마음으로 회향하여 극락왕생을 발원하는 것이라 했다. 그리고 상배, 하배, 중배 등 각 무리의 상황에 따른 왕생인을 구체적으로 이야기하고 있다. 이러한 경전의 왕생인이 신라 사회에서는 어떻게 반영되었을까? 그것이 중요하다. 그 내용이 이 설화에 나온다.

먼저, 광덕과 엄장은 출가 사문이다. 방금 앞에서 말했듯이 『무량수경』에 따르면, 상배의 왕생인과 중배, 하배의 왕생인이 다르다. 상배는 상근기의 사람이다. 상배의 왕생인은 다섯 가지가 있는데, 그 첫째는 세속적 욕심을 버리고 집을 떠나 출가 사문이 되는 것이고, 둘째는 보리심을 발하는 것, 셋째는 아미타 부처님을 일념으로 생각하는 것, 넷째는 여러 공덕을 짓는 것, 다섯째는 저 국토(아미타 정토)에 태어나기를 원하는 것이다. 이렇게 볼 때 그들은 이미 상배의 조건을 갖춘 사람들이다. 현실적 생계를 위해

신을 삼고 화전민으로 살아가지만, 극락왕생하겠다는 목표 아래 일념으로 염불과 관법으로 수행하는 사람들이다. 이러한 수행, 특히 관법과 같은 수행은 결코 쉬운 것은 아니나 불가능한 것도 아니다. 서민들에게도 충분히 희망적인 것이다. 물론 현실적인 욕망이 수행을 방해하기도 한다. 그러나 이 설화에서는 그 욕망을 어떻게 극복했는지도 보여 주고 있다. 어려운 관법 수행을 위해 원효대사는 삽관법이라는 새로운 관법을 제시하기도 했다.

앞서 말했듯이 원효가 말한 삽관법이 무엇인지는 알려져 있지 않다. 그러나 그것이 설화에서만 나오는 허구는 아닐 것이다. 역사적 사실에 근거한 이야기일 것이다. 어떤 면에서 보면 광덕은 이상적 인물이며, 엄장은 현실적 인물이다. 광덕이 극락왕생한 방법은 이상적 방법이고, 엄장이 수행한 것은 현실적 방법이다. 엄장은 원효대사의 가르침을 받았다. 스스로 공부할 수 있는 상근기가 아니라 스승의 교육적 조력이 필요한 인간이었던 것이다. 그리하여 그가 취한 행동은 세 가지다. 첫째는 몸을 깨끗이 하였다는 것이니 여색을 탐하던 마음을 버린 것이다. 둘째, 뉘우치는 마음, 이른바 참회하는 마음을 내었다. 셋째, 일심으로 쟁관법 수행을 했다. 이러한 설화를 왕생담이라고 하는데, 아미타신앙과 관련하여 동아시아 사회에서는 역사적으로 많은 왕생담이 존재한다. 이 설화는 신라 사회의 대표적 왕생담 가운데 하나다. 이렇게 역사성을 지닌 왕생담은 신라인에게 삶의 방향이자 희망이 되었을 것이다.

성속 이분법의 타파

이 설화에서 또 하나 주목할 점은 성과 속의 이분법을 깨고 있다는 것이다. 승려와 속인의 경계, 부처와 중생의 경계를 동시에 허물고 있다. 성과 속이라는 이분법의 해체는 사찰과 가정의 경계, 혼인과 파계의 경계를 흔들고 있다. 광덕과 엄장의 극락왕생을 도운 여인은 분황사의 종이라 했는데, 알고 보니 관세음보살의 응신이라는 것이다. 관세음보살은 대세지보살과 함께 아미타불을 돕는 협시보살이다. 아미타불상의 왼편에 조상된다. 응신이라는 것은 중생의 간절한 요구에 감응하여 그들을 돕기 위해 나툰 몸이다.

광덕의 노래 「원왕생가」도 눈여겨볼 부분이다. 이야기와 함께 노래도 민중의 지를 실어 나르는 중요한 미디어 가운데 하나다. 이 노래는 이른바 향가(鄕歌)로서 그야말로 글자 그대로 지역성을 지닌 노래다. 『삼국유사』에는 여러 수의 향가가 전하는데, 그 내용이 모두 절창이다. 특히 「원왕생가」와 「제망매가」는 모두 아미타신앙과 관련한 노래다. 신을 삼으며 하루하루를 살아가면서 밤이면 달빛 아래 일심으로 염불하는 광덕에게 무슨 뉘우칠 일이 있으리오. 그러나 그는 서방에 가는 달에게 자신이 그간 무량수전에 오랫동안 참회해 왔다는 것을 함씬 사뢰어 달라고 노래하고 있다. 비록 노래 형식이지만 나아가야 할 길이 무엇인지를 분명히 말하고 있고, 어느 누구도 그것을 알아채지 못할 사람이 없도록 알려 주고 있다. 민중은 지를 이렇게 소비하고 있는 것이다. 이는 단순한 소비가 아니다. 그들의 삶에 맞는 형식으로 새롭게 창조한 것이다. 설화가 노래를 품고 있다는 것도 특이한 경우이다. 근대교육에서는 특이한 일이지만 신라에서는 흔한 일이다. 바람[願]의 노래이며, 수행의 노래이다. 한국의 역사에서 이렇게 아름다운 신앙의 노래가 있었던가?

이러한 지는 근대적 지와 다르다. 단지 옳다/그르다, 답이다/아니다만 가리는 지식이 아니다. 이것은 나를 현실적 고에서 건져 올리는 지다. 바로 자신도 낮의 고된 일상을 마치고 달밤에 단정히 앉아 정토의 세계를 기다리는 바람의 세계로 이끈다. 옆집의 여종이 관세음보살일 수 있다는 것을 깨닫게 하는 안목의 변화를 이끈다.

일연이 이 설화를 「감통」편에 넣은 것은 광덕과 엄장이 극락왕생한 것은 그들의 정성이 부처를 감동시켰기 때문이라 보았다. 둘 사이에 감응이 일어난 것이다. 불교교육은 이런 감응을 중시한다. 감응, 감통을 가능하게 하는 것은 정성이다. 이쪽과 저쪽의 연결이 감통인데, 이쪽(중생)이 저쪽(불보살)을 움직이게 하는 것이 정성이다. 정성을 달리 말하면 '오롯한 마음'이다. 님을 향한 한결같은 마음, 순수한 마음, 정성스러운 마음이 드러나면 감통하게 되어 있다. 특히 아미타신앙은 불교 안의 대표적 타력신앙이다. 자력종교라는 불교에서 타력을 이야기하는 것이 모순으로 여겨질 수도 있다. 그러나 불교에서의 타력은 다른 종교에서 이야기하는 신의 타력과는 차이가 있다. 불교의 타력은 자타를 넘는 것이고, 아미타신앙에서는 아미타불의 원력에서 시작되었기에 타력이라고 하는 것이다. 실은, 이 설화에서 보듯이 오롯한 마음이 없으면 힘이 발휘될 수 없는 것이다.

욱면비 설화에 나타난 아미타신앙

신라 사회의 아미타신앙과 관련하여 또 하나의 감통 이야기가 있다. 욱면비 설화다. 설화의 내용은 이렇다.

경덕왕 때 강주(지금의 진주) 선사(善士, 남자신도) 수십 인이 서방정토에 뜻을 두고 미타사(彌陀寺)라는 절을 세우고(『승전』에는 혜숙법사가 세운 절이라고 함), 만일(萬日) 동안 염불을 하기로 계(契)를 만들었다. 이때 귀진이라는 사람의 집에 욱면이라는 여종이 있었는데, 주인을 따라 절에 가서 마당에 서서 스님을 따라 염불을 했다. 주인은 종의 신분에 이렇게 하는 것이 못마땅했다. 그래서 곡식 두 섬을 주면서 하루 저녁에 그것을 다 찧게 했는데, 욱면은 그것을 초저녁에 다 찧어 놓고 절에 가서 염불을 밤낮으로 계속하였다. 심지어 뜰 옆에다 말뚝을 세워 두 손바닥을 뚫어 묶어 합장하며 염불에 열중했다. 이때 하늘에서 "욱면 낭자는 법당으로 들어가 염불하라."라는 소리가 들렸다. 절의 스님들이 이 소리를 듣고 욱면에게 법당으로 들어가 법당 안에서 정진하게 했다. 얼마 지나지 않아 천악(天樂)이 서방으로부터 들려오더니 욱면이 집 들보를 뚫고 서방으로 갔다. 천천히 가는 도중에 들 가운데서 몸이 부처의 몸으로 화현하여 연화대에 앉았으며, 음악 소리가 끊이지 않았다고 한다.

이러한 욱면비 이야기는 당시에 매우 널리 퍼졌던 모양이다. 지금은 전하지 않지만 『승전(僧傳)』이라는 책에도 실렸고, "내 일이 바빠 주인집 방아를 서두른다."라는 속담으로도 전해졌다. 『삼국유사』에는 『승전』의 내용도 소개하고 있는데, 그에 따르면 욱면의 전생은 부석사의 소였다. 불경(佛經)을 싣고 다니는 소였는데,

불경의 힘으로 귀진의 집에 종으로 태어났다. 그런데 당시 팔진이라는 사람이 있었는데, 그는 관음보살의 화신으로 알려져 있었다. 1천 명이나 되는 많은 사람이 그에게 몰려왔는데, 그들은 두 패로 나누어져 한 패는 수행에 정진하고 다른 한 패는 일을 했다. 일을 하는 패 가운데 한 사람이 계를 어겨 축생도에 떨어져 부석사의 소가 된 것이다. 그러니까 팔진의 무리 가운데 한 사람이 소가 되었고, 그 소가 다시 욱면이 되었다는 윤회의 고리를 말하고 있는 것이다. 그 윤회의 고리를 끊어 버린 것이 욱면의 염불이었다. 욱면의 염불은 9년간 계속되었으며, 서방정토를 가다 소백산에 이르러 신 한 짝을 떨어뜨렸는데 그곳에 보리사라는 절을 지었고, 그곳에 욱면등천지전(郁面登天之殿)이라는 방을 써 붙였다. 또 집 마루에는 욱면이 등천하면서 생긴 구멍이, 일연이 이 설화를 편찬할 때까지도 남아 있었고, 눈, 비가 내려도 젖지 않았다고 했다. 욱면비의 주인이었던 귀진의 집도 신통하고 비범한 사람이 살던 곳이라 하여 뒤에 법왕사(法王寺)라는 절이 되었는데, 그 후의 역사까지 상세하게 일연이 기록하고 있다.[3]

이 기록을 보면 욱면비는 실존 인물이었던 것 같다. 설령 실존 인물이 아니었다 해도 설화는 시대적 상황을 충분히 반영하고 있는 것으로 보인다. 이 설화에서 주목할 점은 몇 가지가 있다.

첫째, 당시에 염불계가 성행했다는 것이다. 신라 염불계는 경덕왕 때의 승려 발징(發徵, ?~785)으로부터 유래되었다 본다. 그는 만일염불회라는 계를 만들고, 만일(萬日)을 수행하여 극락왕생한 사례가 있다. 이러한 역사적 사례를 바탕으로 만일계는 면면히

3 『삼국사기』「감통」, 욱면비염불서승.

이어져 왔는데, 20세기 초에 신라시대 욱면이 염불 수행했던 진주 지역의 한 사찰(옥천사 청련암)에서 계승된 사례도 있다.[4]

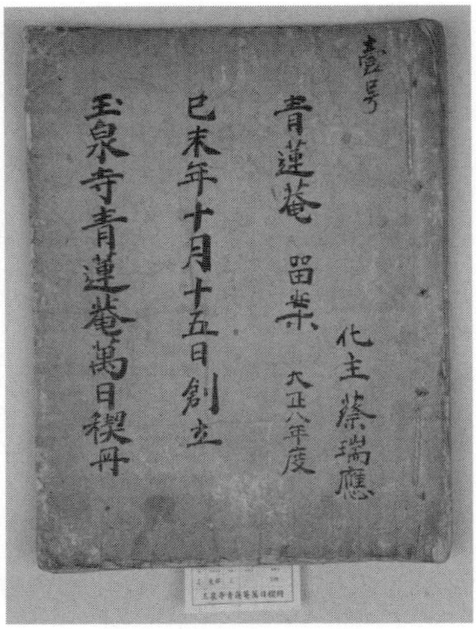

[그림 7-3] 옥천사 청련암 만일계 명부
출처: 현대불교.

둘째, 생활과 신앙(수행)이 결합되어 있다는 점이다. 욱면비의 경우도 그러하지만 팔진의 수행단체 역시 일하는 조(組)와 수행하는 조를 구분하였다는 것은 특이한 일이다. 자신의 삶, 생계를 도외시하고 염불에 몰두한 것이 아니라 생활 속에서 생활과 더불어 염불 수행을 하였던 것이다.

셋째, 욱면비 설화를 통해 하층민들의 신앙 행태를 알 수 있다는 점이다. 앞서 본 광덕과 엄장의 경우도 그러하지만, 욱면 역시 사회의 최하층민임에도 불구하고 주인의 미움을 받아 가며 염불 수행을 계속했다. 이는 욱면이라는 사람 자체의 특성이기도 하겠지만, 아미타 염불 수행의 특성에 기인하기도 한다. '나무아미타불'의 6자염불은 불교 가운데서도 대표적 이행도(易行道), 즉 쉬운 수행 방법이다. 누구나 시간과 장소의 제한 없이 가능한 수행이 염불이다. 그러나 신라의 염불행자들은 결코 염불을 쉽게 생각하지 않았던 것 같다. 쉽게 생각하지 않았다는 말은 염불이 어렵다는 말이 아니라 진지하게 접근했다는 말이다. 다른 수행도 마찬

4 이에 대해서는 안경식, 「옥천사 청련암의 만일계(萬日契) 연구」, 『한국 불교학』 95, 2020, 111-151쪽 참조.

가지지만 염불은 무엇보다 마음가짐이 중요하다. 오로지 한마음으로 염불하는 것이 중요한데, 신라인들의 마음에서는 그러한 간절함과 정성스러움을 볼 수 있다.

아미타신앙이 배경이 된 「제망매가」

욱면비 설화와 같은 시대, 즉 경덕왕 때 월명사라는 승려가 있었음은 앞서 말한 바가 있다. 경덕왕 19년(760), 두 해가 나타나 열흘 동안 사라지지 않았다. 일관(日官)이 인연 있는 승려를 초대해 산화(散花) 의식을 행하면 된다 하였다. 월명사를 초대하여 기도문을 짓게 했더니, 자신은 그저 국선의 무리에 속해 있어 향가만 알지 범성(梵聲)에는 익숙지 않다고 하였다. 범성은 산스크리트어로 만트라, 즉 진언(眞言)을 말하는 것이다. 진실한 언어의 힘을 믿었던 것이다. 임금은 향가라도 지으라고 하였고, 그때 지은 노래가 「도솔가(兜率歌)」다.[5] 또 이 월명사가 죽은 누이를 위해 지은 노래가 「제망매가(祭亡妹歌)」다.

> 생사 길은 이에 있으매 머뭇거리고,
> 나는 가노라는 말도 못다 이르고 가나잇고.
> 어느 가을 이른 바람에, 이에 저에 떨어질 잎처럼,
> 한 가지에 나고, 가는 곳 모르온저.
> 아아, 미타찰에서 만날 나, 도 닦아 기다리겠노라.[6]

---

5 『삼국유사』「감통」, 월명사도솔가.

6 조동일, 『한국문학통사 1』, 지식문화사, 1992, 154쪽.

노래가 매우 애처롭고 감상적이다. 국왕에게 나아가 향가를 바치고, 선물로 품차(品茶)와 수정 염주 108개를 받을 정도로 대단한 승려였지만 누이의 죽음 앞에서 인간의 삶이란 가을바람에 이곳저곳에 떨어질 나뭇잎임을 절감한 것이다. 미타찰은 아미타불이 계신 극락세계다. 그 누이를 만날 곳은 미타찰밖에는 없는 것이다. 그리고 미타찰에 가기 위해서는 비록 승려 신분이라 해도 도를 닦지 않고서는 갈 수가 없다. 그래서 도 닦아 기다리겠다는 다짐을 한 것이다.

신라의 불교교육사에서 이들 설화와 향가를 다시 볼 필요가 있다. 이들은 불교적 지를 신라인들에게 실어 나르는 미디어이기도 했지만 불교적 지를 현지화, 즉 신라화한 사례다. 달리 말하면 설화와 향가를 통해서 신라인은 불교를 자기화, 현지화한 것이다. 신라의 말로 신라인을 주역으로 이야기를 만들고, 노래를 만들어 아미타사상을 실천적 신앙으로 전환시켜 삶 속에서 소비할 수 있게 하였다.

신라인은 아미타 사상을 설화로만 변용시킨 것은 아니다. 실제 극락세계를 신라 사회에 건설하려 했다. 불국사가 그러하고, 석굴암이 그러하다. 신라인은 그들의 극락세계의 꿈을 실제 신라 사회에서 건설하려고 했다.

신라 사회에서 아미타신앙이 성행한 이유

신라 사회에서 아미타신앙이 성행한 것은 여러 이유가 있을 것이다. 앞서 말한 바와 같이 아미타신앙은 아미타사상을 바탕으로 성립한 신앙인데, 아미타사상 자체가 신라인들에게 매우 매력적인 사상으로 받아들여진 것 같다.『아미타경』에 묘사된 극락은 인간이 상상할 수 있는 최고의 세계이며,『무량수경』에 기술된 법장비구의 48대원은 인간의 모든 소망을 다 포괄하고 있다. 그래서 정토신앙은 신라인, 나아가 동아시아인들에게 구원과 희망의 메시지를 던져 주었다.

아미타신앙이 성행하게 된 또 하나의 이유로는 원효를 비롯한 당시 고승들의 교화력을 들 수 있다. 특히 원효는 교학적 측면에서 범부의 왕생 가능성을 제시했을 뿐 아니라 실천적 측면에서도 염불로 기층 민중들을 교화함으로써 아미타신앙이 신라에 자리잡는 데 결정적인 공헌을 한 사람이다. 그 밖에도 신라 중대 이후의 사회적 상황 역시 아미타신앙의 확산에 유리한 조건을 마련하였다. 선덕왕 2년(633)부터 아미타정토신앙이 매우 성행했던 문무왕 21년(681) 사이에 88차례의 전쟁과 14차례의 천재지변, 15차에 걸친 축성 등이 있었다.[7] 이로 인하여 당시 민중은 현세를 고해(苦海)로 여겼으며, 내세에서는 극락세계에서 생활할 수 있기를 간절히 바랐다.

아미타신앙이 신라의 교육 문화에 끼친 영향

이와 같은 상황에서 신라인의 사상과 신앙으로 자리 잡은 아미타사상과 신앙이 당시 사회의 사회, 문화, 예술, 윤리, 도덕 등 교육 문화에 끼친 영향은 어떤 것일까? 다음과 같이 몇 가지로 정리

7 목정배,『삼국시대의 불교』, 동국대학교 출판부, 1989, 166쪽.

해 볼 수 있다.

첫째, 사회적 입장에서 본다면, 정토사상과 신앙은 평등사상을 고취했다. 신라 사회는 전제왕권 사회이고, 성골, 진골 등 엄격한 골품제 계급사회였다. 따라서 왕족, 귀족들은 정치 이외에도 경제, 사회, 문화 등 모든 방면에서 최고의 특권을 누렸다. 불교 역시 도입 이래 왕실과 귀족을 위해 봉사하는 왕실불교, 귀족불교의 모습을 탈피하지 못했다. 그러나 7세기 이래, 앞에서 말한 몇 가지 이유로 정토신앙을 비롯한 민중불교가 성행하기 시작했다. 설화의 사례에서와 같이 아미타신앙이 하층민들에게 특히 환영받았던 것은 윤회가 없는 평등세계인 극락을 이야기하였기 때문이다. 현실에서 노비의 자식은 다시 태어나도 노비일 수밖에 없지만, 아미타신앙에 의하면 본인의 발원과 염불에 의해 '성불학교'인 극락세계에 태어날 수 있다. 이러한 점이 아미타정토사상이 특정 계층의 이데올로기가 아닌 신라 사회의 보편적인 삶의 가치관, 교육적 가치관이 되게 하였다. 그리하여 위로는 귀족층에서 아래로는 노비 계층에 이르기까지 널리 환영받는 사상이 되었다. 또 수행의 방법 면에서도 까다로운 계율을 강조하지 않았고 힘든 선정을 강조하지도 않았다. 더구나 방대한 경전의 학습을 요구하지도 않았다. 생업을 하면서 수행할 수 있는 염불 수행은 신분이나 성별 등 어떠한 차별도 인정하지 않는다.

[그림 7-4] 기축명아미타불비상(己丑銘阿彌陀佛碑像)
출처: 국가유산청.

둘째, 문학적 입장에서 본다면, 정토사상과 신앙은 문학의 내용과 형식에 영향을 끼쳤다. 우리의 고대 문학에서 불교와 관련한 작품의 비중은 매우 크다. 고구려나 백제의 경우는 자세히 알 수 없으나 신라는 분명 향가라는 시가문학이 있고, 이는 불교와는 불가분의 관계에 있다. 그 가운데 「원왕생가」나 「제망매가」는 정토신앙과 관련한 대표적인 작품으로, 문학적 기교는 말할 것도 없고 내용 면에서도 높은 정신적 경지를 추구하는 '도심(道心)'을 신라인의 일상적 삶 속에서 구현했다는 측면에서 높은 평가를 받고 있다. 아울러 적지 않은 정토 설화 작품 역시 당시 백성들을 교육하는 교육미디어로서 역할을 했다 할 수 있다.

셋째, 윤리 · 도덕의 측면에서 본다면, 아미타사상과 신앙은 선인선과(善因善果)의 윤리를 강조하였다. 삼국 초기에 불교가 이 땅에 들어온 이래, 기복적인 성격을 벗어나지 못했다. 아미타사상에서는 극락왕생이 선과이며, 그 선과를 맺게 하는 데는 선인이 필요함을 말하고 있다. 원효는 왕생의 요건[因]을 정인(正因)과 조인(助因)으로 구분하고, 정인으로 발보리심을, 조인으로 염불이나 계율을 이야기하고 있다. 이는 교학적인 측면에서만 그러한 것은 아니고 실생활에서도 그러하였다. 광덕과 엄장, 부득과 박박 설화에서 볼 수 있듯이 신라의 아미타신앙은 윤리적인 면이 필수적으로 들어 있다. 정토에 왕생하기 위해서는 정심(淨心)의 과정이 필요하다는 것을 설화의 형식으로 말한 것이다.

넷째, 예술적 측면에서 본다면, 정토사상과 신앙은 신라인의 예술성을 고양하였다. 신라 불교예술의 대표적 작품이 석굴암이라는 데는 이견이 없다. 화강암으로 된 인조 석굴인 석굴암은 그 시대의 최고의 기술문명이 동원되었음은 말할 것도 없지만 불국, 정토를 향한 간절한 마음이 뒷받침되지 않으면 이루어질 수 없는 대

[그림 7-5] 석굴암 본존불
출처: 국가유산청.

역사였다. 이 석굴암의 구조를 보면, 본존불인 아미타불을 중심으로 십일면관음, 십나한, 대범천과 제석천, 문수보살, 십육제자, 사천왕 등이 배치되어 하나의 정토세계, 불국토를 이루고 있으며, 이는 바로 당시 신라인들이 바라는 이상세계였다.[8] 석굴암 이외에도 감산사의 아미타상, 불국사의 금강아미타여래좌상, 남산 칠불암의 아미타상, 굴불사의 아미타상 등은 당시의 아미타신앙이 만들어 낸 불교예술품이자 민족예술이며, 당시 각 사찰에 조성된 아미타변상도 역시 신라인의 높은 예술의식을 나타내고 있다. 정토사상은 회화, 조각, 건축, 음악 등 예술의 다양한 형식을 미디어로 삼아 종교적 감정 전달은 물론이고 사상의 전달도 이루었다. 그럼으로써 자연스럽게 신라인의 정신을 고양할 수 있었으며, 여기서 우리는 아미타신앙의 교육적 의의를 찾을 수 있다.

신라 사회는 구술문명의 사회다. 구술문명에서 주된 교육미디어는 문자가 아니다. 물론 신라에서도 문자는 활발하게 사용되었다. 더구나 신라의 문자 문화를 주도한 계층은 다름 아닌 불교계다. 그리고 문자로 이룬 성취도 매우 높았으며, 동아시아의 불교계에 영향을 끼치기도 하였다. 그렇지만 그와는 별도로 구술 사

8 이 본존불을 석가여래라고 보는 견해도 있으나 근래에 발견된 상량문 등에 의하면 아미타불이다. 문명대, 「경덕왕대의 아미타조상문제」, 불교사학회 편, 『신라미타정토사상연구』, 민족사, 1988, 199쪽.

회인 신라 사회에서 효과적인 미디어는 오히려 설화나 향가를 비롯하여 각 사찰에 있는 불교예술 미디어들이다. 『삼국유사』에서는 경주에는 "절들은 하늘의 별처럼 펼쳐져 있고(寺寺星張), 탑들은 기러기 떼처럼 열 지어 있다(塔塔雁行)."라고 했다. 그 가운데 수많은 아미타 사찰이 조성되었고,[9] 그 속에 아미타여래상을 비롯하여 각종 정토예술이 꽃피었던 것이다. 바로 유 · 무형의 신라의 교육 문화의 한 부분이었던 것이다.

9 욱면비 설화에서는 욱면의 주인인 귀진의 집이 혜숙법사가 세운 미타사에서 멀지 않다고 하였다. 만일계를 만들고 수도한 곳일 것이다. 또 그전에 문무왕 때 왕의 동생인 김인문이 중국의 옥에 갇혔을 때 그의 석방을 빌기 위해 인용사(仁容寺)라는 절을 지었다. 그 절은 관음도량이었는데, 그가 귀국 도중에 죽자, 미타도량으로 바꾸었다는 기록이 있다.

제8장

미륵신앙과 불교교육

제8장
미륵신앙과 불교교육

미륵신앙과 미륵사상

미륵신앙은 미륵사상을 바탕으로 하고 있고, 미륵사상은 『미륵상생경(彌勒上生經)』『미륵하생경(彌勒下生經)』『미륵성불경(彌勒成佛經)』과 같은 미륵 경전에 근거하고 있다. 이에 따르면, 미륵(彌勒, 산스크리트어 'maitreya'의 음역)은 처음 바라문 가정에 태어났으나 뒤에 불제자가 되었다. 부처의 입멸에 앞서 보살의 몸으로 천인(天人)을 위해 설법하고 수행하며 도솔천에 머무른다고 한다. 이 보살은 중생의 성숙(成熟, 즉 교화)을 위해 초발심 이후 고기를 먹지 않았기 때문에 자씨(慈氏)라는 이름이 붙었고, 그래서 자씨보살이라고도 한다.

미륵사상에 바탕한 미륵신앙은 크게 두 형태가 있는데, 하나는 상생(上生) 신앙이며, 다른 하나는 하생(下生) 신앙이다. 상생 신앙은 현재 도솔천에서 설법하고 있는 미륵을 믿으며 도솔천에 왕생하고자 하는 것이다. 하생 신앙은 미륵이 부처 입멸 후 56억 7천만 년 뒤, 이 땅에 하생하여 용화수(龍華樹) 아래서 삼회설법(三

會說法)을 하여 석존이 교화하지 못한 중생을 구할 것인데, 이때 자신도 삼회설법에 참석하여 성불하기를 바라는 것이다.

중국의 경우, 상생 신앙은 동진(東晉) 불교의 중심 인물인 도안(道安, 314~385)이나 당의 현장(玄奘, 602~664), 규기(窺基, 632~682) 등에게서 흔적을 볼 수 있다. 하생 신앙도 유송(劉宋)의 명제(明帝, 465~471 재위)가 「용화서원기(龍華誓願記)」를 지은 것을 필두로 각종 「미륵삼회기(彌勒三會記)」「용화회기(龍華會記)」 등의 서원문(誓願文)이 역대로 지어졌으며, 측천무후(則天武后, 690~705 재위)는 위경(중국에서 제작된 경전) 『대운경(大雲經)』을 만들고, 자신을 미륵불의 하생이라 하여 정치적으로 이용한 적도 있다.

우리나라 삼국의 경우, 미륵신앙은 아미타신앙, 관음신앙과 함께 3대 민중불교의 하나로서 서민의 삶과 문화에 큰 영향을 끼쳤다. 아미타불, 관세음보살이 관념적이고 정적(靜的)인 성격이 있다면, 이에 비해 미륵은 실천지향적이며 미래지향적인, 그러면서 젊고 생동감 있는 동적(動的)인 성격이 강하다. 삼국의 경우 하생 신앙이 크게 발전하여 백제에서는 국토를 미륵이 하생할 땅으로 상징화하고 있으며, 신라에서는 화랑도를 미륵신앙과 결부하여 화랑을 미륵으로 상징화하고 있다. 이러한 하생 신앙은 급기야 신라 말기에 궁예의 민중봉기(궁예의 아명이 미륵이었다)로까지 이어지게 된다.

신라 고승의 미륵 관련 저술과 원효의 미륵사상

신라 사회에 미륵사상이 언제 어떤 경로로 들어왔는지는 분명

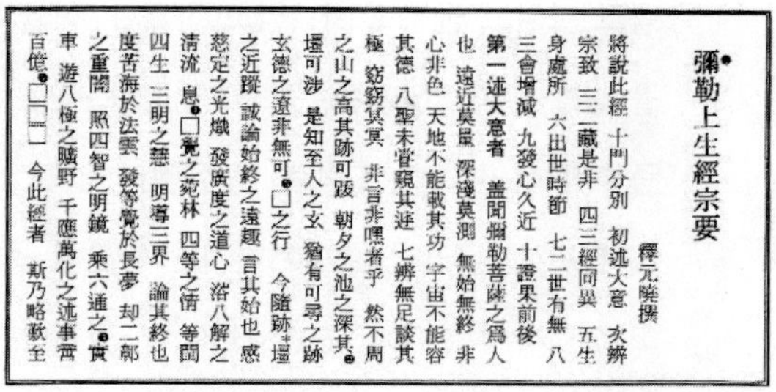

彌勒上生經宗要

釋元曉撰

將說此經 十門分別 初述大意 次辨
宗致 三二藏是非 四三經同異 五生
身處所 六出世時節 七二世有無 八
三會增減 九發心久近 十證果前後
第一述大意者 蓋聞彌勒菩薩之爲人
也 遠近莫量 深淺莫測 無始無終 非
心非色 天地不能載其功 宇宙不能容
其德 八聖未嘗窺其迹 七辨無足談其
極 窈窈冥冥 非言非嘿者乎 然不周
之山之高其跡可踐 朝夕之池之深其
壇可涉 是知至人之玄 猶有可尋之跡
玄德之遠非無可□之行 今隨跡壇
之近蹤 試論始終之遠趣 言其始也 感
慈定之光熾 發廣度之道心 浴八解之
清流 息□覺之苑林 四等之情 等闊
四生 三明之慧 明導三界 論其終也
度苦海於法雲 發等覺於長夢 却二部
之重閣 照四智之明鏡 乘六通之寶
車 遊八極之曠野 千應萬化之述事齊
百億□□□ 今此經者 斯乃略叙至

[그림 8-1] 원효의 『미륵상생경종요』

출처: 불교기록문화유산 아카이브.

하지 않다. 그러나 미륵사상은 신라 불교에서 빠질 수 없는 중요한 부분을 차지하고 있으며, 고승들도 관련 저술을 많이 남겼다. 원효는 『미륵상생경종요(彌勒上生經宗要)』 『미륵하생경소(彌勒下生經疏)』를 남겼으며, 원측은 『미륵상생경약찬(彌勒上生經略贊)』을 남겼다. 또 경흥은 『미륵상생경료간기(彌勒上生經料簡記)』 『미륵하생경소(彌勒下生經疏)』 『미륵성불경소(彌勒成佛經疏)』 『미륵경축의술문(彌勒經逐義述文)』을, 태현은 『미륵상생경고적기(彌勒上生經古迹記)』 『미륵하생경고적기(彌勒下生經古迹記)』 『미륵성불경고적기(彌勒成佛經古迹記)』를, 의적은 『미륵상생경료간(彌勒上生經料簡)』이라는 저작을 남겼다. 아쉬운 것은 이 가운데 지금 현존하는 것이 원효의 『미륵상생경종요』와 경흥의 『삼미륵경소』(앞의 세 가지 미륵경의 소와 기를 합친 것)에 불과하다는 것이다. 이 가운데 『미륵상생경종요』를 통하여 원효의 미륵사상을 교육학의 관점에서 살펴보도록 하자. 미륵은 석가모니와 함께 불교의 이상적 인간상이자 교육적 인간상이다. 원효는 『미륵상생경종요』에서 미륵이 어떤 사람인가로부터 시작하고 있다.

> 듣기에 미륵보살의 사람 됨됨이는 가깝고 먼지를 헤아릴 수 없고, 깊고 얕음을 재 볼 수도 없으며, 시작도 끝도 없고, 마

> 음도 아니고 물질도 아니라고 하였다. 하늘과 땅도 그 공덕을 실을 수가 없고, 우주도 그 덕을 포용할 수 없으며, 여덟 종류의 성인도 그 뜨락을 엿본 적이 없고, 일곱 가지 변재(辯才)도 그 궁극을 이야기하기엔 충분치 못하구나. 그윽하고 그윽하며, 아득하고 아득하여라. 말해야 할 것도 아니고 침묵해야 할 것도 아니로다. 그러나 둘레를 가늠할 수 없는 산이 높다지만 그 흔적을 밟아 볼 수 있고, 조수가 들고 나는 바다가 깊다지만 그 영역을 섭렵할 수 있다. 따라서 지극한 사람이 그윽하다지만 오히려 더듬어 자취가 있고, 현묘한 덕이 아득하다지만 건너갈 수행이 없지 않음을 알겠다.[1]

이와 같이 미륵이 얼마나 대단한 사람인가를 설명하면서 미륵이 어떤 수행을 거쳐 성불했는지를 이어 말하고 있다. 미륵은 일찍이 부처님의 제자 시절에 자정(慈定, 자비의 선정)의 치열한 빛에 감동하여 널리 중생을 제도하겠다는 도심(道心)을 일으켰다. 그리고 해탈을 이루는 8해(八解)의 맑은 물에 목욕하고, 깨달음을 이루는 7각(七覺, 七覺支)의 아름다운 숲에서 쉬었다고 했다. 여기서 8해는 여덟 가지 해탈의 방법을 말하며, 7각은 깨달음을 이루는 일곱 가지 방법을 말한다.[2] 8해, 7각은 다른 경전에도 많이 등장하는 내용인데, 원효는 8해, 7각의 수행을 단순히 수행이라 표현하지 않고, "8해의 맑은 물에 목욕하고" "7각의 아름다운 숲에서

---

1 김호성 외 공역, 『미륵상생경종요 외』, 동국대학교 출판부, 2017, 23쪽. 이하 『미륵상생경종요』의 번역과 해설은 김호성의 번역과 해설을 참고하였다.

2 원문에는 7각이 아니다. '□각'으로 각의 앞 글자가 분명치 않다. 역자 김호성 교수는 '7각'으로 보고 있다.

쉬었다."라는 멋있는 표현을 쓰고 있다. 지금의 공부가 억지로 타율적이고 힘든 느낌이 있다면, 미륵의 수행은 맑은 물에 목욕하면서 아름다운 숲에 쉬는 것으로 비유된다. 좋은 환경에 있으면 힘들이지 않고서도 저절로 수행이 이루어짐을 말한 것이다. 그리고 이런 수행의 결과 자(慈), 비(悲), 희(喜), 사(捨)의 네 가지 무량심이 생겨 뭇 중생과 여러 세상을 다 교화하게 되었다고 한다.

미륵은 극락과 함께 불교의 또 하나의 이상세계인 도솔천(兜率天)에 있다. 도솔천을 번역하면 '지족(知足)'이며, 하늘 세계 6천 가운데 네 번째 하늘이다. 아래의 세 하늘은 욕정이 무거워 가라앉고, 그 위의 두 하늘은 방탕한 마음이 많아 뜨는 데 비해, 이 도솔천은 욕정이 가볍고 방탕함이 적어 가라앉지도 않고 들뜨지도 않으며 번뇌에 휩쓸리지도 않기에 지족이라고 한다. 이러한 도솔천에 상생하여 미륵보살과 함께하기 위해서는 두 가지가 필요하다. 하나는 '관(觀)' 수행이다. '관' 수행은 수행자가 고요한 생각으로 깊이 살피는 것[靜慮思察]이다. 다른 하나는 '행(行)' 수행이다. '행' 수행은 실천 수행인데, 미륵보살의 이름을 듣고 지난날의 잘못을 참회하는 것과 미륵보살의 덕을 믿는 것, 탑을 쓸고 향과 꽃을 공양하는 것 등이다. 이러한 '관'과 '행'에 의하여, 식물로 말하자면 싹과 줄기가 땅에서 나오게 되고, 잎들이 피어 시원한 그늘을 만들어주고, 아름다운 꽃이 피게 되며, 향긋한 열매가 맺게 된다고 하였다. 싹과 줄기가 땅에서 나온다는 말은 지난날 지은 온갖 죄를 없애는 것이고, 잎들이 시원한 그늘을 만든다는 것은 삼악도나 변방, 사견(邪見)에 떨어지지 않는다는 것이다.

아름다운 꽃이 핀다는 것은 도솔천에서 의보(依報, 전세의 업에 따라 과보로 얻는 환경적 요소)와 정보(正報, 전세의 업에 따라 과보로 얻는 몸)를 얻는다는 것이고, 향긋한 열매가 맺힌다는 것은 위 없는 도에서 물러나지 않는다는 것이다.

이러한 생각은 교육학의 관점에서 본다면 미륵사상에 입각한 원효의 교육론이 된다. 미륵보살은 교육적 인간상이며, 교육 목표는 미륵의 세계인 도솔천에 상생하는 것이다. 도솔천에 상생한 사람이란 실은 깨달음을 얻은 사람이다. 교육 방법은 관과 행이다. 관과 행을 통하여 중생은 지난날 죄업을 없앨 수 있고, 잘못된 생각에 빠지지 않게 되고, 수행의 결과에 따라 최고의 도의 상태에서 물러나지 않게 된다고 하였던 것이다. 원효는 이러한 미륵사상의 교육론은 특정 사람에게만 해당되는 것이 아니라 어떤 근기(능력)를 타고난 사람에게도 해당되는 대승교육론임을 말하고 있다. 앞서도 말했거니와 미륵경전은 『상생경』『하생경』『성불경』이 있는데, 『상생경』은 중품의 근기를 가진 사람에게, 나머지는 하품의 근기를 가진 사람에게 적합한 경전이라고 하였다. 물론 그렇다고 해서 경전의 가치가 차이 나는 것은 아니다. 원효는 이렇게 말하고 있다.

> 옷을 꿰맬 때는 짧은 바늘이 필요한 것이니, 비록 긴 창이 있다 해도 쓸 곳이 없다. 비를 피할 때는 작은 우산이 쓸모 있으니, 비록 온 하늘을 덮는 것이 있다 해도 도움이 될 것이 없다. 따라서 소승이라고 가볍게 해서는 안 된다. 그 근기와 성품에 따라 대승과 소승이 모두 보배가 된다.[3]

3 김호성 외 공역, 『미륵상생경종요 외』, 동국대학교 출판부, 2017, 36쪽.

대승과 소승을 차별한 것이 아니라 회통시킨 것임을 알 수 있다. 원효는 대승과 소승을 회통시켰을 뿐 아니라 대승의 여러 사상에 대해서도 회통의 입장을 견지하고 있다. 원효 사상의 초점은 우열을 가리려는 데 있는 것이 아니라 중생 구제에 있었던 것이다. 그 중생 구제의 한 방편으로 미륵사상, 미타사상을 이야기한 것이다.

고구려와 백제의 미륵신앙

[그림 8-2] 신묘명금동삼존불입상
출처: 국가유산청.

다음으로, 신라의 미륵신앙을 보기에 앞서 고구려와 백제의 미륵신앙을 잠시 보기로 하자. 고구려의 미륵신앙을 알려 주는 자료는 신묘명금동삼존불입상(辛卯銘金銅三尊佛立像)과 영강칠년명금동미륵반가상(永康七年銘金銅彌勒半跏像, 영강칠년명금동광배)이다. 신묘명금동삼존불입상의 광배 후면의 명문에 의하면, 이 불상은 평원왕 13년(571)에 만든 것으로 보인다. 죽은 스승과 부모를 위해 다섯 사람(비구인 도창 및 선지식인 나루, 천노인 아왕, 아거 등)이 함께 무량수불상 1구를 만든다고 되어 있다. 죽은 스승과 부모가 세세생생 마음속에서 늘 제불, 선지식 등을 만나고, 또 미륵을 만나기를 바란다. 같은 곳에서 태어나 부처님을 만나고 법을 듣기를 바란다고도 하였다. 무량수불상을 만들어 미륵을 만나기를 바란다고 하니 부조화가 있는 것 같지만, 아미타신앙과 미륵신앙은 정토신앙이라는 점에서 서로 통한다고 보았던 것 같다.

또 영강칠년명금동미륵반가상의 명문에는 돌아가신 어머니를 위해 미륵존상을 세우니 망자가 미륵불의 삼회 설법의 처음에 참가하여 깨달음을 얻고 죄를 일시에 소멸하기를 바라는 미륵하생의 내용이 적혀 있다. 이를 보면 고구려의 미륵신앙은 아미타신앙과 큰 차이가 없었던 것 같다. 즉, 망자의 왕생을 위한 신앙이었던 것 같고, 이러한 경향을 북위(北魏) 불교의 경향과 관련이 있는 것으로 볼 수 있다.[4]

백제의 경우, 미륵사 창건 등을 통해 미륵신앙을 짐작해 볼 수 있다. 『삼국유사』「무왕」조에는 이런 기록이 있다.

[그림 8-3] 익산 미륵사지석탑
출처: 국가유산청.

> 어느 날 무왕과 부인이 사자사(師子寺)에 가다가 용화산 아래의 큰 못가에 이르자 미륵삼존이 못에서 나타나 수레를 멈추고 예를 올렸다. 부인이 왕에게 "이곳에 큰 가람을 짓는 것이 나의 소원입니다."라고 하자 왕이 이를 허락했다. 지명(知命)법사에게 못을 메울 방도를 물으니 신력으로써 하룻밤 새 산을 헐어 못을 메워 평지를 만들었다. 이에 미륵삼존과 전(殿)과 탑, 낭무(廊廡)

4 김영태, 『삼국시대불교신앙연구』, 불광출판사, 1990, 138-139쪽.

> 를 각각 세 곳에 세우고 절 이름을 미륵사라 했다. 진평왕이 여러 공인(工人)을 보내어 공사를 도왔으며, 지금도 그 절이 남아 있다.

발굴 조사에 의하면, 미륵사의 규모는 신라의 황룡사에 못지않다고 한다. 설화에 의하면, 미륵사가 왕과 왕비가 인연이 있는 절이며, 이는 국가사찰이라는 의미가 된다. 미륵사가 지어진 백제 땅은 미륵이 하생할 곳이라는 상징성을 부여한 것이다.

신라의 미륵신앙

신라의 미륵사상에 대해서는 앞서 살펴본 바와 같다. 미륵사상에 바탕을 둔 신라의 미륵신앙은 어떻게 전개되었을까? 또 신라의 미륵사상과 신앙이 신라인의 교육에는 어떠한 영향을 끼쳤을까를 볼 차례다. 이는 미륵불교의 지가 여러 유통 과정을 거쳐 최종 단계에서 어떻게 소비되었는가 하는 문제이다.

신라의 미륵사상은 우선 화랑도와 밀접한 관련성을 맺고 있다는 것에 주목할 필요가 있다. 『삼국유사』에는 진지왕대(576~579)의 미륵선화 미시랑 설화가 남아 있다. 흥륜사 승려 진자는 이 절의 미륵불 앞에서 "미륵이시여, 화랑의 몸으로 나투어 내가 항상 가까이 뵙고 받들 수 있도록 하시옵소서!" 하고 발원했다. 이 정성에 감응하여 꿈에 한 스님이 나타나 "네가 웅천 수원사에 가면 미륵선화를 볼 수 있을 것이다."라는 계시를 주었다. 그러나 수원사에서 미륵선화를 만났지만 알아보지 못하였고, 흥륜사로 돌아왔다. 그 소식을 들은 진지왕이 진자를 불러 서울에서 찾아보라고 하였고, 급기야 영묘사 부근에서 놀고 있는 미시를 찾아내었고, 왕은 그를 존경하고 사랑하여 국선으로 삼았다는 것이 이야기의 요지다.[5] 이 설화에 나오는 미시랑의 이미지는 미목이 수려한 미소년이다. 미시랑이라는 화랑이 그냥 보통의 인물이 아니라 미륵의 화신임을 상징화한 것이다. 이러한 상징화는『삼국사기』「김유신」전에서도 볼 수 있는데, "공이 15세에 화랑이 되니 당시 사람들이 기쁘게 따랐으며, (그 낭도들을) 용화향도라고 불렀다."라고 하였다.[6] 용화향도란 미륵불에 향을 사르어 예배드리는 무리라는 뜻인데, 당시 유신의 화랑도를 그렇게 불렀다는 것이다.

경덕왕대에 하늘에 해가 둘이 나타나 열흘 동안 없어지지 않는 변괴가 발생하자, 왕은 월명사에게 해결해 달라고 부탁했다. 이때 월명사는 "소승은 국선의 무리에 속해 있어 향가만 알지 범성(梵聲)은 모릅니다."라고 했다.[7] 왕의 거듭된 요청으로 지은 노래가「도솔가」다.

> 오늘 이에 산화 불러, 솟아오르게 한 꽃아 너는,
> 곧은 마음에 명에 부리어져, 미륵 좌주 모셔 벌이라.

대궐에서 일어난 일을 말한 것이다. 노래 가운데 '오늘'은 월명사가 대궐에서「산화가」를 부른 오늘이다. 대궐에서는 변괴를 물리치기 위하여 꽃을 뿌리는 산화(散花) 의식이 있었다. 곧은 마음

---

5 『삼국유사』「탑상」, 미륵선화 미시랑 진자사.

6 『삼국사기』「열전」, 김유신.

7 『삼국유사』「감통」, 월명사도솔가.

으로 기원하는 것이니 부디 도솔천의 미륵 좌주(미륵불)를 모셔와 이 변괴를 해결해 달라고 하는 것이다. 조동일 교수는 이 노래에서 꽃은 미륵에게 바친 공양물만이 아니고 미륵을 모셔 올 수 있는 매개자라고 했다. 월명사가 "꽃아 너는" 하고 불러서 그럴 수 있게 주술을 걸었다. 노래를 불러서 천지와 귀신을 감동시키는 것은 불교 이전의 사고방식이라고 보았다.[8] 그런데 신라에서 꽃은 사실 화랑이기도 하다. 월명사가 화랑도에 속해 있었으니, 신라에서는 미륵과 화랑은 둘이 아니었던 것이다.

월명사와 함께 또 한 명의 화랑도 소속의 승려인 충담사 역시 미륵신앙과 관련이 있는 인물이다. 그 역시 「찬기파랑가(讚耆婆郎歌)」라는 화랑을 찬양하는 노래를 지었던 적이 있으며, 경덕왕(742~765 재위)의 요구로 「안민가(安民歌)」라는 노래를 짓기도 하였다. 이러한 노래는 오늘날 우리가 생각하는 노래와는 차이가 있다. 앞의 「도솔가」도 그러하지만 궁중에서 관련되는 큰 의식이 있고, 그와 관련하여 지어진 노래이다. 주술적인 힘을 바라고 지은 기원의 노래이다. 충담사는 삼화령 미륵불에게 차를 끓여 공양하는 사람이었다. 충담사가 해마다 3월 3일과 9월 9일에 차를 달여 공양한 삼화령 미륵불에 대해서 『삼국

[그림 8-4] 경주 장창곡 보살상 (일명 삼화령 석미륵)
출처: 국립중앙박물관.

8 조동일, 『한국문학통사 1』, 지식문화사, 1992, 152-155쪽.

유사』「생의사 석미륵(生義寺石彌勒)」조에는 이렇게 적고 있다.

> 선덕왕 때 승려 생의(生義)는 도중사(道中寺)에 상주했다. 꿈에 어떤 스님이 그를 끌고 남산으로 올라갔다. 풀을 묶어 표시를 하게 하고, 산의 남쪽 골짜기에 와서 "내가 이곳에 묻혀 있으니 스님께서는 꺼내어 고개 위에 놓아주시오."라고 하였다. 꿈에서 깨어 친구와 함께 그 표시된 곳을 찾아 그 골짜기에 이르러 파 보니 석미륵이 나왔다. 삼화령 위에 두었다. 선덕왕 13년 갑진년에 절을 짓고 그곳에 두었다. 후에 생의사라고 하였다.[9]

석미륵과 미륵보살반가상

『삼국유사』에는 석미륵과 관련되는 내용이 더러 있다. 낙산사 관음보살상 앞에서 사랑하던 낭자와 맺어지기를 빌었던 조신(調信)의 이야기에도 있다. 조신의 굶어 죽은 아들을 묻은 고개가 해령(蟹嶺)이다. 조신이 꿈과 같은 인생사를 꿈에 겪고 난 후, 관음보살 앞에서 참회의 눈물을 떨구었다. 그 후, 그 해령에서 묻은 아이를 파 보니 석미륵이었다. 이것을 물로 씻어 부근의 절에 모셨다는 이야기다. 「죽지랑(竹旨郞)」 설화도 석미륵과 관련이 있다. 진덕여왕 때의 술종공이 삭주도독사가 되어 임지로 갈 때 한 거사가 길을 닦고 있었다. 서로 지음(知音)으로 지내고 있었는데 부임한 지 한 달째 되던 날, 술종공 부부의 꿈에 거사가 방 안에 들어

---

9 『삼국유사』「탑상」, 생의사석미륵.

왔다. 사람을 보내어 거사의 안부를 물어보니, 며칠 전 죽었다고 하였다. 술종공은 거사가 자기 집에 태어날 것 같다고 말하며, 군사를 보내어 죽지령 위 북쪽 봉우리에 장사 지내게 하고 석미륵 하나를 무덤 앞에 모시게 했다. 그래서 태어난 아기가 화랑 죽지랑이었다는 것이다. 이를 보면, 석미륵은 어떤 간절한 염원을 실현하는 부처로 등장한다. 그래서 주로 꿈을 통해 존재를 드러낸다.

[그림 8-5] 미륵보살반가사유상
출처: 국립중앙박물관.

석미륵과 다른 의미를 지니는 불상이 미륵보살반가상이다. 미륵보살반가상은 신라에서만 만들어진 것은 아니나, 현재 남아 있는 것 가운데 신라 것이 단연 많다. 그 전형적인 모습은 국보 83호와 일본 코류지(廣隆寺)의 반가상이다. 몸을 조금 앞으로 구부리고, 손을 턱에 가볍게 괴고, 오른발을 왼발에 얹고, 뭔가 깊이 고뇌하고 사유하는 모습이다. 그래서 이를 반가사유상(半跏思惟像)이라고도 한다. 원래 이 반가사유상은 싯다르타 태자가 생노병사의 문제와 직면하여 고뇌하고 사유하는 모습을 형상화한 것인데, 중국 북제(北齊)에서 미륵상으로 바뀌었다. 미륵이 반가사유상으로 표현된 이유는 미륵이 석가의 후계자로 여겨졌다는 것과 젊은 시절 석가와 같은 과정을 밟아 출가 성도한 것 등이 닮았기 때문이다. 그리하여 반가사유상은 북위(北魏)에서 수(隋)에 이르기까지 약 2세기 동안 한편으로는 태자상으로, 다른 한편으로는 미륵상으로 조상되어 신앙의 상징이 되었다. 그러나 신라에서는 화랑도와 결부됨으로써 태자상으로보다는 미륵상으로 만들어졌다. 즉, 미륵이 하생한 존재로 상징화한 것이 화랑이라면, 이런 상징을 형상화한 것이 미륵보살 반가사유상이라고 할 수 있다. 일본의 불교학자 타무라 엔쵸(田村圓澄, 1917~2013)는 신라의 반가사유상이 6세기에서 7세기 후반에 집중되어 있다는 것과 화랑의 성쇠가 일치한다는 점을 근거로 신라에서는 화랑이 반가사유상으로 상징화되었음을 말한 바 있다.[10]

미륵신앙이 신라의 교육 문화에 끼친 영향

그렇다면 지금까지 본 미륵사상과 미륵신앙이 신라의 교육 문화, 나아가 교육 문명에 끼친 영향은 무엇일까? 지금까지 본 바와 같이 미륵신앙은 여러 가지 다양한 면모를 보여 줌으로써 신라 사회와 신라인의 삶에 큰 영향을 끼쳐 왔다. 이를 불교교육적인 측면, 사회 문화적인 측면 등으로 나누어 살펴보자.

먼저, 불교교육의 측면에서 보면 미륵신앙은 신라인에게 구원과 희망의 메시지를 던져 주었다. 아미타불, 관세음보살과 함께 미륵불은 구원의 부처이며, 보살이었다. 56억 7천만 년 후에 하생하여 지금까지 구제되지 못한 중생들을 용화수 아래 삼회설법으로 구원할 것이라 하였고, 도솔천 왕생의 길도 제시하였다. 후삼국시대의 궁예의 예에서 보듯이 미륵신앙은 혁명적 요소를 가지고 있지만, 신라에서는 위로는 왕실에서부터 아래로는 서민들에 이르기까지 구원의 상징으로 여겨졌다.

---

10 田村圓澄,『日本佛教史 IV』, 京都, 法藏館, 1983, 29-31쪽.

구원이란 종교적 개념이지만 교육적 함의를 가지고 있다. 홍륜사의 승려 진자가 미륵선화를 뵙고 모시고자 한 것은 구원을 요청한 것이다. 그 결과 미시랑을 미륵선화로 모시게 되었고, 그 미시랑은 7년간 풍류를 세상에 빛내었다. 미시랑은 자제들과 화목하게 지냈고 풍교가 보통사람과 달랐다 했다.

미시랑이 세상을 구원하는 방식, 즉 미시랑의 자제(낭도)를 교육하는 방식은 지식을 가르치는 방식이 아니다. 그것은 같이 생활함으로써 부지불식간 영향을 주는 방식이다. 이런 방식을 불교적 개념으로는 훈습(薰習)이라고 한다. 향을 싼 종이에는 향 냄새가 배어들고, 생선을 싼 종이에는 생선 냄새가 배어들 듯이, 미륵선화의 교육은 바람과 같은 것이다. 그래서 바람의 교육, 풍교(風敎)라고 하였다. 미시랑의 제자 진자는 그 이름부터가 '참다운 자비(眞慈)'다. 참다운 자비를 실천하는 것, 그것이 그의 삶의 목표임을 스스로 다짐하고 있다. 진자는 과연 미시랑을 만나 자비의 은택에 "흠뻑 젖었다."라고 했다. "흠뻑 젖었다."라는 말로 『삼국유사』에서는 '음목(飮沐)'이라는 표현을 썼다. 자비라고 하는 은혜의 늪[澤]에 푹 빠진 것이다. 완전히 감화된 것이다. 이미 스승은 자취를 감추고 없어도 부족한 부분을 스스로 고칠 수 있게 되었고[能自悔改], 정성스럽게 진리를 탐구할 수 있게 되었다[精修爲道]고 했으니, 그 교육적 효과는 능히 짐작할 수 있다.

미륵불은 여러 가지 방식으로 형상화된다. 경전에서 형상화됨은 말할 것도 없고, 때로는 문학으로 형상화되고, 때로는 예술로 형상화된다. 심지어 꿈속에서 각자의 소원대로 형상화되기도 한다. 경전에서의 모습은 자비의 부처로 용화수 아래 삼회설법을 하는 구원자의 모습이다. 그러나 불상으로 형상화될 때는 깨달은

자의 모습으로 중생을 도솔천으로 이끌어 주는 모습이 있는가 하면, 반가사유상에서와 같이 중생 구제의 큰 이상으로 고뇌에 잠긴, 사색하는 모습도 있고, 현세의 이루지 못한 꿈을 이루기 위해 석미륵의 모습으로 나타나기도 한다. 그런가 하면 설화나 향가와 같은 문학에서는 모든 것을 다 이루어 주는 전능자의 모습으로 형상화되기도 한다. 관세음보살도 그러하지만 미륵불 역시 중생의 요구에 응하여 천차만별의 모습으로 형상화된다. 교육의 관점에서 보면, 미륵불은 스승의 모습이다. 스승의 모습이 하나로만 형상화되지 않은 것이다. 이야기의 초점이 스승에 가 있는 것이 아니라 학생에 가 있는 것이다. 학생의 필요에 따라 스승의 모습은 얼마든지 변화될 수 있는 것이다. 미륵불이 이끄는 교육이 아니라 학생인 중생의 요구에 따라 미륵불이 따라가는 방식인 것이다.

그렇다고 미륵사상이 주장하는 바가 전혀 없는 것이 아니다. 『상생경』에서는 오계(五戒)를 비롯하여 팔재계(八齋戒), 십선법(十善法) 등을 말하고 있다. 이 가운데 십선법은 다른 미륵 경전에서도 강조되는 것인데, 신업(身業)으로 살생, 투도, 사음과 구업(口業)으로 망어, 양설, 악구, 기어, 그리고 의업(意業)으로 탐심, 진심, 치심 등을 끊고 선업을 쌓는 것을 말한다. 원효도 『미륵상생경종요』에서 정업(淨業)과 참회를 강조한 바 있다. 특히 신라인은 전쟁임에도 불구하고, 아니 전쟁 중이었기 때문이었는지도 모르겠지만, 불살생의 계율은 특히 중시하여 원광법사는 귀산과 추항과 같은 젊은이에게 세속오계의 하나로 내려주기도 하였다. 미륵신앙의 계율 중시 사상은 진표율사에게서 잘 볼 수 있다. 앞서 살펴본 바와 같이, 진표는 미륵의 도움을 얻어 세상 사람들에게 교화를 베푼 것은 말할 것도 없고 어별(魚鼈, 물고기와 자라)에게도 계를 주어 성불하게 하였다. 이러한 방식의 교육이 신라의 교육 문화였으며, 미륵사상, 미륵신앙 자체가 신라의 교육 문화요, 교육 문명의 한 구성요소다.

미륵신앙과 사상의 영향은 신라는 물론 고려시대를 넘어 조선시대까지도 과거 한국인의 삶 속에 문화, 문명으로 자리 잡았다. 일연이 『삼국유사』를 쓸 때까지도 사람들이 신선(神仙)을 미륵선화라고 한다 하였다. 또 중매하는 사람을 미시(未尸)라고 하고, 길가의 가로수를 일컫는 노방수(路傍樹)를 화랑을 보는 나무라는 의미의 견랑수(見郎樹)라고 부르기도 한다는 등의 이야기를 기록하면서 모두 미륵사상의 유풍이라고 하였다.[11]

미륵신앙의 유풍은 매향(埋香)의식에서도 찾아볼 수 있다. 김유신의 화랑도를 당시 사람들은 용화향도(龍華香徒)라고 하였다. 용화는 용화삼회다. 미륵이 장차 용화수 아래에서 벌일 세 번의 법회에 참석하기 위해 준비하는 모임이 용화향도다. 왜 향도라고 하였는가? 향도의 뜻은 향을 사르어 올리는 무리라는 뜻이지만 바로 미륵신앙의 결사체를 말한다. 당시 화랑은 미륵이 하생한 존재로 상징화되었고, 김유신이 화랑이었기 때문에 김유신의 화랑도를 용화향도라고 한 것이다.

그런데 민간에서도 이런 향도가 고려시대를 거쳐 조선시대까지 남아 있었다. 『고려사』에서는 "나라의 풍속에 계를 만들어 향을 사르는 것을 향도라고 한다. 서로 돌아가며 연회를 베풀고 남녀노소가 순서대로 앉아 함께 술을 마시는 것을 향도연(香徒宴)이라 한다."라고 하였고, 조선시대는 "우리나라의 풍속에는 온 나라의

11 『삼국유사』「탑상」, 미륵선화 미시랑 진자사.

향읍방리(鄕邑坊里)가 모두 계를 만들어 서로 규검(糾檢)하는데, 이를 향도라고 한다."라는 기록이 있다.[12] 향도(香徒)는 향촌(鄕村) 조직으로서 기능했다는 것을 알 수 있다. 그런가 하면, 신앙조직으로서의 모습도 여전히 남아 있다. 매향의식을 거행하고 매향비를 만든 것에서 그런 모습을 볼 수 있다. 향(香)은 중생의 바람, 정성을 부처님께 전하는 도구다. 장차 미륵불의 용화삼회에 공양할 침향(沈香)을 만들기 위해 향나무나 소나무, 참나무 등을 갯벌에 묻는 것이 매향의식이다. 전국 곳곳에서 발견되는 매향비의 비문에 따르면, 수행결사체로서의 향도의 간절한 소망을 엿볼 수 있다. 고려 우왕 13년(1387)에 경남 사천에 세워진 매향비의 비문은 이러하다.[13]

> 천인(千人)이 계를 맺어 매향하면서 행원(行願, 발원하고 수행함)하는 글
>
> 무릇 최고의 경지에 도달한 깨달음을 얻으려고 한다면 반드시 수행과 서원(誓願)이 서로 함께 부합되어야 합니다. 수행만 있고 서원이 없으면 그 수행은 반드시 의지할 데 없이 홀로 되어 외롭게 되고, 서원만 있고 수행이 없으면 그 서원은 설 곳을 잃게 됩니다. 수행이 의지할 곳이 없이 홀로 되어 외롭게 되면 과보(果報)를 잃고, 서원이 헛되게 되면 복이 적

12 『고려사』 권122, 열전, 심우경 전; 『지봉유설』 권2, 채웅석, 「여말선초 사천 지방의 매향활동과 지역사회」, 한국중세사학회, 『한국중세사연구』 제20호, 2006, 245에서 재인용.

13 채웅석, 「여말선초 사천 지방의 매향활동과 지역사회」, 한국중세사학회, 『한국중세사연구』 제20호, 2006, 237-238쪽의 번역문을 참조하였다.

게 됩니다. 따라서 두 업(業)을 다 운용해야 묘과(妙果)를 키울 수 있습니다. 빈도(貧道)와 제천인(諸千人)이 함께 큰 원을 발원하고 향목(香木)을 묻고, 그로써 미륵불께서 하생하시는 것과 용화삼회를 기다려 이 향을 가지고 미륵여래께 봉헌 공양하며 청정한 법을 듣고 생멸(生滅)을 여읜 진여의 경지인 무생인(無生忍)을 깨달아 보살의 불퇴지(不退地)를 이루기를 원합니다. 기원하옵건대 같이 발원하는 사람들이 모두 내원(內院)에 태어나 불퇴지를 증득하기를 바라오니, 자씨여래께서는 보시고 우리를 위하여 증명하시어 우리가 이 나라에 미리 태어나 용화초회에 미리 참석하여 법을 듣고 도를 깨달아 일체가 구족하여 성불할 수 있게 하옵소서. 주상전하 만만세, 국태민안을 기원합니다.

[그림 8-6] 사천 흥사리 매향비
출처: 국가유산청.

이 비문을 보면, 향도들은 천 명의 사람이 모여(비문의 끝에는 합계 4,100인이라고 하였는데 실제 인원이었을 것이다) 계를 만들어 매향의식을 거행하였고, 그때 이런 비문을 만들었다. 내용은 비문 그대로 용화삼회의 첫 번째 모임에 참석하기를 발원하는 것이다. 여기서 주목할 것은 이들이 그냥 용화삼회에 참석하기를 바란 것이 아니라 수행을 기약한 수행단체, 즉 수행결사였다는 것이다. 이 결사체에는 비구와 비구니는 말할 것도 없고 재가 신도인 우바새, 우바이도 포함되어 있었다. 이들의 수행은 구체적으로 어떤 것인지는 적혀 있지 않지만, 이들의 수행은 불교교육뿐 아니라 민중교육사의 측면에서 볼 때도 큰 의미를 지닌다.

제9장

관음신앙과 불교교육

제9장

관음신앙과 불교교육

관음신앙의 성립과 전개

관음신앙은 한국 불교에서 가장 대중적이고 서민적인 신앙이라 할 수 있다. 관음신앙이 신앙의 대상으로 삼고 있는 관음보살은 우리에게 자비의 보살, 고난 구원의 보살로 알려져 있다. 관음보살은 관세음보살(觀世音菩薩), 광세음보살(光世音菩薩), 관자재보살(觀自在菩薩), 관세자재보살(觀世自在菩薩), 현음성보살(現音聲菩薩) 등으로 불리고 있으며, 줄여서 보통 관음보살이라고 한다. 산스크리트어는 *Avalokiteśvara*이며, 한자로는 '阿縛盧枳低濕伐羅'로 음역된다. 관세음신앙은 인도에서 성립하였으며 불타 입멸 후 약 400년에서 500년 사이에 성립한 것으로 보고 있다. 즉, 초기 대승경전이 편찬될 무렵, 아미타정토사상이 출현하였는데, 여기서 관음보살은 중요한 위치를 차지하고 있다.

『법화경』의 「관세음보살보문품」은 관음보살의 사적을 상세히 기록하고 있는 대승경전이며, 용수(龍樹, Nagarjuna, 150?~250?) 보살은 대승사상을 낳은 주요 인물인데, 그의 『대지도론(大智

度論)』 가운데서도 등장한다. 중국에서는 286년 축법호(竺法護, Dharmarakṣa, 266~313)에 의하여 『정법화경(正法華經)』이 번역되고, 그 가운데 「광세음보문품(光世音普門品)」이 『보문경』 『광세음경』이라 하여 민간에 널리 전파되었다. 그 후, 구마라집(鳩摩羅什, Kumārajīva, 344~413)의 『묘법연화경』의 번역(406)은 관음신앙의 형성에 결정적 영향을 끼쳤다 할 수 있다.

고구려와 백제의 관음신앙

고구려와 백제 불교에는 아쉽게도 관음신앙의 기록이 많지는 않다. 일본의 사료에 고구려 관음신앙을 알려 주는 몇 가지 자료가 있다.[1] 정법사(頂法寺)의 창건 설화에서 고구려 광명사(光明寺)의 관음상을 일본의 쇼토쿠(聖德) 태자가 맞이했다는 기록이 『원형석서(元亨釋書)』에 있다. 또 고구려에 유학 왔던 일본승 교젠(行善)이 강을 건너려 할 때 다리가 무너져 건널 수 없었는데 관음보살의 도움으로 건너게 되었고, 관음상을 만들어 관음보살에 예경했다는 『일본영이기(日本靈異記)』의 기록도 남아 있다. 백제의 경우도 남은 기록이 많지 않은데, 『삼국유사』의 「혜현구정(惠現求靜)」에는 백제의 승려 혜현(惠現)에 대한 기록이 남아 있다. 그는 어려서 출가했고, 오로지 『법화경』을 독송하는 것을 업으로 삼았는데, 관세음보살의 신이한 영험이 많았다. 그는 중국에 유학하지 않고 험준한 산속에서 수도하며 일생을 마쳤다. 죽었을 때 그의 시신을 돌방 속에 두었더니 범이 유해를 다 먹고 혀만 남겨 두

1 김영태, 『삼국시대 불교신앙 연구』, 불광출판부, 1990, 205-211쪽.

었는데, 3년이 지나도 혀는 붉고 부드러웠다는 설화가 전한다. 백제의 관음상으로는 부여 군수리 사지에서 출토된 금동관음보살입상을 비롯하여 여러 점이 출토되었다. 일본에도 백제에서 『청관음경(請觀音經)』이 건너가서 신봉되었다는 젠코지(善光寺) 연기 설화 등의 설화와 호류지(法隆寺)의 통칭 백제관음이라 불리는 관음보살입상이 남아 있다.

[그림 9-1] 백제 금동관음보살입상
출처: 국가유산청.

고난의 구원자로서 신라의 관음신앙

관음신앙의 바탕이 되는 관음사상에 대한 저술은 아미타신앙이나 미륵신앙에 비해 적은 편이다. 무슨 이유에서인지 모든 분야에 방대한 저술을 남긴 원효만 하더라도 관음사상과 관련해서는 단 하나의 저술도 남기지 않았으며, 의상이나 경흥, 태현도 마찬가지다. 다만, 지인(智仁)과 둔륜(遁倫)의 『십일면경소(十一面經疏)』가 있었다고 하나 모두 실전된 상황이다. 그래서 신라의 관음사상은 관음신앙을 통해서 추정해 보는 수밖에 없다. 다행히 관음신앙과 관련한 설화적 형태의 자료는 『삼국유사』에 다수 남아 있는 편이다.

앞서 제3장에서 언급한 바와 같이 선덕왕 때의 고승인 자장

(590~658)율사의 아버지 소판 무림이 자식을 낳기 위해 천수관음상을 조상하여 "자식을 낳으면 법해

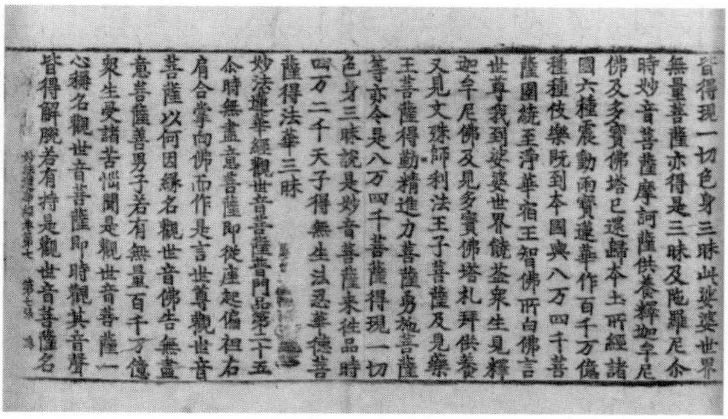

[그림 9-2] 관세음보살보문품

출처: 불교기록문화유산 아카이브.

(法海)의 진량(津梁)으로 삼겠습니다."라고 기도하였다. 이에 석존의 탄생일과 같은 날에 아이가 태어났으며, 이름을 선종랑이라고 하였다 했다. 「관세음보살보문품」에 의하면, 이러한 기도는 "만일 여인이 아들 낳기를 원하여 관음보살에 예배 공양하면 곧 복덕과 지혜를 갖춘 아들을 얻으리라."라는 구절에 근거한 것으로 보인다. 이와 같은 득남 설화는 고려 초의 명신 최승로(927~989)에게서도 볼 수 있다. 최승로의 아버지 최은함이 대비상(大悲像, 관음상)에 기도하여 득남하였다는 설화다. 「관세음보살보문품」에는 아들을 얻는 것 이외에도 중생이 어려움에 처했을 때 구제해 주는 내용들이 있다.

> 만일 누가 해치고자 하는 뜻이 있어 큰 불구덩이에 밀어 넣으려 해도 저 관음의 힘을 생각하면 그 불구덩이가 못으로 변하며, 혹은 큰 바다에 표류하여 용과 고기와 같은 귀신이 달려드는 어려움 속에서도 관음의 힘을 생각하면 파도와 물결에 빠지지 않네. 혹 수미산 꼭대기에 있는데 사람이 밀어서 떨어지게 하여도 관음의 힘을 생각하면 털끝 하나도 다

> 치지 않으리. 원수나 도적이 포위하여 칼로써 해치고자 하여도 관음의 힘 생각하면 다 자비의 마음이 일어나며, 국가적 어려움을 만나 형장에 끌려 목숨이 위태로워도 저 관음의 힘 생각하면 칼이 곧 조각조각 부수어지며, 감옥에 갇혀 손발에 수갑이 채워지고 칼이 씌워질지라도 저 관음의 힘 생각하면 자연스레 풀림을 얻으리.[2]

신라에서는 이와 같이 고난에 처했을 때 관음보살에 기도하는 사례가 적지 않았다. 문무왕의 동생 김인문이 당나라의 옥에 갇히자 신라 사람들이 인용사(仁容寺)라는 관음도량을 짓고 무사귀환을 기원했다고 한다. 인문은 학문, 외교, 전쟁에도 능한 사람이었는데 삼국통일 전쟁이 끝날 무렵 당에 있었다. 신라와 당이 관계가 틀어지자 당 고종은 김인문을 옥에 가두어 버렸다. 유학승 의상이 인문을 급히 찾아갔고, 인문은 당의 신라 침공 소식을 전한다. 그 뒤 문무왕은 강수에게 시켜 인문의 석방을 바라는 표문을 지어 올렸고, 황제는 인문을 풀어 주게 된다. 『삼국사기』에서는 효소왕 3년(694)에 인문이 당에서 66세로 죽었다고 했으나, 『삼국유사』에서는 귀국할 때 바다 위에서 죽었으며, 그래서 그를 위해 세웠던 관음도량을 미타도량으로 바꾸었다고 했다. 어느 것이 맞는지는 알 수 없으나 사실과 관계없이 설화로서 고려시대까지 그렇게 전해 왔다는 것만으로도 신라인, 고려인들의 마음속에는 관음보살이 구원의 보살로 자리 잡았음을 알 수 있는 것이다.

---

2 『묘법연화경』「관세음보살보문품」.
동국대학교 한글대장경(http://abc.dongguk.edu/ebti/c2/sub1.jsp).

백률사 관음보살상

집 나간 사람의 무사귀환을 이루어 주는 관음보살의 위신력은 신라 국선 부례랑의 설화에서도 볼 수 있다.[3]

신라의 성지 소금강(小金剛) 남쪽에 백률사(栢栗寺)라는 절이 있다. 이차돈의 순교지에 세워진 절이다. 이 절의 불상은 중국의 신장(神匠)이 중생사 관음 소상(塑像)을 만들 때 같이 만든 것이라는 설이 있었다. 민간에서는 이 부처님이 일찍이 도리천에 올라갔다가 돌아와 법당에 들어갈 때 밟았던 돌 위의 발자국이 지금까지 남아 있다고 하기도 하고, 또 어떤 사람은 그 발자국이 부처님이 부례랑을 구출해서 돌아올 때 보였던 자취라고 하기도 한다 했다. 부례랑은 효소왕 원년(692)에 국선이 되었는데 이듬해 3월에 낭도들과 금란에 놀러 갔다가 말갈적에게 잡혀가는 사태가 발생했다. 그때 낭도들도 당황하여 어쩔 줄 모르고 있었으나 안상이라는 낭도가 뒤쫓아 갔다. 임금도 이 소식을 듣고 놀랐고, 자신이 덕이 없어 국선을 잃고 국가보물이었던 거문고(玄琴)와 피리(神笛, 이 피리가 만파식적이다)도 없어져 버렸다고 한탄했다. 이때 부례랑의 부모는

[그림 9-3] 경주 백률사
출처: 국가유산청.

---

3 『삼국유사』「탑상」, 부례랑.

백률사의 대비상(大悲像, 관음보살상) 앞에서 여러 날 저녁 기도를 했다. 그랬더니 홀연히 향탁(香卓) 위에 거문고와 피리가 놓여 있고, 부례랑과 안상도 불상 뒤에 와 있었다. 부례랑에게 연유를 물으니 적국에 잡혀가서 목동이 되어 있는데 갑자기 용의 단정한 스님 한 분이 손에 거문고와 피리를 들고 와 고향 생각이 나느냐고 물어 그렇다고 대답하고, 스님을 따라 해변으로 가서 피리를 둘로 쪼개어 안상과 같이 타고 돌아왔다고 했다. 물론 이 스님은 관음보살의 응신(應身)이었을 것이다. 왕은 이 소식을 듣고 백률사에 토지와 돈, 물건을 주어 부처님 은덕에 보답하게 했다는 것이 설화의 내용이다. 이 설화에 의하면, 관음의 위신력은 민간에서뿐 아니라 국왕도 인정하였다는 것이고, 이로 인하여 관음신앙은 더욱 성행했을 것이다.

이와 비슷한 이야기가 민장사(敏藏寺) 보개(寶開) 설화다.[4] 보개는 우금리라는 곳에 사는 가난한 집의 여자였는데, 그에게는 장춘(長春)이라는 아들이 있었다. 바다에서 장사하는 사람이었는데, 오랫동안 소식이 없었다. 이에 그 어머니가 민장사 관음보살 앞에서 7일 동안 기도를 했더니 장춘이 돌아왔다. 연유를 물으니 바다에서 풍랑을 만나 배가 부서져 동료들은 모두 죽고 자신은 널빤지를 타고 해변에 닿았다고 했다. 오나라 사람들이 자신을 받아들여 농사를 짓게 하여 살고 있었는데, 하루는 고향에서 온 듯한 이상한 스님이 와서 진심으로 위로했다. 그리하여 스님과 동행하는데 앞에 큰 개울이 나오자 스님이 자신을 끼고 개울을 건너니 정신없는 사이에 고향 말소리가 들리고, 사람 우는 소리가 들려

4 『삼국유사』「탑상」, 민장사.

살펴보니 벌써 이곳에 와 있는 것이라고 했다. 이때가 경덕왕 4년(745)이었다. 왕은 이 소식을 듣고 민장사에 밭과 재물을 시주했다 한다.

중생사 관음보살의 교화

중생사(衆生寺) 관음보살상은 중국의 화공이 만들었는데 『신라고전(新羅古傳)』에 이런 연기 설화가 있었다 한다.[5]

중국의 황제가 총애하는 여자가 있어 화공에게 실제 모습을 그리도록 명했다. 화공은 그림을 다 그렸으나 붓을 떨어뜨려 배꼽 밑에 붉은 점이 찍히게 되었다. 지우려 해도 지울 수 없어서 속으로 원래부터 있는 점일 것이라 생각하고 그대로 바쳤다. 황제가 보고 형상은 실제와 비슷하나 배꼽 밑의 사마귀는 어떻게 알았느냐고 노하며 벌을 주려 했다. 주위에서 정직한 사람이니 용서해 주라고 하자, 황제는 내가 어젯밤 꿈에 본 사람의 형상을 그려 보라고 했다. 화공이 십일면관세음보살을 그리자 황제가 풀어 주었다. 죄를 면한 화공은 불법을 신봉하는 신라에 가서 불사를 닦으며 살겠다고 했다. 그가 신라에 와서 그린 그림이 바로 중생사의 관음보살상이다. 나라 사람 모두가 우러러 공경하고 기도한 사례는 모두 다 이를 수 없을 정도였다 한다. 앞서 언급한 신라 말기의 최승로의 아버지가 기도하여 득남한 곳도 이곳 중생사였다. 아이가 태어난 지 석 달이 못 되어 견훤이 침입하여 피난을 가게 되었다. 자신과 아이, 둘 다 죽을 위험이 있었다. 할 수 없이 아이를 관

5 『삼국유사』「탑상」, 삼소관음중생사.

세음보살상 밑에 감추어 두고 떠나게 되었다. 대성(관세음보살)께서 아기를 주셨다면 큰 자비의 힘으로 보호하여 기르시고 부디 우리 부자를 다시 만나게 해 주십사 하고 세 번 기도하고 울며 떠났다. 반 달 후, 적병이 물러가고 아이를 찾아보니, 살결은 갓 목욕한 것 같고 젖 냄새도 아직 남아 있었다.

고려 초에는 중생사의 절 사정이 어려워져 주지 성태(性泰)가 절에 생산물이 없어 향화를 계속 받들기 어려워 다른 곳으로 옮겨가겠다고 관세음보살에게 인사를 드렸다. 그날 꿈에 관세음보살이 나타나 떠나지 말라고 하면서 자신이 불사(佛事)를 일으켜 재(齋)의 비용을 충당하겠다고 하였다. 열사흘 후 두 사람이 말과 소에 짐을 싣고 왔다. 자신들은 금주(金州) 사람인데 중생사의 스님이라는 사람이 와서 공양에 필요한 물품 시주를 구하러 와서 마을에서 쌀 여섯 섬과 소금 넉 섬을 구해 싣고 왔다는 것이다. 주지 성태가 이 절에서는 시주 간 사람이 없다고 하였다. 그러자 두 사람은 그 스님이 먼저 이 절에 가서 기다리겠다고 하였다 하면서 법당에 들어가 보니 관세음보살상이 바로 그 스님의 모습이었다. 이런 일로 인하여 해마다 중생사에는 쌀과 소금이 끊어지지 않았다 한다. 또 한번은 절 문간에 불이 나서 마을 사람들이 달려와 불을 끄는데, 법당에 올라가니 관세음보살상이 없어졌다. 다시 쳐다보니 벌써 뜰 가운데 서 있었다. 누가 그랬는지 알지 못하였고, 모두 관세음보살의 위신력에 감탄하였다.

중생사의 신이한 이야기는 여기에 그치지 않는다. 고려 명종 3년(1173)에는 점숭(占崇)이라는 스님이 이 절에 살고 있었다. 글을 알지 못했으나 마음이 순수하여 재를 부지런히 받들었다. 어떤 사람이 그 절을 빼앗으려고, 이 절은 국가에서 은택과 복을 비는 절이니 글을 읽을 수 있는 사람을 뽑아야 한다고 친의(襯衣) 천사(天使)에게 호소했다. 천사도 그렇게 생각하여 점숭을 시험하려 소문(疏文)을 거꾸로 주었다. 점숭은 받자마자 유창하게 읽었다. 천사가 방안으로 들어가 다시 읽어 보게 하니 점숭은 입을 다물고 말하지 않았다. 천사는 "상인(上人, 큰스님)께서는 정말 관음보살이 지켜 주는 사람입니다."라고 인정하고 빼앗지 않았다. 이 이야기는 점숭과 같이 살던 처사 김인부가 마을의 노인들에게 전해 주고 전기에 기록하였다 한다.

설화에서 점숭에게 글을 읽어 보게 한 것은 설화 분류상 '알고/모르기'에 해당한다.[6] '아는 것'을 능력의 기준으로 삼는 것은 속의 세계다. 그 속의 세계를 점숭은 성(聖)의 힘을 빌려 무너뜨린다. 글을 모르는 사람이 글을 줄줄 읽어 내리는 것도 성의 힘이고, 장소를 바꾸자 입을 다물어 버리는 것도 성의 힘이다. 관음보살의 세계는 불가능을 가능으로 바꾸는 힘이 있다. 관음설화는 그 힘을 말하고 있다. 이 힘은 지금의 우리가 신봉하고 있는 글을 읽을 수 있는 힘, 즉 지식의 힘과는 또 다른 차원의 힘이다. 신라인은 그 힘을 믿었던 것이다.[7]

6 '알고/모르기'와 관련한 추가 논의는 안경식, 『구비설화에 나타난 한국 전통교육』, 문음사, 2004, 서론(구비설화와 교육)을 참조하라.

7 그런데 이런 일을 다만 설화로 치부할 수만은 없다. 저자는 최근 이 비슷한 이야기가 21세기에도 있었다는 것을 들었다. 글을 모르는 사경행자가 그림을 그리듯 『금강경』 사경을 2천 번 하고 나니 글을 저절로 깨우치게 되었다는 것이다.

십일면관음신앙과 경흥 설화

신라시대에는 십일면관음신앙과 천수관음신앙도 성행했던 것 같다. 십일면관음신앙과 관련한 설화로는 경흥(憬興)의 설화가 있다.

경홍은 나이 열여덟에 출가하여 삼장(三藏)을 통달하여 명망이 높아 신문왕이 국로(國老)로 책봉했을 정도다. 그런데 경홍이 갑자기 병이 나서 한 달 동안 앓았다. 어느 비구니 스님이 와서 병문안하면서 근심으로 생긴 병이니 즐겁게 웃으면 나을 것이라 하였다. 그러고는 열한 가지 모양의 얼굴 모양을 만들어 그에 맞는 춤을 추었다. 바뀌는 모습이 말로 할 수 없을 정도로 우스워 턱이 떨어질 지경이었다. 경홍의 병도 저절로 나아졌다. 그러고는 그 비구니는 남항사(南巷寺)에 들어가 몸을 감추었는데, 그가 쓰던 지팡이는 십일면관음 탱화 앞에 놓여 있었다고 하였다.

설화에서 열한 가지 모양의 탈을 만들었다는 것은 십일면관음상을 이야기한 것이다. 십일면관음(Ekādaśamukha)은 십일면관자재보살, 대광보조관세음보살이라고도 한다. 그 형상은 관련 경전인 『십일면관자재보살심밀언념송의궤명(十一面觀自在菩薩心密言念誦儀軌經)』에 의하면, 앞 3면은 적정의 형상[寂靜相]이고, 우 3면은 위압과 분노의 형상[威怒相], 좌 3면은 날카로운 이빨을 드러낸 형상[利牙出現相], 뒤의 1면은 웃음과 분노의 형상[笑怒相], 정상의 1면은 여래의 형상[如來相]을 나타내고 있다. 그 의미에 대해서는 정상의 부처 얼굴은 불과(佛果)를 나타내고, 앞 3면은 자비의 상으로, 착한 중생을 보고 자비의 마음을 내라는 의미다. 우 3면은 정업(淨業)을 나타내며, 희망과 찬양을 보여 불도에 나아가게 하는 의미다. 좌 3면은 화내는 상으로, 정업(淨業)을 행하는 자를 보고 불도(佛道)에 더욱 정진하도록 찬양, 권장함을 나타낸 것이다. 뒷면은 선악, 온갖 더러움에 빠져 있는 중생을 보고 괴이한 웃음을 짓고 악을 고쳐 불도로 나아가도록 하는 의미를 나타낸다.[8]

[그림 9-4] 석굴암 십일면관세음보살상
출처: 한석홍 사진.

경홍에게 열한 가지 얼굴 모습의 탈을 쓰고 춤을 춘 비구니는 바로 십일면관음보살이며, 열한 가지 탈은 관음보살의 열한 가지 얼굴이었던 것이다. 설화는 두 가지를 말하고 있다. 하나는 『삼국유사』 전편에 걸쳐 나타나듯이 불, 보살이 멀리 떨어져 있는 존재가 아니라는 것이다. 내 이웃의 비천한 사람이 비천한 사람이 아니라 성스러운 사람일 수 있다. 다른 하나는 국로의 지위에 있는 높은 사람이 위엄을 차리며 숭고한 것을 추구하다 마음에 맺힌 경흥의 병을 비속한 모습으로 비구니가 풀어 주었다는 것이다. 숭고와 비속의 대립을 볼 수 있고, 남자와 여자의 대립을 볼 수 있다.

「도천수관음가」와 천수관음신앙

천수관음 역시 중생 제도를 위한 관세음보살의 한 종류인데, 신라 사회에서는 천수관음신앙도 보인다. 「도천수관음가(禱千手觀

8 佛光大藏經編修委員會,『佛光大辭典』, 臺北, 1990, '十一面觀音' 항목.

音歌)」로 유명한 희명 설화가 그것이다. 경덕왕 때 한기리에 살던 여인 희명(希明)의 아이가 다섯 살이 되어 갑자기 눈이 멀었다. 어머니가 아이를 안고 분황사의 천수관음 앞에서 아이에게 노래를 지어 부르게 했더니 아이가 눈을 뜨게 되었다는 설화다. 노래는 다음과 같다.

> 두 무릎을 낮추며 두 손바닥 모아,
> 천수관음 앞에 비는 말씀 두노라.
> 즈믄 손에 즈믄 눈을 하나를 놓아 하나를 덜어,
> 두 눈 감은 나니, 하나를 숨겨 주소서 매달리누나.
> 아아, 나라고 알으실진댄 어디에 쓸 자비라고 큰고.[9]

광명[明]을 바란다[希]는 이름은 이 여인의 운명을 상징한다. 아이가 노래를 지어 불렀다는 것은 종교심을 극대화하기 위한 표현이다. 『천수천안관세음보살광대원만무애대비심다라니경(千手千眼觀世音菩薩廣大圓滿無碍大悲心陀羅尼經)』에는 관음보살이 과거 무량억겁에 천광왕정주여래(千光王靜住如來)의 광대원만무애대비심다리니를 듣고 중생을 위하여 천수천안을 발원하여 얻었다는 말이 있으며, 희명의 관음신앙은 바로 이 천수관음신앙이다.

관음보살의 19응신

원래 관세음보살이라는 이름은 세상[世]의 소리[音]를 깊이 살피

9 조동일,『한국문학통사 1』, 지식문화사, 1992, 162쪽.

는[觀] 보살이라는 뜻이다. 그 세상의 소리는 뭇 중생들이 구원을 바라는 고통의 소리다. 열한 가지의 얼굴로 세상을 살피기도 하고, 천 개의 손과 천 개의 눈으로 세상을 살피기도 한다. 또 중생의 요구에 응하기 위해 열아홉 가지의 몸으로 바꾸어 나타나기도 한다. 이른바 19응신(應身)인데, 「관세음보살보문품」에는 이렇게 이야기하고 있다.

> 부처님께서 무진의보살에게 말씀하셨다. "선남자야, 어떤 나라의 중생을 부처의 몸으로 제도할 이에게는 관세음보살이 곧 부처의 몸을 나타내어 설법하며, 벽지불의 몸으로써 제도할 이에게는 벽지불의 몸을 나타내어 설법하며, 성문의 몸으로 제도할 이에게는 성문의 몸을 나타내어 설법하며 …… 비구·비구니·우바새·우바이의 몸으로써 제도할 이에게는 비구·비구니·우바새·우바이의 몸을 나타내어 설법하며, 장자·거사·관리·바라문의 부인의 몸으로써 제도할 이에게는 그 부인의 몸을 나타내어 설법하며, 동남(童男)·동녀의 몸으로써 제도할 이에게는 동남·동녀의 몸을 나타내어 설법하며, 하늘·용·야차·건달바·아수라·가루라·긴나라·마후라가 등 사람인 듯 아닌 듯한 것 등의 몸으로써 제도할 이에게는 모두 그 몸을 나타내어 설법하며, 집금강신(執金剛神)으로써 제도할 이에게는 곧 집금강신을 나타내어 설법하나니, 무진의야, 이 관세음보살은 이러한 공덕을 성취하여 가지가지 형상으로 여러 국토에 노니시며, 중생을 제도하여 해탈

케 하느니라."[10]

『삼국유사』에서는 이러한 응신의 모습을 더러 볼 수 있다. 앞서 본 '광덕과 엄장' 설화에서는 분황사의 종으로, '부득과 박박' 설화에서는 낭자의 모습으로, '낙산의 두 대성' 설화에서는 백의 여인 혹은 다리 밑에서 월수백(月水帛)을 빠는 여인으로 등장하는데, 모두가 관음보살의 응신이다. '조신(調信)' 설화 역시 관음신앙과 관련 있는 설화다. 내용을 간략히 살펴보자.

조신설화와 교육미디어로서 꿈

조신이라는 승려가 태수의 딸을 사모하였다. 낙산사 관음보살 앞에 가서 몰래 그와 살게 해 달라고 빌었다. 그러나 여자에게 배필이 생겨 뜻을 이루지 못하였다. 이에 조신은 다시 불당 앞에 가서 관음보살이 자기의 소원을 들어주지 않는다고 원망하며 날이 저물도록 울다 잠시 잠이 들었다. 꿈에 낭자가 기쁜 낯빛으로 들어와 웃으며 부모의 청에 못 이겨 억지로 다른 사람에게 시집갔으나, 부부가 되고자 하여 찾아왔다고 하였다. 조신은 그 낭자와 함께 고향으로 돌아가 40여 년을 살면서 다섯 자녀를 두었다. 그러나 너무 가난하여 입고 먹을 것도 없이 10여 년을 초야를 돌아다니게 되었다. 명주 해령(蟹嶺)을 지나는데 열다섯 살 된 큰아이가 굶어 죽어 통곡하며 길가에 묻어 주었다. 네 자녀를 거느리고 길가에 풀집을 짓고 사는데, 부부는 늙고 병들고 굶주려 일어설 수

10 『묘법연화경』「관세음보살보문품」.

도 없었다. 열 살 된 계집애가 밥 얻으러 다니다가 개에게 물려 아프다고 부르짖으며 드러눕자 부모도 목이 메어 눈물만 흘렸다. 갑자기 부인이 "내가 처음 그대를 만났을 때는 얼굴도 아름답고 나이도 젊었으며 옷도 깨끗하였습니다. 한 가지 음식이라도 나누어 먹었고, 옷도 나누어 입었으며, 그간의 정과 사랑이 굳어졌으니 가히 두터운 인연이라 하겠습니다. 그러나 이제 병도 심해지고, 굶주림과 추위가 닥쳐오니 남에게 구걸하는 것도 허락되지 않고, 그 부끄러움은 산과 언덕만큼 큽니다. 아이들의 추위와 굶주림도 어찌할 수가 없으니 언제 부부의 정을 나누겠습니까? 불그스름한 얼굴과 예쁜 웃음도 풀 위의 이슬이요, 지초와 난초의 약속도 바람에 나부끼는 버들가지입니다. 이제 그대는 내가 있어서 누가 되고, 나는 그대 때문에 근심이 됩니다. 가만히 옛날 기쁜 일을 생각하니 그것이 바로 근심의 시작이었습니다."라며 헤어지기를 권하며 아이 둘씩 거느리고 헤어지려고 할 때 조신의 꿈이 깨었다. 타다 남은 등잔은 깜박거리고 밤도 새려 하였다. 수염과 머리가 희어지고, 세상의 일에 뜻이 없어져 한평생의 고생을 다 겪은 것과 같았다. 이에 관음보살을 대하기가 부끄러워 깊이 참회하였다는 이야기다.[11]

관음보살은 현실에서 이룰 수 없는 소원을 꿈을 통해서나마 이루게 한다. 꿈은 인간의 본능적 · 원초적 세계다. 꿈은 현실이 아니지만, 현실보다 더 진실의 세계에 접근할 수 있다. 이 설화에서 꿈은 허망한 것으로서의 꿈이 아니다. 한평생의 삶을 하룻밤으로 압축하여 보여 줄 수 있는 수단이다. 이렇게 보면 꿈 역시 현대 교

11 『삼국유사』「탑상」, 낙산이대성 관음 정취 조신.

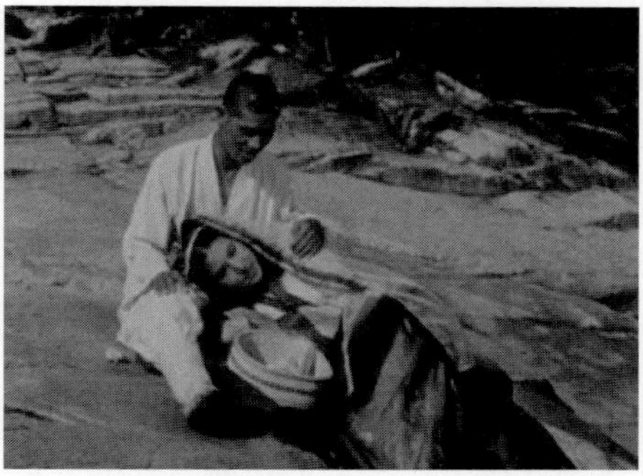

[그림 9-5] 신상옥 감독의 <꿈>
출처: 영상자료원.

육학에서 말하는 교육미디어가 된다. 실제 신라인을 포함한 고대인들에게 꿈은 결코 허망한 것이 아니라 교육적 메시지가 있는 교육미디어였다. 그래서 그들은 태몽에서부터 적극적으로 교육적 의미를 부여하였다. 태몽이 태교로 이어지고, 이후 그의 삶을 이끌고 감은 여러 사례에서 볼 수 있다.[12]

조신설화는 현대에 와서도 이광수에 의해 『꿈』(1947, 면학서관)으로 소설화된 뒤, 김성동의 소설 『꿈』(2001, 창작과 비평사)과 신상옥의 영화 〈꿈〉 (1955), 배창호의 영화 〈꿈〉(1990)으로 새롭게 해석되었다. 또 손진책의 연극 〈꿈〉(2012, 국립극단)으로도 되살아난 바 있다.

교육미디어로서 신라의 관음상

지금까지 신라의 관음신앙을 주로 설화와 관련하여 살펴보았다. 그런데 이들 설화 속에는 여러 관음상이 등장한다. 설화도 무형의 교육미디어가 되지만 관음상 역시 유형의 교육미디어가 된

12 안경식,「신라 하대 불교지성, 진감 선사의 삶의 교육학적 의미」, 한국종교교육학회, 『종교교육학연구』 54집, 2017, 175-197쪽에서는 꿈이 진감선사의 삶에 어떻게 작동하는지를 볼 수 있다. 이 책의 제12장에서도 선사들의 태몽을 살펴보았다.

다. 관음신앙은 현교(顯教)로서 법화계통, 정토계통, 화엄계통의 신앙으로 구분할 수 있으며, 밀교(密教) 계통으로는 십일면관음, 천수관음신앙 등으로 나눌 수 있다. 관음상도 이들 신앙 형태에 따라 각기 다른 모습으로 만들어지게 된다. 즉, 법화계통의 관음상은 「관세음보살보문품」에 의거하여 만들어지는데, 앞에서 본 바와 같이 관음보살은 대자비원력을 발하고, 중생의 고통 구제를 위하여 방편을 취하여 19응신을 나타내 보인다. 이러한 종교적 이상을 형상화시킨 불상은 일찍이 인도의 굽타시대 혹은 그 이전에 유행했으며, 그 특징은 자비의 표시로 시무외인(施無畏印)을 취하고 있다. 인도 뉴델리 박물관에 있는 녹야원 출토 관음상이 이런 시무외관음상이다. 중국의 경우도 수, 당대에 이런 관음상이 보이며, 특히 돈황벽화에 이러한 상이 많이 남아 있다.

화엄계통의 관음상은 경전에 선재동자가 남방의 광명산(보타낙가산)의 서쪽, 산림이 울창하고 물이 흐르는 곳에 머무르고 있는 관음보살을 찾아 보살도와 보살법을 묻는 장면이 있다. 이를 소재로 중국에서는 수월관음(水月觀音), 암거관음(岩居觀音), 백의관음(白衣觀音), 죽림관음(竹林觀音) 등이 탄생하게 된다. 정토계통의 관음상은 아미타경전에 의거하여 대세지보살상과 함께 아미타불의 협시보살로 삼존불이 조상된다.[13]

신라에서 발견되는 삼존불의 다수는 아미타삼존으로, 본존불 오른쪽이 관음보살이다. 배리삼존불상, 탑리삼존불상 등이 그러하다. 그러나 신라에서 조상된 관음상 가운데 가장 뛰어난 수작은 역시 석굴암 십일면관음보살상일 것이다. 김리나는 영락(瓔珞)

13 陳清香, 「觀音造像系統述源」, 『佛教藝術』 第二期, 臺北, 佛教藝術雜誌社, 1986, 27-28쪽.

장식이 몸에 두 번 가로질러 걸쳐진 천의 자락과 의상의 주름이 서로 겹쳐 정교하게 묘사되었고, 부드럽고 엷은 옷과 딱딱한 장식과의 대조적인 질감을 느낄 수 있을 만큼 조각 기술이 완벽하고 세부 묘사가 섬세하여 마치 불상의 회화적 표현을 보는 것 같다고 했다.[14] 손끝 발끝까지 신경이 살아 있는 것같이 생명력을 부여한 예술품이다. 또 김원룡은 "화강암 위에 나타난 이 종교성, 인간성, 그리고 조형적인 아름다움은 신라뿐 아니라 한국미술이 도달한 최고점이라고 해도 과언이 아닐 것이다. 돌은 차가우나 따뜻한 피가 흐르고 발은 멎었으나 영원히 움직이는 무한한 시간과 공간을 휘감고 있는 위대한 작품이다."라고 말하고 있다.[15]

[그림 9-6] 석굴암 관음보살입상
출처: 한석홍 사진.

관음상은 결국 보살의 자비로운 모습의 형상이며, 신라인은 이러한 자비의 관음상에 그들의 간절한 마음, 종교심을 투영함으로써 무한한 종교적 · 예술적 감응을 느꼈을 것이고, 이는 당시 사람들의 인성 형성에 적지 않은 영향을 끼쳤을 것이다.

14 김리나, 『한국고대불교조각사연구』, 일조각, 1989, 198-201쪽.
15 김원룡, 『한국미술소사』, 삼성문화재단, 1973, 119-120쪽.

관음신앙이 신라의 교육 문화에 끼친 영향

관음신앙은 아미타신앙, 미륵신앙과 함께 신라의 서민불교신앙으로 한국 고대문화, 문명에 적지 않은 영향을 끼쳤다. 정치와 사회는 말할 것도 없고 예술이나 문학, 도덕과 같은 분야에도 영향을 끼쳤으며, 신라인의 인성 형성에 큰 영향을 끼쳤다. 관음신앙과 교육의 관계를 몇 가지로 정리해 보면 이러하다.

우선, 관음보살의 자비 정신, 중생 구제 정신에서 우리는 교육 정신을 생각할 수 있다. 관음보살은 자비의 보살이며, 중생의 요구, 필요가 있는 곳에는 어디든지 응한다. 중생이 단지 자신의 명호만 부르기만 해도 응하고, 때로는 중생이 부르지 않아도 중생의 필요에 따라 자발적으로 응현하기도 한다. 이러한 관음보살의 자비 정신은 종교의 관점에서 보면 종교심이지만, 교육의 관점에서 보면 교육자의 마음으로 해석할 수 있다.

관음보살은 언제나 중생을 바른길로 인도하려고 애쓰고, 이는 그 자체로 교육 행위로 볼 수 있다. 광덕과 엄장 설화에서 보듯이 관음보살은 엄장의 잘못된 행위를 바른길로 이끌어 주고, 부득과 박박 설화에서는 박박의 굳은 마음을 풀어 주고 정화시켜 새로운 사람으로 변화하도록 도와준다. 또 낙산의 두 성인 설화에서는 원효에게 구정물을 주어 속세의 때를 벗기고 새사람이 되도록 해 주었고, 조신의 설화에서는 부질없는 생각을 꿈으로 깨우쳐 주기도 하였다. 관음보살은 자비의 보살이다. 무명의 중생을 새로운 인간으로 태어나게 하는 선지식이나 도반이다. 스승으로서의 자리를 거부한다. 그러기에 오히려 스승이 될 수 있는 것이다.

관음보살은 결코 자신의 모습을 일정하게 유지하지 않는다. 불변의 정체성을 거부한다. 관음 19응신에서 보았듯이 부처의 몸으로 구제받을 수 있는 중생에게는 부처의 몸으로 나타나며, 부녀의 몸으로 구제받을 수 있는 자에게는 부녀의 몸으로 나투어 교화를 펴는 것이 관음보살이다. 우리는 관음설화에서 때로는 노비로, 낭자로, 승려로, 노부인으로, 벼 베는 여인으로, 빨래하는 여인으로, 비구니로 나투어 중생을 교화하는 모습을 보았다. 불타의 대기설법(對機說法), 응병여약(應病與藥)의 교화법과 다르지 않다.

관음보살은 한국적 모성애의 상징이며, 나아가 교육애의 바탕이다. 우리의 전통적 어머니상은 자식을 조건 없이 사랑하고 이해하는 자애로운 모습이다. 엄부자모(嚴父慈母)의 자모(慈母)가 바로 우리의 어머니상이다. 이 모습의 불교적 표현이 자비의 상인 관음상이다. 그러기에 관음보살은 다양한 여성의 모습으로 나투어 중생을 이끌어 주고 보살펴 주고 있다. 최승로가 전란에서 관음보살의 보살핌으로 살아난 것과 같은 관음신앙의 영험담은 수도 없이 많다. 지금까지 우리에게 널리 알려진 오세암(五歲庵) 설화도 그중 하나다. 이러한 관음보살의 모습은 어머니가 조건 없는 자애로운 사랑으로써 자녀를 바른길로 이끌어 주는 우리의 전통적 교육의 모습과 다름없는 것이다. 결국 관음신앙은 고대 한국인의, 신라인의 인성 가운데 온화하고 자비로운 그리고 수용적인 특성을 형성하는 데 일정한 작용을 한 것으로 여겨진다. 특히 자애로운 한국의 어머니상을 형성하는 데 적지 않은 영향을 끼친 것으로 생각된다.[16]

관음신앙을 비롯한 신라의 아미타신앙, 미륵신앙 등 불교신앙

16 한국인의 전통적 어머니상의 형성에 대해서는 안경식, 『한국 전통 아동교육사상』, 학지사, 2005를 참조할 것.

은 어느 한 영역에만 영향을 끼친 것이 아니다. 그것은 신라 문명의 한 부분을 형성하였다. 불교설화나 향가와 같은 무형의 교육 문화의 바탕이 되었지만, 불상이나 건축, 회화 등과 같은 유형의 교육 문화를 탄생시키기도 하였다.

제10장

화엄신앙과 불교교육

제10장

화엄신앙과 불교교육

동아시아의 화엄사상

화엄사상이 우리나라를 비롯하여 중국과 일본 등 동아시아 문화권에서 불교 사상적으로 혹은 사회 문화적으로 끼친 영향은 특별하다. 동아시아에서 화엄사상 전개의 근원지는 중국이다. 화엄 경전의 편찬지는 중앙아시아 지방으로 보지만, 이 경전이 중국에 건너와 수차례에 걸쳐 번역되고, 주소(註疏)가 편찬되고, 드디어 종파까지 형성되었다. 종파의 형성은 경론 연구와 사자상승(師資相承) 및 교단 조직의 체계화를 의미하는 것이어서 종교적 의미뿐 아니라 그 사회적 의미가 크다. 중국 화엄종에서는 인도의 마명(馬鳴)과 용수(龍樹), 중국의 두순(杜順), 지엄(智儼), 법장(法藏), 징관(澄觀), 종밀(宗密)을 화엄 7조로 받들고 있다. 우리나라와 일본에서도 중국의 화엄사상을 받아들여 의상과 심상(審詳)이 해동화엄종과 일본 화엄종을 개창하였다. 이렇게 6, 7세기경부터 독자적 종파를 형성하여 동아시아 불교계에 적지 않은 영향을 끼친 화엄사상은 종교사상 이외의 방면에서도 사회적 영향력을 발휘하게 되었다. 즉, 정치적으로는 화엄의 원융무애 사상 등이 통일 국가의 통치이념으로 활용하기도 하였고,[1] 문화 · 예술적으로는 여러 형태의 화엄불교 문학을 비롯하여 수준 높은 화엄사찰 · 불상 · 불화 등을 조성하여 왕실, 귀족에서 지식인, 서민에 이르는 각계각층 사람들이 정신문화에 훌륭한 자량(資糧)으로 삼았음은 물론이고 이들 계층이 공동으로 누릴 수 있는 유 · 무형의 문화재를 탄생시켰다.

앞서 제5장에서는 고승 의상의 교육실천과 사상을 중심으로 화엄사상을 논의하였다. 이 장에서는 화엄사상의 전래 과정과 신라 중, 하대의 화엄신앙의 전개 과정 등을 불교교육의 관점에서 살펴보기로 한다.

『화엄경』의 성립과 한역(漢譯) 과정

『대방광불화엄경(大方廣佛華嚴經)』(Buddhāvataṃsaka-mahāvaipulya-sūtra)이 정식 명칭인 『화엄경』은 처음부터 하나의 독립된 경전은 아니다. 각기 독립된 여러 품(品)의 경전이 하나로 편찬되어 이루어진 경전이다. 각 개별 품의 형성 연대는 서기 1～200년으로 보고 있으며, 『화엄경』으로 편찬된 연대는 서기 350년 이전으로 보고 있다.[2] 또 편찬된 곳으로는 중앙아시아 우전(于闐, 타클라마칸 사막 남쪽에 있던 국가)으로 생각하고 있으며,[3] 법장(法藏)의 『화엄

1 중국의 경우 이렇게 말해도 무리가 없으나, 우리나라의 경우는 논란이 있을 수 있다. 뒤에서 이 문제를 다시 다루고 있다.

2 中村元, 『華嚴思想』, 東京, 法藏館, 1960, 90－95쪽.

3 카마타 시게오(장휘옥 역), 『화엄경 이야기』, 장승, 1992, 31쪽.

경전기(華嚴經傳記)』 권1에는 용수보살이 용궁에서 이 경을 보았다고도 한다.

이러한 『화엄경』의 한역은 경 전체의 완역 이전에 이미 「명호품」「정행품」 등 많은 품이 『불설도사경(佛說兜沙經)』『보살본업경(菩薩本業經)』 등의 이름으로 단독으로 번역되어 오다가 동진의 불타발타라에 의해 처음 경전 전체가 60권으로 완역되었다(418~420). 진경(晋經)·구경(舊經)·60화엄 등으로 불리는 이 경은 7처(설법장소) 8회(설법횟수) 34품으로 구성되어 있다. 『화엄경』은 그 뒤, 당의 실차난타에 의해 다시 한번 80권으로 전역되었다(695~699). 당경·신경·80화엄이라 하는 이 경의 구성은 7처 9회 39품으로 되어 있다. 또 당대 반야에 의하여 번역되었으며(795~798) 우리가 40화엄이라 부르는 경전이 있는데, 이는 60화엄과 80화엄의 「입법계품」의 번역이다. 신라 화엄사상이 전개된 것은 일차적으로 이러한 한역 경전의 유통 및 전래에 따른 것이다.

『화엄경』의 신라 전래 과정

한역 『화엄경』의 전래는 사상의 전래이자 문화, 문명의 전래이다. 불교적 지의 유통이다. 그 지의 소비 과정에서 불교교육이 일어난다. 신라에 가장 먼저 전래된 것은 60화엄이다. 이 경이 중국에서 번역된 해는 418년에서 420년 사이이지만 언제 어떤 경로로 우리나라에 들어왔는지에 대한 명확한 기록은 없다. 고구려나 백제로의 전래 문제는 차치하고 신라의 문제로만 좁혀 놓고 본다면, 진흥왕 때인 565년에 진(陳)으로부터 유사(劉思)와 명관(明觀)이

[그림 10-1] 화엄경(60화엄)
출처: 불교기록문화유산 아카이브.

경론 1,700여 권을 가져올 때,[4] 당시의 우호적 나당 관계로 볼 때, 들어 있지 않았나 추측할 수 있다. 만약 여기에 빠졌다고 하면 자장이 643년에 경 · 율 · 론 400상자를 싣고 귀국하여 이를 통도사에 안치했다고 하는데,[5] 그 가운데 있었을 것이다. 자장은 귀국 이후 원녕사(元寧寺)의 낙성회에서 『화엄경』을 강했다고 하는데,[6] 그때 그가 강의한 『화엄경』은 바로 60화엄이었을 것이다. 이렇게 볼 때, 60화엄의 신라 전래는 늦게 잡아도 7세기 전반 이전이라고 볼 수 있다.

그러면 80화엄의 전래는 언제로 볼 수 있는가? 중국에서의 번역은 699년에 완료되었다. 의상의 10대 제자의 한 사람인 오진(悟眞)이 80화엄의 품수(品數)에 대한 문제를 당의 료원(了源)에게 묻고 있는 장면이 있다.[7] 의상의 직제자들이 8세기 전반까지 활동했다고 보면, 8세기 초 이미 80화엄이 들어왔다고 볼 수 있다. 8세기 중엽에 황룡사 출신의 연기(緣起)는 지리산에 화엄사를 창건했으며, 또 754년에 80화엄을 사경했던 것으로 보아[8] 80화엄의 전래

4 『삼국유사』「탑상」, 전후소장사리.

5 『삼국유사』「탑상」, 전후소장사리.

6 『삼국유사』「의해」, 자장정률.

7 均如, 『釋華嚴教分記圓通鈔』 卷上, 한국불교전서편찬위원회편, 『한국 불교전서』 4, 동국대학교 출판부, 1980, 120a면.

8 김상현, 「신라화엄사상사연구」, 동국대학교 대학원 박사학위논문, 1990, 60쪽.

시기를 8세기 전반 이후로 넘길 수는 없다.

마지막으로 798년에 번역이 완료된 40화엄은 799년에 전래되었다고 본다.[9] 이는 『삼국유사』의 기록 "승 범수가 멀리 당나라에 가서 『신역후분화엄경(新譯後分華嚴經)』과 『관사의소(觀師義疏)』를 구해 돌아왔다."라는 것에 근거한 것이다.[10] 즉, 범수가 가져온 경전이 바로 40화엄일 것이라고 본 것이다. 이렇게 복잡하게 경전 전래의 과정을 따지는 것도 신라 사회에서의 화엄사상, 신앙의 전개가 바로 경전의 전래 과정과 불가분의 관계를 맺고 있기 때문이다.

신라의 화엄 관련 저술들

화엄사상 연구자인 카마타 시게오(鎌田茂雄)가 "화엄경이 불교사상의 근저에 흐르면서 오랜 역사를 지배하는 지위를 누리는 것은 한반도에서이다. 한국 불교의 근본 경전은 『화엄경』이다."[11]라고 단언한 바 있듯이, 화엄사상이 우리나라 승려사회, 불교계에 끼친 영향은 지대하다.

삼국시대에 불교가 우리나라에 전래된 이래 무불습합의 영향으로 삼국불교의 성격은 기복적이고 타력적인 측면이 드러났고, 자연 불교 본래의 자력적 요소나 교학상 발전은 미약하였다. 그 후 통일 전후 신라 불교의 황금기를 맞아 일련의 고승의 등장에 의해

9 김복순, 『신라화엄종연구』, 민족사, 1990, 27쪽.

10 『삼국유사』「의해」, 승전촉루.

11 카마타 시게오(한형조 역), 『화엄의 사상』, 고려원, 1987, 96쪽.

큰 교학적 발전을 이루었다. 특히 화엄사상이 전래된 이후 불교계 내에서는 많은 관련 저술이 나왔으며, 이는 신라의 화엄사상의 융성을 대변해 준다. 기록에 나타난 저술을 열거해 보면 다음과 같다.[12]

원효(元曉)

『화엄경소(華嚴經疏)』 10권

『화엄강목(華嚴綱目)』 2권

『화엄일도장(華嚴一道章)』 1권

『대승관행(大乘觀行)』 3권

『화엄경종요(華嚴經宗要)』 권수 미상

『보법기(普法記)』 권수 미상

『일도장(一道章)』 1권

의상(義湘)

『화엄일승법계도(華嚴一乘法界圖)』 1권

『화엄입법계품초기(華嚴入法界品鈔記)』 1권

『화엄십문간법관(華嚴十門看法觀)』 1권

『백화도량발원문(白花道場發願文)』 1편

『일승발원문(一乘發願文)』 1편

의적(義寂)

『화엄경강목(華嚴經綱目)』 2권

---

12 한국불교문화연구소 편, 『한국화엄사상연구』, 동국대학교 출판부, 1986, 363-364쪽의 '한국화엄관계 자료초' 및 채인환, 의상 화엄교학의 특성, 동국대불교문화연구소, 『한국화엄사상연구』, 1982, 88-89쪽, 그리고 鎌田茂雄, 『華嚴學研究資料集成』, 東京, 東京大學東洋文化研究所, 1983 등을 참고하여 작성했다.

태현(太賢)

『화엄경고적기(華嚴經古迹記)』 10권

종일(宗一)

『화엄경소(華嚴經疏)』 20권

『화엄경료간(華嚴經料簡)』 1권

견등(見登)

『화엄일승성불묘의(華嚴一乘成佛妙義)』 1권

심상(審祥)

『화엄기신관신행법문(華嚴起信觀信行法門)』 1권

『화엄경소(華嚴經疏)』 12권

지인(智仁)

『불지논소(佛地論疏)』 4권

지통(智通)

『화엄요의문답(華嚴要義問答)』(별칭: 推洞記) 2권

연기(緣起)

『화엄경요결(華嚴經要決)』 12권

『화엄개종결의(華嚴開宗決疑)』 30권

『화엄진류환원낙도(華嚴眞流還源樂圖)』 1권

표원(表員)

『화엄경문의요결(華嚴經文義要決)』 4권

범여(梵如)

『화엄경요결(華嚴經要決)』 6권(혹 3권)

진숭(珍嵩)

『화엄공목기(華嚴孔目記)』 1권

명효(明皛)

『화엄해인삼매론(華嚴海印三昧論)』 1권

의융(義融)

『화엄경석명장(華嚴經釋名章)』 1권

가귀(可歸)

『화엄경의강(華嚴經義綱)』 1권

도신(道身)

『화엄일승법문(華嚴一乘法門)』(별칭: 道身章) 2권

법융(法融)

『법계도기(法界圖記)』(별칭: 法融記)

이상의 저술 이외에도 화엄승이 남긴, 그러나 기록에 나타나지 않은 수많은 화엄관계 저술들이 바탕이 되어 신라 중대에서 하대에 이르기까지의 사회 각 방면에 화엄문화를 형성하게 되었다.

신라 중대, 경덕왕대의 화엄사상

신라 중대의 거의 마지막 군주가 경덕왕이다. 앞에서 보았듯이 이 당시 신라 사회에서 불교는 서민들의 삶에까지 깊은 영향을 줄 정도로 뿌리내렸다. 그와 아울러 사상적 · 교학적 발전도 진전되어 갔고, 그 상황이 『삼국유사』의 「현유가해화엄(賢瑜珈海華嚴)」에 잘 나타나 있다.

유가종의 개조 대현(大賢, 태현이라고도 함) 대덕은 남산(南山) 용장사(茸長寺)에 거하였다. 절에 미륵석조장육상이 있었는

> 데, 대현이 항상 그 둘레를 돌면 불상 또한 대현을 따라 얼굴을 돌렸다. 대현은 지혜롭고 분명하고 정밀하고 민첩해서 판단하고 분별하는 것이 명백했다. 대개 법상종(法相宗)의 전량(銓量)은 뜻과 이치가 그윽하고 깊어서 나누어 밝히기가 매우 어렵다. 때문에 중국의 명사 백거이(白居易)도 일찍이 이것을 궁구하였으나 이루지 못하였고 이에 말하였다. "유식(唯識)은 그윽하여 풀이하기 어렵고 인명(因明)은 나누어도 열리지 않는다." 이 때문에 학자들이 이어받는 것을 어려워하는 것이 보통이었다. 대현은 홀로 그 잘못된 것을 바로잡고 잠시 그윽한 뜻을 깨우쳐 여유 있게 이치를 분석하였다. 동국의 후학들은 다 그 가르침을 따랐고, 중국의 학사들도 종종 이를 얻어 안목(眼目)으로 삼았다.[13]

경덕왕대에 활약한 대현은 대덕으로 불릴 정도의 고승이었다. 화엄을 공부한 후 법상(法相)을 익혀 신라 유가종의 개조가 되었다. 유식사상을 기반으로 하는 법상, 유가종은 화엄종과 함께 신라의 양대 교학불교로 자리 잡았다. 대현은 원효와 쌍벽을 이룰 정도의 학승이었으며, 모두 52종의 저서를 남겼지만 현재 『성유식론고적기(成唯識論古迹記)』 『기신론내의약탐기(起信論內義略探記)』 『범망경고적기(梵網經古迹記)』 등 5종이 남아 있다. 경덕왕 당시 어느 해에 가뭄이 들어 곤란을 겪고 있을 때, 왕은 대현을 왕궁으로 불러들여 『금광명경(金光明經)』을 강론하게 하고 재(齋)를 연 적이 있다. 이때 우물이 말라 대현이 법력으로 우물물이 일곱 자

13 『삼국유사』「의해」, 현유가해화엄

나 솟게 한 적이 있다.

그런데 『삼국유사』에는 대현과 함께 화엄 고승으로 법해(法海)를 소개하고 있다. 중대 말기부터는 의상의 제자들인 부석사 계열의 화엄 승려 이외에 황룡사를 중심으로 하는 일군의 화엄 승려들이 나타나 왕성한 활동을 하게 된다. 법해(法海), 연기(緣起), 표원(表員) 등이 그들이며, 『삼국유사』에서는 대현과 법해, 즉 유가종과 화엄종의 대결 구도를 만들어 소개한 것이다.

> 갑오년 여름에 왕이 또 대덕 법해(法海)를 황룡사(黃龍寺)에 청해 『화엄경』을 강론하게 하고, 가마를 타고 행차하여 향을 피우고 조용히 일러 말하였다. "지난 여름에 대현법사가 『금광명경』을 강론하여 우물의 물이 7장이나 솟아나왔다. 당신의 법도(法道)는 어떠한가?" 법해가 대답하여 말하기를 "그것은 특히 조그만 일이니 어찌 칭찬하기 족하겠습니까? 바로 창해(滄海)를 기울여서 동악(東岳)을 잠기게 하고 경사(京師)를 떠내려가게 하는 것도 또한 어려운 바가 아닙니다."라고 하였다. 왕은 그것을 믿지 않고 농담으로 여겼을 뿐이다. 오시(午時)에 강론을 하는데 향로를 끌어 놓고 고요히 있으니, 잠깐 사이에 궁중에서 갑자기 우는 소리가 나고, 궁리(宮吏)가 달려와서 보고하였다. "동쪽 연못이 이미 넘쳐서 내전(內殿) 50여 칸이 떠내려갔습니다." 왕이 망연자실하니, 법해가 웃으며 말하기를 "동해가 기울고자 하여 수맥(水脈)이 먼저 넘친 것뿐입니다."라고 하였다. 왕이 자기도 모르게 일어나 절을 하였다. 다음날 감은사(感恩寺)에서 아뢰기를 "어제 오시(午時)에 바닷물이 넘쳐서 불전(佛殿)의 섬

돌 앞까지 이르렀다가 저녁 무렵에 물러났습니다."라고 하였다. 왕이 더욱 그를 믿고 공경하였다.[14]

이 설화는 법해의 법력이 대현을 능가한다는 것이지만, 화엄사상의 우월성도 함께 드러내고 있다. 설화의 전파로 인하여 화엄사상과 화엄 승려에 대한 믿음을 한층 강화하게 된다. 그리고 이 설화에서 두 고승이 왕궁에서 경전을 강론했다는 것을 주목할 필요가 있는데, 비록 의례에서의 강론이기는 하지만 분명히 당시 참석자들을 대상으로 한 불교교육의 행사였다. 원성왕대(785~799)에도 왕이 지해(智海)라는 승려를 왕궁으로 초청하여 50일간 『화엄경』을 강연하게 한 기록이 있는데,[15] 이 역시 왕궁에서의 경전 강의인 만큼 상징적인 의미가 있다.

연기법사의 『화엄경』 사경

이 시대의 또 한 명의 화엄 고승으로 연기(緣起)법사가 있다. 그의 생몰연대나 사적은 자세하지 않다. 80화엄의 일부를 무진주와 완산주 지방 사람들을 동원해 6개월여에 걸쳐 사경 작업을 했다. 또 지리산에 화엄사를 창건한 당사자라고 하기도 한다.[16] 연

14 『삼국유사』「의해」, 현유가해화엄.

15 『삼국유사』「기이」, 원성대왕.

16 이기백, 「신라 경덕왕대 화엄경 사경 관여자에 대한 고찰」, 『역사학보』 83, 1979, 130-131쪽. 지리산대화엄사의 홈페이지에는 대화엄사의 창건에 대해 "백제 성왕 22년(544)에 인도 스님이신 연기조사께서 대웅상적광전과 해회당을 짓고 화엄사를 창건"했다고 적고 있다.

기법사가 경덕왕 13년(754)에 자신의 부모를 위하여 발원하여 다음 해인 755년에 완성한 백지묵서『대방광불화엄경』이 남아 있는데(1979년에 황룡사지 발굴 조사에서 발견되어 국보 196호로 지정되었고, 현재 리움미술관에 소장되어 있다), 이에 따르면 사경에 참여한 19명의 인명과 사경 제작 방법, 의식 절차가 기록되어 있다.

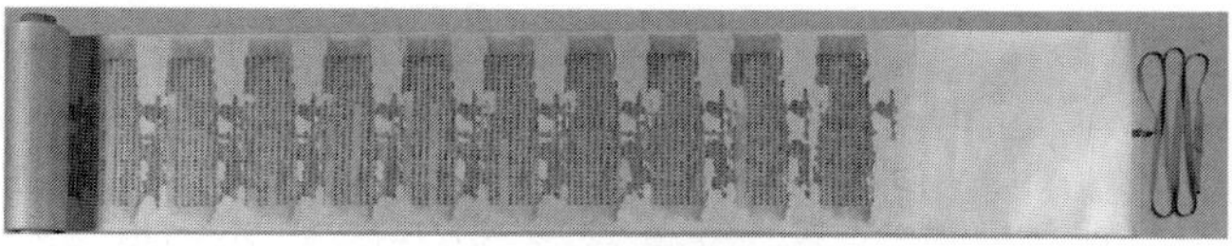

[그림 10-2] 신라백지묵서『대방광불화엄경』
출처: 국가유산청.

천보(天寶) 13년 갑오년(754) 8월 1일에 시작하여 을미년(755) 2월 14일에 (화엄경 사경) 1부를 두루 마치어 이루었다. 조성한 서원(誓願)의 취지는 황룡사(皇龍寺)의 연기(緣起)법사가 만드셨으니, 첫째는 은혜를 주신 아버님을 위한 것이며, 둘째는 법계(法界) 일체의 중생 모두를 성불(成佛)케 함이었다. 경(經)을 만드는 법은, 닥나무 뿌리에 향을 달인 물을 뿌려 자라게 하며, 연후에 혹 닥나무 껍질을 벗기고 벗겨 낸 껍질을 연마한다. 지작백사(紙作伯士)나 경사필사(經寫筆師)나 경심장(經心匠)이나 불보살상필사(佛菩薩像筆師)나 주사인(走使人)이나 [모두] 보살계를 받도록 하고 재식(齋食)을 먹게 한다. 위의 여러 사람이 만약 대소변(大小便)을 하거나 누워 자거나 먹고 마시거나 하면 향을 달인 물을 써서 목욕시켜야만 경을 베껴 쓰는 곳에 들어가게 한다. 경을 베껴 쓸 때에 청정하게 한 새 정의(淨衣), 휘(褌), 수의(水衣), 비의(臂衣), 관

> (冠), 천관(天冠)으로 장식을 시킨 두 명의 청의(靑衣) 동자가 관정침을 받들며, 또 청의 동자에 붙여 네 기악인이 모두 기악하며, 또 한 사람이 향을 달인 물을 가는 길에 뿌리며, 또 한 사람이 꽃을 받들어 가는 길에 뿌리며, 또 한 법사가 향로를 받들어 이끌며, 또 한 법사가 범패를 불러 이끌며, 여러 필사가 각기 향과 꽃을 받들어서 경을 외우며 행렬을 지어 경을 베껴 쓰는 곳에 이르면 삼보에 귀의하고 세 번 큰절을 하고 부처와 보살에게『화엄경』을 공양한 이후에 자리에 올라 경을 베껴 쓴다. 경심(經心)을 만들며 부처와 보살의 상을 지을 때에 청의 동자와 기악인들을 제외하고 나머지 순정한 법은 위와 같다. 하나의 경심 안에 1매씩 사리를 넣는다.[17]

원래 사경은 경전의 서사(書寫) 행위를 일컫는 말로, 경전의 유통분에서 수지, 독송과 함께 그 공덕이 크다고 하였다. 신라시대에는 이러한 사경이 단지 경전의 유통을 넘어 그 자체로 수행의 의미를 부여하고 있다. 사경은 글을 쓰는 이(경사필사)뿐 아니라 닥나무 채취에서부터 종이를 만드는 사람(지작백사), 두루마리를 만드는 사람(경심장), 변상도를 그리는 사람(화사) 등 참가하는 모든 사람이 보살계를 받아야 한다. 이는 사경이 단지 글을 옮겨 적은 행위 이상의 의미가 있음을 말한다. 또한 사경은 여러 엄정한 의식 절차가 따랐으며, 그 자체가 하나의 교육적 의미가 있는 의례라 할 수 있다. 이는 오늘날 우리가 문자를 대하는 태도와는 근

---

17 국사편찬위원회,「사료로 본 한국사」(https://contents.history.go.kr/front/hm/view.do? levelId=hm_040_0070).

본적으로 차이가 있다. 우리는 문자에 단지 지식 획득의 수단 혹은 의사소통의 수단으로서의 의미를 부여하고 있을 뿐이다. 그러나 신라인이 글을 대하는 태도, 특히 경전을 대하는 태도는 그야말로 부처님을 대하는 것과 다름없다. 그래서 경전을 법사리라고 하고, 사경은 법사리로 부처님이 나투는 것이라 보았다. 더구나 이때의 사경은 신역『화엄경』의 사경으로, 이 경전이 신라 사회에 들어온 지 얼마 되지 않은 상황이었다.

돌을 대상으로 강의한 승전

의상 이후에도 승전(勝詮), 원표(元表), 범수(梵修) 등 여러 승려가 입당하여 화엄학을 수학하고 와 법석을 열었다. 그중 승전은 의상의 동문인 법장(643~712)의 문하에서 수학하고 효소왕 원년(692)에 돌아와 법장의 편지, 저술 등을 의상에게 전하였다. 그 편지의 내용은 "『탐현기(探玄記)』 스무 권에 두 권은 아직 완성하지 못했고, 『교분기(敎分記)』 세 권, 『현의장(玄義章)』 등 잡의 한 권, 『화엄범어(華嚴梵語)』 한 권, 『기신소(起信疏)』 두 권, 『십이문소(十二門疏)』 한 권, 『법계무차별론소(法界無差別論疏)』 한 권을 아울러 승전법사에게 부탁하여 베껴서 고향으로 보냅니다."라고 되어 있었다. 이를 보면, 중국과 신라의 인적 왕래는 물론이고 그를 통하여 그들의 저술이 오고 갔음을 알 수 있다. 즉, 지의 교류가 활발하게 일어나고 있었던 것이다.

또 주목할 점은 승전이 상주(尙州) 영내 개령군(開寧郡)에서 정려(精廬)를 개창하고서 돌들을 관속(官屬)으로 삼아 화엄을 강설하기 시작했다는 기록이다. 이에 대해 사학자 김복순은 승전이 돌아올 때까지 신라 사회에 아직 『화엄경』을 들을 만한 분위기가 조성되어 있지 않았다는 것을 나타내 주는 자료로 파악하였다.[18] 그러나 나는 이 설화의 의미를 다른 각도에서 파악해야 한다고 본다. 당시 그의 강의를 들을 청중이 실제 있고 없고는 또 다른 역사적인 문제이고, 이 설화에서는 돌과 인간을 구분하는 것은 의미가 없다. 즉, 법계연기의 입장에서 볼 때, 돌은 인간일 수 있고, 인간이 곧 돌일 수 있다는 것이다. 그리고 승전이 귀국하여 설령 돌을 놓고 강의했다 하더라도 그 행위는 들을 대상의 유무로 판단할 수 있는 것이 아니다. 화엄학의 대가인 법장 문하에서 화엄사상을 공부한 승전이 이를 모르고 돌을 대상으로 삼아 강의했을 리가 없는 것이다. 돌과 인간을 별개의 것으로 보는 사법계에 집착하는 당시 많은 사람의 생각에는 '걸림'이 있어 이해하기 곤란했을 것이고, 이가 설화거리가 된 것이 아닌가 한다. 사사무애 법계의 화엄세계에서는 돌과 인간의 구분이 있을 수 없고, 여기서 빈부귀천을 따진다는 것은 우스운 일이 되고 만다.

신라 하대의 화엄결사

신라 하대가 되면 화엄사상가들은 왕실과 밀접한 관계를 가지면서 화엄결사를 주도한다. 수행과 불사 등을 위해 결성된 신앙단체인 화엄결사의 경우, 8세기 초에 처음 등장하고 9세기 말에는 상당히 성행하게 된다. 『삼국유사』에 의하면, 성덕왕 4년(705)

---

18 김복순, 『신라화엄종연구』, 민족사, 1990, 43쪽.

[그림 10-3] 상원사 문수동자상
출처: 국가유산청.

에 왕이 오대산에 진여원(지금의 상원사)이라는 사원을 개창하고, 문수보살상을 안치했다. 그리고 영변 등 다섯 명의 승려로 하여금 『화엄경』을 오래 전독케 하고, 화엄사(華嚴社)를 조직하여 계속 비용을 대도록 하였다.[19] 즉, 왕위에 오른 태자 효명이 전날 자신의 수도처를 개창한 것이 진여원이고, 화엄결사를 만든 것이 화엄사인데, 결사와 관련해서는 다음과 같은 상세한 설명이 남아 있다.[20]

> 황색 방위인 중대의 진여원의 가운데는 니상(泥像)으로 된 문수보살 부동상을 모시고 뒷벽에는 황색 바탕에 그린 비로자나불을 으뜸으로 한 36문수보살을 모셔라. 복전 다섯 명으로 하여금 낮에는 『화엄경』과 『육백반야경』을 읽고, 밤에는 문수보살 예참을 염송하고 이곳을 화엄사(華嚴社)라 일컬어라. 보천암을 개창하여 화장사(華藏寺)라 하고, 원상의 비로자나 삼존과 대장경을 모셔라. 복전 다섯 명이 낮에는 대장경을 읽고, 밤에는 화엄신중을 염송할 것이며, 매년 100일 동안 화엄회(華嚴會)를 베풀고 이곳을 법륜사(法輪社)라 일컬어라. 이 화장사를 오대사(五臺社)의 본사로 삼아 굳게 지키도록 하라. 여기에는 정행 복전에게 명하여 길이 향화를 계

19 『삼국유사』「탑상」, 대산오만진신.
20 『삼국유사』「탑상」, 대산오만진신.

> 속하게 하라. 그리하면 국왕은 오래 살고 백성은 편안할 것이며 문무가 화평하고 백곡이 풍성할 것이다. 또 하원에는 문수갑사(文殊岬寺)를 배치하여 사(社)의 도회(都會)로 삼아라. 여기에는 복전 일곱 명에게 밤낮으로 화엄신중의 예참을 행하도록 하라.

이를 보면 화엄사상은 대표적인 교학불교이지만 이론적 탐구에 그치지 않고 신앙으로까지 전개된 모습을 볼 수 있다. 그리고 결사의 내용 역시 신앙 의례로만 그친 것이 아니고 화엄 경전을 비롯한 『반야경』 등 대장경 공부도 포함되어 있는 점은 불교교육사에서 주목할 부분이다.

이 밖에 『원종문류(圓宗文類)』에 남아 있는 최치원의 글에는 네 종류의 결사 원문이 있는데, '고종남산지어화상보은사회원문(故終南山智儼和尙報恩社會願文)' '해동화엄초조기신원문(海東華嚴初祖忌晨願文)' '화엄사회원문(華嚴社會願文)' '화엄경사회원문(華嚴經社會願文)'이 그것이다. 앞 둘은 화엄 종사(宗師)를 추모하기 위한 결사이고, 세 번째 것은 화엄 승려의 명복을 빌기 위한 것이며, 마지막 것은 882년 정강왕이 그의 형 헌강왕의 명복을 빌기 위해 조직한 것이다.[21] 이처럼 신라 하대에는 화엄사상이 결사 등의 신앙 운동으로 전개되었으며, 이 배후에는 왕실의 지원이 있었다.

9세기경부터 조성되기 시작한 비로자나 불상의 건립을 통해서도 신라 하대에 화엄신앙이 어떻게 전개되어 갔는지를 알 수 있다. 9세기가 되면 화엄 종단에서도 아미타불 대신 비로자나불을

---

21 김상현, 「신라화엄사상사연구」, 동국대학교 대학원 박사학위논문, 1990, 122–125쪽.

주존불로 모시게 된다. 경주의 숭복사(崇福寺)에서 860년대에 비로자나불이 모셔졌다는 기록이 있으며, 법수사(法水寺), 도피안사(到彼岸寺) 등 많은 사찰에서 화엄 본존불로 비로자나 불상을 건립하게 된다.[22] 그런데 도피안사의 비로자나 철불좌상은 향도불(香徒佛)이라는 제목하에 명문이 남아 있다. 거사 1,500여 명이 결연하여 이 불상을 조상하였다는 말이다. 물론 이 신앙결사의 종류나 형태 등이 기록되어 있지 않아 화엄사상과의 관련성을 명확히 규정하기는 어려운 한계는 있다.

화엄 사찰의 건립과 화엄사상의 전개

신라의 화엄 사찰은 앞서 잠깐 언급한 바와 같이 이른바 '화엄십찰'로 대표되는데, 『삼국유사』에는 "의상은 이에 열 곳 절에서 가르침을 전하게 하니, 태백산의 부석사, 원주의 비마라사, 가야산의 해인사, 비슬산의 옥천사, 금정산의 범어사, 남악의 화엄사 등이 이것이다."라 기록되어 있다.[23] 그런데 9세기 초 최치원이 쓴 『법장화상전』의 주석에는 "해동 화엄대학은 10산에 있다. 중악공산 미리사, 남악 지리산 화엄사, 북악 부석사, 강주 가야산 해인사, 보광사, 웅주 가야협 보원사, 계룡산 갑사, 삭주 화산사, 양주 금정산 범어사, 비슬산 옥천사, 전주 모산 국신사, 한주 부아산 청담사와 같은 것이 이 10여 소이다."라고 기록되어 있는데,[24] 『삼

22 문명대, 『한국조각사』(선사시대에서 통일 신라시대까지), 열화당, 1980, 240쪽.
23 『삼국유사』「의해」, 의상전교.
24 최치원, 『법장화상전』『한국 불교전서』 3, 775c면.

跡露於後 至比丘尼衆從問道者多誦
晋經 大都稟教僧尼僉以護律栖禪爲
恒務 卽知華嚴本祖自阿難海而來龍
猛佛賢禪風靡墜 觀行雙翼可缺一乎
初藏與●海東義想法師同學。其後藏印
師說演述義科寄示於想 仍寓書曰 夙
世同因 今生同業得於此報 俱沐大經
特蒙先師授玆奧典 希傍此業用結來
因 但以和上章疏義豐文簡致令後人
多難趣入 是以具錄微言妙旨勒成義
記 傳之彼士 幸示箴誨 想乃目閱藏
文如耳聆儼訓 掩室探討 涉旬方出 召
門弟子可器爲者四英(眞定相圓亮元表訓) 俾分講
探玄 人各五卷 告之曰 博我者藏公
起予者爾輩 因栩出栩 執柯伐柯 各
宜勉旃無自欺也 且海表覺母 想爲始
祖 然初至止若東家丘 及法信遐傳得
釐迷偏晩 斯實闡燭龍之眼頓放光明
織火鼠之毛谷彰寄特 誘令一國學徧
十山(海東華嚴大學之所有十山焉 中岳公山美理寺 南岳智異山華嚴寺 北岳浮石寺 康州迦耶山海印寺 普光寺 熊州迦耶峽普願寺 雞龍山岬寺 括地志所云雞龍山是 朔州華山寺 良州金井山梵語寺 毗瑟山玉泉寺 全州母山國神寺 更有如漢州負兒山靑潭寺也 此十餘所) 雜華盛
耀蟠桃 蓋亦藏之力爾 日出月走俱在
●第十五葉。●第十六葉。●第十七葉。

[그림 10-4] **법장화상전**
출처: 한국 불교전서.

국유사』의 기록은 십찰을 중심으로 기록한 것이고, 뒤의 것은 십산을 중심으로 기록한 것이다. 그러나 둘 다 정확히 숫자 10을 말한 것은 아니고, 당시(의상이 살았을 때가 아니고 신라 하대임)에 많은 수의 화엄 사찰이 있었다는 것을 표현한 것이며, 그 대표적인 절을 기록해 둔 것이다.

이렇게 화엄 사찰들을 이야기하는 까닭은 사찰의 기능과 관련이 있다. 우리 고대사회, 특히 신라 사회에서의 사찰은 종교 활동의 중심지로서 승려들에게는 수도 활동의 장소요, 신도들에게는 참배의 장소로서 종교적 기능을 수행함은 물론이다. 그러나 이에 그치지 않고 사회 문화적 기능, 예술적 기능, 아울러 교육적 기능도 수행해 왔음도 주목해야 한다.[25] 부석사, 해인사, 화엄사, 범어사 등은 화엄 종찰로서의 역할은 물론 종합문화센터로서의 역할도 아울러 수행했다. 실제로 화엄사상과 화엄 문화는 왕실과 귀족, 지식인, 서민 등 모든 신라인의 삶에 큰 영향을 끼쳤고, 그래서 화엄사상은 한국 불교교육 사상의 큰 자산인 것이다.

25 안경식, 「당대 사원의 세 가지 역할과 정토 사원의 교화 사적」, 한국교육 사상연구회, 『교육 사상연구』 제2집, 1993, 99-100쪽 및 「관음신앙이 한국 고대 교육 문화에 끼친 영향」, 『한국교육 사상연구』 제4집, 1995, 94쪽 등.

제11장

강경 의례와 불교교육

제11장
강경 의례와 불교교육

신라의 각종 불교 의례

불교의 의례는 어느 특정 영역에 한정되지 않고 불교 전반과 관련되어 있다. 한국불교의 의례를 정리한 『석문의범(釋門儀範)』에서는 예경(禮敬), 축원(祝願), 송주(誦呪), 재공(齋供) 등 모두 18가지로 구분한 바 있다.[1] 또 홍윤식은 『불교와 민속』이라는 책에서 불교 의례를 정기 의례와 비정기 의례로 구분하였다. 정기 의례는 세시풍속 의례와 일상 의례로, 비정기 의례는 소재(消災) 의례, 사자(死者) 의례, 영혼 천도 의례, 기타 불공 의례 등으로 구분한 바 있다.[2] 이와 같이 불교 의례는 분류상으로도 다양하며, 실제에 들어가면 수없이 많다. 신라시대에도 여러 불교 의례가 있었을 것이다.

예를 들면, 월명사의 「제망매가」는 죽은 누이의 천도를 위한 재(齋) 의식에서 사용되었을 노래다. 불교는 예전부터 죽은 자를

---

1 안진호, 『석문의범(상)』, 만상회, 1935.

2 홍윤식, 『불교와 민속』, 동국역경원, 1980, 21쪽.

위한 여러 천도(遷度) 의식이 있었다. 대표적인 것으로 천도재, 우란분절 등이 있으며, 이는 교육적으로 매우 의미가 있다. 천도재는 죽은 이를 대상으로 하는 특이한 교육형식으로 현대적으로 보면 죽음대비교육의 성격을 지닌다.[3] 또 우란분절은 한국, 중국, 일본 등 동아시아 각국의 민속과 결부되어 단지 불교 의례로만 인식되지 않고 민족의 전통 의례로 자리 잡았다. 우란분절에 사용되는 탱화로 감로탱화가 있는데, 망자에게 감로의 법을 베풀어 극락왕생을 기원하는 미디어다. 중생들을 위한 그림 교과서인 셈이다.

또 충담사는 중삼(3월 3일)과 중구(9월 9일)에 삼화령 석미륵에 팽다헌공(烹茶獻供) 하였다는 기록도 있다.[4] 3월 3일과 9월 9일은 신라 이래 민족의 명절로 자리 잡고 있고, 이때 절에서는 부처님께 차 등 여러 공양물을 올리는 의례를 행하게 된다. 이 의례는 요즈음도 불보살이나 조사의 추모제나 명절 의례의 하나로 '다례제'라는 이름으로 계승되어 오고 있다. 다선일미(茶禪一味), 다선일여(茶禪一如)라는 말이 있듯이 다례는 그 자체로 수행의 하나로 여기져 왔다.

[그림 11-1] 삼화령 석미륵(경주 남산 장창곡 석조미륵여래삼존상의 오른쪽 협시보살)
출처: 국가유산청.

또『삼국유사』에는 "신라 풍속에 매년 2월 초파일부터 보름까지 도성의 남녀들이 홍륜사에서 다투어 탑돌이를 하며 복을 비는 모

3 안경식,「불교 천도재의 교육적 의미」,『종교교육학연구』제46권, 2014, 97–121쪽 참조.
4 『삼국유사』「탑상」, 생의사석미륵.

임이 있다."라고 하였다.[5] 탑은 원래 부처님의 진신사리를 모시는 것에서 유래했지만, 법사리(法舍利)라 하여 탑 안에 부처님의 말씀인 경전을 넣기도 하였다. 탑돌이 역시 원래 부처님 재세 시에 제자들이 예경의 표시로 부처님의 오른쪽을 세 번 도는 것에서 유래했으며, 신라에서도 중요한 불교 의례이자 민속 의례로 자리 잡게 되었다. 탑돌이 역시 신라 민중들의 공동 수행의 장이란 점에서 교육적 의미를 찾아볼 수 있다. 이와 같이 신라시대에는 수많은 불교 의례가 민속 의례로서 신라인의 생활 속에 작동하면서 사회교육의 하나로 자리 잡고 있었다. 그러나 상세한 자료가 남아 있지 않아 더 이상 논하기는 어렵다.

이 장에서는 여러 불교 의례 가운데 교육과 직접적으로 관련이 있는 강경(講經) 의례에 대해 자세히 알아보기로 하자.[6] 신라에는 주지하듯이 많은 고승들이 있었으며, 이들은 거의 경전을 강설하는 강경의 대가들이었다. 그들의 강경에 대한 기록은 『삼국사기』를 비롯한 여러 문헌에 기록으로 남아 있다. 그러나 이러한 강경도 오늘날의 수업처럼 그냥 이루어진 것이 아니라 반드시 의례가 붙게 된다. 신라의 강경 의례는 크게 국가에 의해 이루어지는 것과 사찰에서 이루어진 것이 있다.

---

5 『삼국유사』「감통」, 김현감호.

6 신라의 강경 의례는 안경식, 「신라시대 불교 강경(講經)의 교육적 의의」, 『종교교육학연구』 제52권, 2016, 71-101쪽의 내용의 일부를 다시 정리한 것이다.

국가 차원의 강경 의례: 백좌강회

국가 차원에서 거행하는 강경 법회도 여러 종류가 있다. 먼저, 고승들이 중국에서 유학하고 돌아왔을 때 기념 법회를 여는 경우가 있다. 자장법사는 귀국 후 궁에 들어가 강경을 하기도 하였고, 황룡사에서 강의를 하기도 하였다.

또 국가에 어려움이 있을 때 국왕이 개인적으로 이름 있는 승려들을 초청하여 강경 법회를 여는 경우가 있다. 경덕왕 때인 753년에 가뭄이 심해 왕이 대현 스님을 초청해 『금광명경』을 강하게 하여 단비를 빌었으며, 이듬해에는 왕이 법해 대덕을 초청해 황룡사에서 『화엄경』을 강하게 한 적이 있다.

이러한 강경 법회를 조금 더 형식적이고, 대규모로 개최한 것이 백좌강회(百座講會)다. 백좌강회는 백고좌회, 백고좌강경회, 인왕경회, 인왕도량 등 여러 이름으로 불리기도 한다.[7] 백좌강회는 국가에 특이한 변고가 있다든지 할 때 개최하는 법회인데, 이

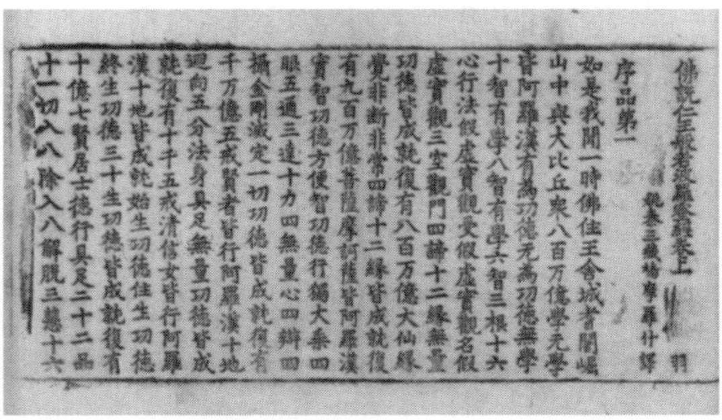
佛說仁王般若波羅蜜經卷上
姚秦三藏法師鳩摩羅什譯
序品第一
如是我聞一時佛住王舍城耆闍崛
山中與大比丘衆八百万億學無學
皆阿羅漢有為功德無為功德無學
十智有學八智有學六智三根十六
心行法假虛實觀受假虛實觀名假
虛實觀三空觀門四諦十二緣無量
功德皆成就復有八百万億大仙緣
覺非斷非常四諦十二緣皆成就復
有九百万億菩薩摩訶薩皆阿羅漢
實智功德方便智功德行獨大乘四
眼五通三達十力四無量心四辯四
攝金剛滅定一切功德皆成就復有
千万億五戒賢者皆行阿羅漢十地
迴向五分法身具足無量功德皆成
就復有十千五戒清信女皆行阿羅
漢十地皆成就始生功德住生功德
終生功德三十生功德皆成就復有
十億七賢居士德行具足二十二品
十一切入八除入八解脫三慧十六

[그림 11-2] **인왕반야바라밀경**
출처: 불교기록문화유산 아카이브.

7 백좌강회의 명칭은 시대에 따라 여러 가지가 있는데, 그 가운데 백좌강회와 인왕도량(283쪽의 사례 ④가 인왕도량의 명칭으로 설치되었다)이 별개의 것인지 같은 것인지도 논란이 있다. 신라시대의 사례를 다루는 여기서는 일단 같은 것으로 보았다.

때 호국 경전으로 알려진『인왕반야경』[원명은『불설인왕반야바라밀경(佛說仁王般若波羅蜜經)』]을 읽게 된다. 이 경전은 "열여섯 큰 나라 왕의 뜻이 국토를 보호할 인연을 묻고자 하는 것임"을 알고, 모든 보살을 위하여 불과(佛果)를 보호하는 인연과 10지행(地行)의 인연을 설하는 것으로 법문이 시작된다.[8] 그리고 5품「호국품」에 이르러서는 부처님이 대왕들에게 국토를 바르게 보호하는 법용(法用)을 설하는데, 이것이 백좌법회의 기본적인 의례를 구성하게 된다. 그에 따르면, "국토가 어지러워지고 파괴되고 겁탈되고 불태워지며 도적이 와서 나라를 파괴하려 할 때 백의 불상과 백의 보살상과 백의 나한상을 모시고 백의 비구 대중과 사부 대중(四衆)과 일곱 대중(七衆)과 함께 백 명의 법사에게 반야바라밀을 강설하여 주기를 청하여 들으며, 백 사자후(師子吼)의 높은 자리 앞에서 백 개의 등(燈)을 켜고, 백 가지를 섞은 향(百和香)을 태우고, 백 가지 색의 꽃을 가지고 삼보에 공양하고, 세 가지 옷(三衣)과 집물(什物)을 법사에게 공양하고, 소반(小飯) · 중반(中飯)도 또한 때에 맞출 것이다. 대왕이여, 하루 두 번 이 경을 강독하라."라고 되어 있다.[9] 이러한 백좌강회는 신라뿐 아니라 고려에는 더욱 빈번히 설행되어 한국 불교의 성격을 호국불교로 규정하게 하는 데 일정 부분 기여하였다고 여겨진다.

강경이 중요한 부분을 차지하지만 강경의 목적 역시 교학의 이

---

8 한글대장경『불설인왕반야바라밀경(佛說仁王般若波羅蜜經)』「관공품(觀空品)」.
불교기록문화유산 아카이브(https://kabc.dongguk.edu/).

9 한글대장경『불설인왕반야바라밀경(佛說仁王般若波羅蜜經)』「호국품(護國品)」.
불교기록문화유산 아카이브(https://kabc.dongguk.edu/).

해에 있는 것이라고 하기보다는 경전의 공덕을 빌어 국가에 도움을 주겠다는 것에 있다 할 수 있다. 따라서 개인적 차원에서 이루어지는 강경보다는 의례적 특성이 분명히 드러나는 법회라고 할 수 있다.

신라의 백좌강회

신라에서 백좌강회가 개설된 기록을 연도별로 정리하면 다음과 같다.

① 진흥왕 12년(551), 거칠부는 혜량법사를 데리고 신라로 돌아와서 왕에게 뵈니, 왕은 그를 승통으로 삼아 처음으로 백좌강회와 팔관회를 열었다. (『삼국사기』「열전」, 거칠부)

② 진평왕 35년(613), 수나라 사신 왕세의(王世儀)가 황룡사에 이르자 백고좌를 베풀어 원광 등 법사를 맞이하여 불경을 강설했다. (『삼국사기』「신라본기」, 진평왕)

③ 선덕왕 5년(636), 왕이 병이 나서 치료도 하고 기도도 올렸으나 효험이 없었다. 황룡사에서 백고좌회를 열어 승려들을 모아 『인왕경』을 강설하고, 100명에게 도승(度僧)을 허락하였다. (『삼국사기』「신라본기」, 선덕왕)

④ 성덕왕 5년(706), 흉년이 들어 인민들의 굶주림이 심했다. 이듬해(707)에 백성들을 구휼하였다. 왕은 태종대왕을 위해 봉덕사를 세우고, 이레 동안 인왕도량을 설치하고, 모든 죄인을 사면했다. (『삼국유사』「기이」, 성덕왕)

⑤ 혜공왕 15년(779), 서울에 지진이 나서 백성들의 집이 무너지고 죽은 사람이 100여 명이나 되었다. 금성이 달에 들어가므로 백좌법회를 열었다. (『삼국사기』「신라본기」, 혜공왕)

⑥ 헌강왕 2년(876), 황룡사 승려들에게 재를 베풀고 백고좌강경회를 열었다. 왕이 몸소 행차하여 들었다. (『삼국사기』「신라본기」, 헌강왕)

⑦ 헌강왕 12년(886), 왕이 병이 나서 국내의 옥에 갇힌 죄수들을 용서해 놓아주고 또 황룡사에 백고좌강경회를 열었다. (『삼국사기』「신라본기」, 헌강왕)

⑧ 정강왕 2년(887), 황룡사에서 백고좌회를 열었는데 왕이 친히 행차하여 강의를 들었다. (『삼국사기』「신라본기」, 정강왕)

⑨ 진성왕 원년(887), 황룡사에서 백좌를 베풀고 왕이 몸소 행차하여 강의를 들었다. (『삼국사기』「신라본기」, 진성왕)

⑩ 경애왕 원년(924), 황룡사에서 백좌강설회 겸 선승 300명에게 반승(飯僧)을 하고 왕이 친히 가서 향공양을 올렸다. 이것이 백좌통설선교(百座通說禪教)의 시초였다. (『삼국유사』「기이」, 경애왕)

앞의 내용을 보면, 『인왕반야경』의 내용과 마찬가지로 지진이나 기근과 같은 국가의 재난이나 왕의 병환 등의 이유로 백고좌회를 개최했음을 알 수 있다.[10](③, ④, ⑤, ⑦의 경우) 그러나 특별한 재난이 없는 경우에도 백좌강회가 열린 경우도 적지 않은데, 즉위년

10 이 열 번의 백고좌회가 열렸을 당시의 국내외 상황에 대해서는 김복순의 「신라의 백고좌법회」, 동국대신라문화연구소, 『신라문화』 제36집, 2010년 8월, 81-112쪽에 상세히 논의되어 있다.

이나 그 이듬해에 열린 경우(⑥, ⑧, ⑨, ⑩의 경우)는 임금과 나라의 안녕을 축원하는 일종의 즉위 의례의 성격으로 보아야 할 것이다. ②의 경우는 진평왕대의 일인데, 국가 사찰인 황룡사에서 수나라 사신 왕세의가 온 것을 계기로 당시 수나라에서 귀국한 원광을 법사로 초청하여 불법을 강설한 것이다. 그리고 ①은 거칠부와 인연이 있던 고구려의 혜량법사를 신라로 받아들여 처음 백고좌회를 열었다는 기록이다. 그런데 이는 단지 신라의 최초의 백고좌회에 그치지 않고 동아시아 사회에서 최초의 기록이다.

중국의 경우, 『불조통기(佛祖統紀)』(卷37, 法運通塞志, 陳, 永定3年條)에 의하면 559년인 진(陳) 영정(永定) 3년에 칙명으로 인왕대재(仁王大齋)를 설하였다고 하였다. 그 후 진(陳)의 지덕(至德) 3년(585)에 지의(智顗)대사를 청하여 태극전에서 『인왕반야경』을 강설하였다 하고, 당대에 들어서는 정관 3년(629)에 태종이 태극전에서 인왕반야경을 설하도록 했다는 기록이 있다. 일본의 경우는, 제명천황(齊明天皇) 6년(660)에 거행한 것이 최초다. 그리고 천무천황(天武天皇) 5년(677)과 지통천황(持統天皇) 7년(693)에도 거행하였고, 그 후 나라(奈良)와 헤이안(平安) 시대에도 성행했다고 한다. 물론 학자들은 당시의 불교문화의 흐름이 중국에서 한반도로 유입되는 상례로 보아 신라에서 동아시아 최초로 거행되었다는 이 기록에 의문을 제기하기도 한다.[11]

11 安田純也, 新羅における講經儀礼の受容, 『東アジアの儀礼と宗教』, 東京, 雄松堂出版, 2008, 326쪽.

백좌강회의 실제

다음으로, 신라의 백고좌회가 실제 어떻게 열렸는지를 알아보아야 하는데, 일단 앞의 기록으로서는 그 내용을 알기 어렵다. 알 수 있는 것은 100명의 고승을 초청해 경전의 강설이 있었다는 것(②의 경우), 100명의 도승을 허락하였다는 것(③의 경우), 일주일 동안 행해졌다는 것(④의 경우), 죄인을 방면했다는 것(④와 ⑦의 경우), 반승을 행하였다는 것(⑩의 경우) 등이다. 국왕이 직접 참여했다는 기록은 즉위 의례의 성격을 가지는 ⑥, ⑧, ⑨, ⑩의 경우에만 있다. 그 밖의 경우에도 국왕이 개설의 주관자로 암시되어 있거나, 설령 그러한 내용이 없더라도 이 의례는 국왕이 아닌 다른 사람이 개설할 수 없는 행사다. 이를 감안하면 국왕이 거의 참여했다고 보아야 한다. 참여한 국왕은 직접 독경을 하거나(경전에 "대왕이여, 하루 두 번 이 경을 강독하라."라고 되어 있기 때문에), 고승의 강의를 듣거나(경전에 "100명의 법사에게 반야바라밀을 강설하여 주기를 청하여 들으며"라고 되어 있기 때문에) 했을 것이다.

결국 신라에서 설행된 이러한 백좌강회는 한편으로는 경전의 힘을 빌려 국가나 왕의 안녕과 건강을 기원하는 공덕 기도 법회의 성격을 지닌다. 아울러 당대의 고승을 초청하여 경전을 강설하게 하고 그것을 국왕이나 귀족들이 청강하는 강경 법회의 성격도 있다. 그렇다면, 강경법회의 측면에 주목한다면 백좌강회는 교육적 행사라고 볼 수 있다. 다만, 이 교육은 일반인을 대상으로 한 교육이 아니라 국왕 교육의 의례라고 볼 수 있다. 실제 이 자리에는 국사(國師)를 비롯한 당대의 고승들이 모두 참여했을 것이고(파계와 무애행이 사회적 관심이 되었던 원효의 경우는 특별한 경우이지만), 그들은 반야바라밀의 지혜의 가르침을 국왕에게 충분히 강했을 것이기 때문이다.[12] ②의 예에서 보듯이 국가사찰인 황룡사에서 행해진 백고좌회에서는 원광이 으뜸 자리에 앉았으며, 강경에 능한 원광은 이때 충분히 국왕을 비롯한 참여자들에게 반야 지혜에 대한 강설을 행했을 것이고, 그렇다면 백고좌회는 군주교육인 '성학(聖學)'이 이루어진 강경 법회라는 의미를 지닌다고 할 수 있을 것이다.

적산법화원의 강경 의례

[그림 11-3] 엔닌적산법화원의 장보고 상

출처: 日本延暦寺.

신라시대에는 신라 사회 내에서도 다양한 강경 활동이 전개되었음을 알 수 있다. 그러나 아쉽게도 강경 활동이 구체적으로 어떠한 모습으로 전개되었는지에 대해서는 기록이 남아 있지 않다. 이런 가운데 일본의 승려 엔닌(圓仁, 794~864)이 남겨 놓은 기록(『입당구법순례행기(入唐求法巡禮行記)』)에 신라 적산(赤山) 법화원(法花院)의 법회 장면이 있고, 그

12 김종명, 「'호국불교' 개념의 재검토-고려 인왕회의 경우-」, 한국종교학회, 『종교연구』 21, 2000, 93-120쪽에서는 고려 인왕회, 즉 백좌강회가 호국불교의 상징으로 되어 있으나 재고가 필요하다고 하였으며, 인왕에 의한 호국의 의미는 지혜에 대한 이해와 실천이라는 이기영의 견해(이기영, 「인왕반야경과 호국불교: 그 본질과 역사적 전개」, 단국대동양학연구소, 『동양학』 5, 1975, 491-521쪽)에 주목했다.

속에 강경 의례와 관련한 상세한 내용이 기록되어 있다. 이 절은 산동성(山東省) 등주(登州) 문등현(文登縣) 적산촌(赤山村)에 있는 절로, 장보고에 의해 설립되었다. 따라서 비록 중국에 있는 절이기는 하나 다수의 신라 승려들에 의해 운영되고 있었으며 신라 불교의 전통이 상당히 반영되어 있었다.

『입당구법순례행기』에는 불교 관계 기사가 많이 수록되어 있고, 그 가운데 중국 사찰의 강경 기록이 더러 보인다. 엔닌 일행은 839년 6월에 적산에 도착하여 이듬해 2월까지 그곳에 머물며, 법화원에 대한 상세한 기록을 남겼다. 그 기록에 의하면, 법화원에는 1년에 500섬의 쌀이 나는 토지가 딸려 있으며, 30명의 승려가 있었고, 당시 주지는 법청(法淸)이었다. 신라식으로 8월 보름을 추석 명절로 지내는 풍습이 있었다고 하며, 엔닌이 법화원을 신라원이라고도 칭할 만큼 신라식으로 운영되던 절이었다.

[그림 11-4] 적산법화원
출처: 百度百科.

『법화경』 강의 의례

『입당구법순례행기』에는 두 종류의 적산원 강경 기록을 남기고 있다. 하나는 11월 16일부터 이듬해 정월 보름까지 두 달간 진행된 『법화경』 강의였는데, 11월 16일자에는 이렇게 기록되어 있다.

> 적산원에서 『법화경』 강경을 처음 시작하는데 내년 정월 15일까지 기한으로 정해서 한다. 각처의 여러 스님과 인연 있는 시주가 모두 와서 참여한다. 그중, 성림(聖琳) 화상이 이 강경의 법주(法主)다. 또 논의(論義)가 두 명 있는데, 돈증(頓證) 스님과 상적(常寂) 스님이 맡았다. 남녀승속은 모두 법화원에 모여 낮에는 강경을 듣고, 밤에는 예참(禮懺)과 청경(聽經)을 절차에 따라 한다. 모인 스님들은 40인이다. 강경과 예참은 모두 신라의 풍속에 의거한다. 다만, 황혼과 인시(寅時)에 하는 두 번의 예참은 당(唐)의 풍습에 의거한다. 나머지는 모두 신라의 말과 소리에 의거한다. 여기 모인 도속, 노소, 존비는 모두 신라인이다.

이곳 법화원에서는 정기적으로는 연 2회 강경이 이루어지는데, 겨울에는 『법화경』, 여름에는 『금강명경』 8권을 강한다고 하였다(839년 6월 7일자 기사). 강경을 담당한 법주는 신라인 성림 화상이며, 20년간 오대산과 장안을 두루 다니다 법화원에 온 고승이다(839년 7월 23일자). 엔닌은 원래 일본 천태종 본산인 쿄토(京都) 엔랴쿠지(延曆寺)의 승려로 중국의 천태산으로 가려고 했으나 성림 화상으로부터 오대산에서 활발하게 이루어지고 있는 법화사상 교화의 모습을 듣고 행선지를 오대산으로 변경하게 된다(839년 7월 23일자). 법화원의 강경에 참여한 사람은 전부 신라인이었으며, 대부분의 예불도 모두 신라말과 신라의 풍속에 의거하여 이루어진다고 적고 있다.

적산원 강경 의례

구체적인 강경의 의례에 대해서는 동월, 11월 22일자에 '적산원 강경 의식'이란 이름 아래 다음과 같이 기록되어 있다.

> 진시(辰時)에 강경을 알리는 종을 친다. 강경이 시작된다는 것을 대중에게 일깨우는 종을 친 뒤, 대중들이 강당에 들어간다. 대중이 자리하였다는 종이 울리면 강사가 들어온다. 강사가 고좌에 올라갈 때 대중들은 다 같이 불명(佛名)을 염불한다. 염불의 음곡은 모두 신라의 음이며, 당나라의 음과는 다르다. 강사가 자리에 올랐을 때 염불을 멎는다. 이때 아랫자리에 있는 한 스님이 범패를 하는데 모두 당나라 풍으로, '운하어차경(云何於此經)' 운운하는 한 행의 게송이다. '원불개미밀(願佛開微密)'이라는 구절에 이르게 되면 대중은 "계향(戒香) 정향(定香) 해탈향(解脫香)"을 합창한다. 범패를 마치면 강사가 경의 제목을 창(唱)하고, 제목을 삼문(三門)으로 나누어 풀이한다. 이를 마치면 유나사(維那師)가 고좌 앞으로 나와 모임의 이유와 시주의 법명과 보시의 물목을 읽고 그 종이를 강사에게 전해 준다. 강사는 주미(麈尾: 拂子)를 잡고 일일이 시주의 이름을 거론하고 따로따로 서원(誓願)을 말한다. 서원이 끝나면 논의자(論義者)가 논의거리를 질문한다. 질문하는 사이에 강사는 주미를 들고 질문자의 말을 듣고, 질문이 끝나면 주미를 내렸다 다시 든다. 사문(謝問)은 그 자리에서 바로 답을 한다. 첩문(帖問)에는 첩의 형식으로 답을 한다. 이는 일본과 같다. 그러나 '논란'의 방식(難儀式)

은 조금 다르다. 손을 옆으로 세 번 내린 후 질문을 하는데, 갑자기 하는 논란하는 소리는 마치 화난 사람이 다투듯 한다. 강사는 논란을 듣고 그에 대해 답을 할 뿐 다시 반론을 제기하지 않는다. 논의가 끝나면 경전을 독경한다. 강경이 끝나면 대중이 함께 긴 소리로 찬탄을 하는데 찬탄 소리 가운데는 회향사(廻向詞)도 들어 있다. 강사가 고좌에서 내려오면 한 스님이 '처세계여허공(處世界如虛空)'이라는 게송을 읊는데 소리가 자못 일본과 비슷하다. 강사가 예반(禮盤)으로 올라가면 한 스님이 '삼례(三禮)'라고 외치면 강사와 대중도 함께 참여한다. 강사는 강당을 나와 거처로 돌아간다. 다시 복강사(覆講師) 한 사람이 남쪽 고좌에 앉아 강사가 어제 강의한 경문을 읽으며, 중요한 뜻이 포함된 구절이다 싶은 곳이 나오면 강사가 자신의 의견을 덧붙여 설명한 부분까지 읽는다. 복강사가 어제의 강문을 다 읽고 나면, 강사는 다음 날 그다음 경문부터 읽는다. 매일 이와 같이 한다.

이 행사는 이 절에서 매해 정기적으로 거행되는 강경 행사의 의례였지만, 부정기적으로 하루와 같이 짧은 기간에 이루어지는 행사도 있다.

일일강 의례

엔닌은 앞의 기록에 이어 그러한 의례에 대해서도 '신라일일강의식(新羅一日講儀式)'이라는 제목으로 다음과 같이 기록을 남기고 있다.

> 진시(辰時)에 종을 친다. 길게 치고 나면 강사와 도강 두 사람이 강당에 들어온다. 대중이 먼저 들어와 열을 지어 앉는다. 강사와 독사(讀師)가 강당에 들어오는 동안 대중들이 불타의 이름을 함께 길게 찬불한다. 강사가 북쪽 고좌에 앉고 도강이 남쪽 고좌에 오른다. 찬불이 마치고 아랫자리의 한 스님이 범패를 하는데 '운하어차경(云何於此經)' 하며 길게 게송을 읊는다. 범패가 끝나면 남쪽 고좌에서 경의 제목을 창(唱)한다. 이가 이른바 '창경장인(唱經長引)'이라 하는데 소리에 굴곡이 있다. 창경(唱經)을 할 때 대중이 세 번 산화(散花) 하며, 산화할 때마다 송(頌)이 있다. 창경이 마치면 다시 단음으로 경의 제목을 창하고, 강사는 경의 제목을 풀이하고, 삼문(三門)으로 구분하여 경전의 대의를 설명한다. 경전의 제목 풀이가 끝나고 유나사가 행사가 이루어진 연유가 적힌 글을 읽는다. 그 글에는 무상의 도리와 망자의 공덕, 죽은 날짜 등이 모두 기록되어 있다.

이 두 자료를 보면서 강경과 관련한 몇 가지 사실을 정리해 보면, 우선 앞의 강경과 뒤의 강경은 설행 목적에 차이가 있다. 뒤의 것은 망자의 재(齋) 속의 강경이며, 앞의 것은 법화 사원으로서 법화 교학 연마를 위한 행사로 보아진다. 물론 이때도 시주의 발원과 축원이 있지만 그것은 오히려 부차적인 것이다. 이 두 의례는 설행 목적과 성격, 설행 기간 등의 차이에도 불구하고 강경과 관련한 전후 의식은 큰 차이가 없다. 이 두 가지 기록을 바탕으로 법화원에서 거행된 강경 의례를 준비 단계인 개강 의례, 본 단계인 강설 의례, 마무리 단계인 회향 의례라는 이름을 붙이고 정리해 보았다.

개강 의례

개강 의례는 행사의 시작을 알리는 타종에서부터 시작된다. 종소리를 듣고 대중이 들어와 줄을 지어 자리에 앉으면 강사와 도강(都講)이 들어온다. 강사는 경전을 강해하는 법사로, 강주(講主)가 되며 북쪽 고좌에 앉는다. 도강은 독사(讀師)라고도 하며, 경의 제목이라든지 경문을 창(唱)하거나 읽는 사람으로 남쪽 고좌에 앉는다.

강사와 도강이 입장하여 정좌할 때까지 대중은 찬불로 이들을 맞이하며, 정좌 후에는 아랫자리에 있는 범패사가 범패를 한다. 천태 법화의 범패는 "운하어차경(云何於此經), 구경도피안(究竟到彼岸), 원불개미밀(願佛開微蜜), 광위중생설(廣爲衆生說)"을 읊게 되는데, 이를 '운하패(云何唄)' 혹은 운하범(云何梵)이라고 한다. 강경 법회가 시작될 때 이 패를 하는 것은 오늘날의 청법가와 같은 역할로 볼 수 있다. 이어 도강이 경의 제목을 창(唱)한다. 앞의 '신라일일강의식'에서

[그림 11-5] 일본 야쿠시지(藥師寺) 강당의 고좌
출처: 『佛教新發見』 3號.

는 도강이 창제(경의 제목을 창함)를 할 때 꽃을 뿌리는 산화(散花) 의례가 이루어지고 또 이때 송(頌)도 곁들여진다고 하였다. 그 후, 강사가 제목에 대해 풀이를 한다. 풀이가 끝나면 유나사(維那師)가 나와 법회가 이루어지게 된 연유를 말하면서 시주(施主)의 이름과 공덕, 그리고 시주된 물품의 물목을 읽는다. 시주의 이름이 적힌 글을 강사에게 주면, 강사는 그들을 위해 축원을 하게 된다. 이것으로 강경의 개강 의식은 끝이 난다.

강설 의례

다음으로 강경의 본 단계로서 강설 의례인데, 크게 세 부분으로 나누어진다. 첫째는 논의 부분이고, 둘째는 경전의 강설 부분이다. 셋째는 복강(覆講) 부분이다. 먼저, 논의(論義 혹은 論議, 議論)는 강경에서 매우 중요한 부분을 차지하는 의례인데, '적산원 강경 의식'에서는 비교적 상세히 언급되어 있다. 즉, 강사가 시주들을 일일이 축원하고 나서 논의자(혹은 問者)가 논의를 한다고 되어 있다. 이 논의는 일종의 경문의 내용에 대한 문답 과정이다. 그 목적은 경문의 이해를 돕기 위하여 질문과 답변 형식을 빌린 것이다. 논의자는 전담자가 있을 수도 있고, 도강이 그 역할을 담당할 수도 있다. '적산원 강경 의식'에서는 도강이라고 하지 않고 논의자라고 하였고, '신라일일강의식'에서는 도강이라고 하였으나 같은 사람인지는 알 수 없다. 논의에서의 질문은 이와 같이 도강이나 전담 논의자가 할 수도 있으나 참가자가 할 수도 있는데, '적산원 강경 의식'에서 말한 첩문(帖問)이 그 경우가 아닌가 여겨진다.[13] 또한 '적산원 강경 의식'에서는 논의 외에 논란(論難)에 대해서도 이야기하고 있다. 즉, 엔닌이 보기에는 논의는 일본과 비슷하며, 논란은 조금 다르다고 하면서, "화난 사람이 다투듯" 한다고 표현하였다. 논의와 논란의 구분은 자세히 알 수 없으나, 논의 속에 논란 의식이 들어 있었다고 볼 수 있다.

두 번째로 강설 부분이다.[14] 강설의 과정에 대해서는 앞의 자료에서는 자세히 언급되지 않았다. 윤광봉은 "도강이 먼저 경전의 문구를 창하고 나면 그 부분을 강사가 강설하고, 다시 다음 부분을 도강이 창한 다음 강사가 이에 대해 해설하기를 반복하는 형식"이라고 하였다.[15] 그런데 '법화경강경' 자료에서는 낮에는 강경을 듣는다고 한 것으로 보아 실제 강설에 가장 많은 시간이 할애되었을 것이다. 그러나 신라말로 진행된 강설을 엔닌이 알아듣지는 못했을 것이며, 따라서 그 내용상의 특징에 대해서는 기록하지 않은 것이 아닌가 한다. '신라일일강의식'에 의하면, 경전의 대의는 삼문(三門)으로 구분하여 설하는 것으로 되어 있는데, 이 삼

---

13 일본 천태종의 경우를 보면 牒論義라는 것이 있는데, 이것이 바로 청중으로 참가한 사람 가운데서 질문을 하는 것이다. 清原惠光, 「天台の論義」, 智山勸學會, 『智山學報』 45, 1996, 7쪽. '적산원 강경 의식'에서 엔닌은 신라 법화원의 논의 의식이 일본과 비슷하다고 기록하였다.

14 논의가 강설보다 먼저 이루어진다는 것이 다소 특이한데, 일단 자료에는 그렇게 나타나 있다. 실제 그러하다면, 논의는 의례화된, 다시 말하면 연극적인 요소로 볼 수도 있을 것이다. 오늘날 일본의 고찰 藥師寺에 남아 있는 강당의 의례를 보면 논의 의례는 서론에서 이야기한 전독(轉讀)의 경우와 같이 연극적·의례적으로 구성되어 있다고 한다(이 말은 2016년 봄, 藥師寺의 安田奘基 스님으로부터 직접 들은 이야기다).

15 윤광봉, 「중세 한국의 강경과 창도」, 한국공연예술원 편, 『한국의 원형을 찾아서: 불교의례』, 파주, 열화당, 2018, 282쪽.

문은 서분–정종분–유통분의 삼문이며, 이것은 경전 구성의 일반 형식이며, 해설의 일반 형식이기도 하다.

세 번째로 복강 부분인데 일종의 복습 과정이며, 어제 강경한 경문과 강사의 강해 내용에 대해 복강사가 다시 읽어 주게 된다. 복강의 실시 시기에 대해서 '적산원 강경 의식'에서는 강사의 강의를 끝내고 처소로 돌아가고 나서 당일 복강이 실시되는 것처럼 기록되어 있으나 또 "어제 강의한 경문을 읽는다."라는 내용이 있는 것을 보면 다음 날 실시되었는지도 모르겠다. 이 복강사 제도는 고려의 기록에도 보이는데, 대각국사 문하에서 공부했던 교웅(教雄, 1076~1142)이 국청사에서 복강사로 있었다는 기록이 있는 것을 보면[16] 법화원 이외의 신라 사원에서도 실시되었을 가능성이 있다.

회향 의례

회향 의례는 찬탄과 삼례 등으로 구성되는데, 찬탄은 부처님을 찬탄하는 것으로 이때 회향도 아울러 이루어진다고 한다. 회향 관련 내용에 대해서 엔닌은 '신라일일강의식'에 이어 '신라송경의식'이라 하여 이렇게 기록하고 있다.

> 송경(誦經)을 마치고 도사(導師)가 혼자 '귀의불, 귀의법, 귀의승'을 읊고, 이어 불보살의 명호를 염불한다. 도사가 '나

16 「卒國淸寺住持了說演妙弘眞慧鑑妙應大禪師墓誌銘」에 "조칙으로 국청사의 복강사가 되었다."라는 기록이 있다.

> 무십이대원'하면 대중은 '약사유리광불'하고, 도사가 '나무약사야(南無藥師也)'하면 대중은 함께 '관세음보살'한다. 모두 이렇게 하여 예불이 끝난다. 도사가 홀로 회향을 하면서 발원을 하는데 회향이 좀 길다. 회향이 끝난 후, 도사가 '발심(發心)'하면 대중도 함께 '발심'한다. 이어 도사가 발원(發願)하고 이를 마치면 삼보에 정례(頂禮)한다.

앞의 회향 의례는 강경 의례가 아닌 염경(念經)이라고도 하는 송경 의례의 회향 부분이나 강경 의례와도 큰 차이가 없을 것 같다. 이상의 엔닌의 기록에는 강경 의례, 일일강경 의례, 송경 의례 등 세 종류의 의례가 소개되어 있는데, 셋 모두 경전을 바탕으로 이루어진다는 공통점이 있다. 강경에 대한 상세한 기록 자료 자체가 매우 드문 상황에서 엔닌이 기록한 신라 법화원의 강경 관련 자료가 말해 주는 것은 많다. 그 이전 자료와 비교해 볼 때, 여기서는 강경의 의례화를 분명히 볼 수 있다. 물론 앞에서도 보았듯이 신라에서도 백고좌회와 같은 강경 의례가 존재했었다. 그러나 그것은 국가 주도의, 국가적 차원의 의례다. 그러나 법화원에서의 강경은 승속이 함께 참여하는 형태, 사원이 주도하고 지역민이 참여하는 형태다.

강경이 국가 차원에서 사원 차원으로 전환되었다는 것은 불교의 대중화라는 차원에서 이해할 수 있다. 실제 동아시아의 불교사를 보면, 당대(唐代)에는 대중을 위한 변형된 형태의 강경, 이른바 속강(俗講)이 유행하게 되고, 강경의 형태도 매우 다양하게 된다.[17] 특히 강경이 의례와 결부됨으로 해서 설법자가 말하고 청법자가 듣는 단순한 강의에서 벗어나 음악, 미술, 건축, 연극 등 다양한 미디어가 개입하게 된, 교육 방법상 한층 다양해진 강경이 이루어지게 되었다. 아울러 참여하는 사람들도 강사 이외에도 도강(都講), 독사(讀師), 복강사(覆講師), 범패사(梵唄師), 산화사(散華師) 등과 같은 관련 직책들로 분화되고 전문화되었다. 이렇게 인적·물적 요소가 증가함으로써 강경은 더욱 '장엄'해지게 되었고, 교화 및 교육적 효과는 더욱 커지게 되는 것이다.

강경 의례의 교육적 의의

많은 대승 경전에서 강경의 공덕의 수승함을 말할 정도로 강경의 중요성은 신앙적 측면에서 지속적으로 강조되어 왔다. 또 불교 교학의 발전이라는 측면에서도 강경은 중요한 역할을 해 왔다. 믿음의 문제를 학문적 논의의 대상으로 삼음으로써 교학적 발전이 이루어짐은 말할 것도 없다. 특히 성현의 말씀이라는 '경'은 그 자체로 권위를 인정받고 그에 대한 논변을 허락하지 않는 것이 일반적이나, 불교의 강경에서 이를 토론의 대상, 힐문(詰問)의 대상으로 삼는 것 자체가 적지 않은 의의가 있다. 교육학의 관점에서 보더라도 불교의 강경은 의미 있는 연구과제가 된다. 우리가 오늘 강의라고 하면, 학교와 같은 교육 현장에서 교사나 강사의 수업 장면을 떠올리게 된다. 즉, 지식의 전달을 위한 하나의

17 속강의 등장, 유행의 문화적 배경에 대해서는 조명화,「中國佛教 講經의 流變」, 서원대학교 인문학연구소,『인문과학연구』6, 1997의 제4장에서 논하고 있다.

형태로 이해되고 있다.

불교의 강경 역시 그러한 측면, 지식의 전달이라는 측면이 존재한다. 그러나 불교사에서 볼 수 있는 강경은 그와 같은 단일한 형태만은 아니다. 강경은 기본적으로 문자를 바탕으로 이루어지는 활동이기 때문에 고대 사회에서는 대중들의 참여가 쉽지 않았다. 그러나 불교 대중화라는 추세에 따라 한편으로는 속강과 같은 형태의 변형된 강경이 등장하고, 다른 한편으로는 법회와 같은 불교의례와 결합된다.

중국의 경우, 속강이 등장하고, 속강용 강경 텍스트 자체가 민중의 수준에 맞게 형태[相]를 변화[變]시켜 변문(變文), 변상도(變相圖)와 같은 민중용 텍스트가 등장한다.[18] 강경의 형식도 점점 다양해지고, 범패나 강창(講唱)과 같은 음악, 연극과 같은 형식도 들어간다. 그 자체로 최고의 권위를 지니는 경전마저 힐문의 대상이 되고, 변용의 대상으로 삼았다는 것은 교육의 관점에서 본다면 적지 않은 의의가 있다.

[그림 11-6] 화엄경 변상도

출처: 불교기록문화유산 아카이브.

18 속강(俗講)과 변문(變文)에 대해서는 蕭登福, 『敦煌俗文學論叢』, 臺北, 臺灣商務印書館, 1988, 1-85쪽, 강경변문(講經變文)의 교육학적 의의에서는 安京植, 「唐代淨土宗衆生敎化之敎育意義」, 國立臺灣師範大學敎育硏究所 博士論文, 1992, 第3章 第2節 참조.

서민들이야 알든 모르든 경전은 신성불가침한 것이어서 한 글자, 한 획도 변화시키지 못한다면 그것은 바로 교육의 포기를 선언하는 것이나 다름없는 것이기 때문이다. 또 강경이 국가나 왕실 의례뿐 아니라 일반인들을 위한 천도재와 같은 법회의 한 부분으로 점차 들어감으로써 촌락의 서민들까지도 법회에 참여할 수 있게 되고, 하루 한나절이나마 경전을 접할 수 있는 기회가 마련되었다는 것은 서민의 교육에 있어 중대한 의미를 지닌다 할 것이다. 경전의 강설이 문자적으로만 이루어지지 않고 의례화되었다는 것은 서민들도 의례화된 법회에 참여함으로써, 의례를 같이 행함으로써 그 상징 텍스트를 체득하게 되는 것이다. 강경 의례는 경전을 상징화해 놓은 텍스트이기 때문에 머리로 경전을 배우는 것이 아니라 몸으로 경전의 의미를 체득하는 '몸 교육'이 이루어지는 것이다.

앞에서 불교의 강경 의례에 대해 고찰해 보았지만 강경은 사실 불교교육, 불교문화의 전유물은 아니다. 한국의 유교문화에도 강회(講會), 회강(會講), 유계(儒契) 등 다양한 이름을 가진 강경 활동과 의례는 있다. 동아시아 문화권에서 불교의 강경의 유래를 유교에서 찾을 수 있다는 견해도 있다.[19]

19 蓑和顕量,『日本佛教の教理形成』, 大藏出版, 2009, 5쪽에서는 중국 강경의 기원은 유가의 강경에 있다고 하였다. 그러나 중국 학자 丁鋼은『中國佛教教育–儒佛道教育比較研究–』(四川: 四川教育出版社, 1988)의 제3장에서 위진남북조 시대에 형성된 불교의 교학형식이 유가에 영향을 주었다고 주장한다.

제12장

신라 하대 불교교육의 새바람: 선사들의 수행, 수학의 역사

제12장

신라 하대 불교교육의 새바람: 선사들의 수행, 수학의 역사

선불교 도입의 의의

신라 하대의 선불교의 도입은 불교사뿐 아니라 교육사 관련 사건으로도 빠뜨릴 수 없는 부분이다. 그것은 단순히 하나의 불교사상의 도입을 넘어 새로운 교육 사상의 도입이기 때문이다. 이 시기에 형성된 산문(山門) 혹은 선문(禪門)은 작불(作佛)을 목표로 하는 학교의 한 형태다. 이 사상의 도입으로 인해 불교교육의 방식이 변화한 것은 말할 것도 없지만 신라인의 교육 문화의 변화가 시작되었다. 그 문화를 도입한 선사(禪師)들은 신라 하대 최고의 지성이었을 뿐 아니라 교육자였다.[1] 그 영향은 고려시대까지 큰

1 선사(禪師)란 말은 학덕이 높은 고승을 일컫는 말로도 쓰이지만, 여기서는 교종과 구분되는 선종의 승려들을 말한다. 추만호는 『나말여초 선종사상사 연구』(이론과 실천, 1992)에서 '9산 선문 성립기의 선사 호칭문제'를 자세히 다루고 있는데, 『삼국유사』에서는 유가종의 대덕들을 선사라 불렀다는 일연

영향을 끼쳤고, 한국 고대 문화가 중세 동아시아의 보편적인 문화로 나아가게 하는 데도 영향을 끼쳤다.

일반적으로 교육의 역사는 가르침의 역사[教授史, history of teaching]가 전부라고 생각하지만, 배움의 과정 역시 지의 학습사(學習史, history of learning)로서 빠뜨릴 수 없다. 제12장과 제13장에서는 신라 하대의 불교교육을 선사들의 학습사와 교화사로 구분하여 살펴보기로 한다.

하대의 불교 상황

중대의 불교, 그 가운데 대표적인 교학불교인 화엄종이 왕실, 귀족의 불교로서 위상을 유지해 왔고, 화엄10찰이라 하여 지방으로까지 세력을 확대해 가고 있는 상황에서 선불교가 등장하게 되었다. 문제는 선불교가 왜 하대에 등장했는가 하는 것이다. 먼저, 선불교의 종주국과 같은 중국의 상황인데, 이 무렵 선종이 기존 율종으로부터 독립하여 독자적인 행보를 걷고 있는 시절이다. 8조 마조의 제자들이 곳곳에서 교화행을 활발하게 펼치던 시절이 신라의 하대였던 것이다.

신라 승려들의 입당 유학은 중대 이래 지속적으로 이어졌는데, 국내에서 화엄학이나 율학적 기반을 가진 승려들이 입당하면서 새로운 불교인 선불교에 관심을 가지게 된 것이다. 선불교는 기존의 화엄이나 유식 법상 등과는 성격을 달리한다. 불립문자, 교외별전, 직지인심, 견성성불을 내세우는 혁명적인 불교다. 이러

의 주석의 타당성을 논의하였다.

한 점이 그들의 관심을 끌었고, 당의 선사들의 문하에 입문하게 했다. 그들이 당에서 수학하고 당의 이름 있는 선사로부터 인가를 얻어 귀국하여 교화자로서 위상을 확보했을 때 그들에 대한 권력자들의 지원과 관심 역시 컸다. 선불교가 하대에 급속하게 급속히 성장하게 된 배경의 하나다.

하대의 주요 선사들과 정치 상황

신라 하대에 활약했던 선사들의 숫자는 구체적으로 파악할 수는 없다. 각 산문별로 대단위의 수행 대중들이 있었던 것은 사실이다. 그러나 우리가 구체적 행적을 알 수 있는 선사는 그다지 많지 않다. 신라에서 최초로 선을 도입한 법랑(法朗)과 신행(神行, 愼行)은 하대의 인물은 아니지만 하대의 선의 역사에서 중요한 인물이고, 도의(道義, 가지산문)와 체징(體澄, 가지산문), 홍척(洪陟, 실상산문)과 수철(秀澈, 실상산문), 혜철(惠哲, 동리산문), 현욱(玄昱, 봉림산문)과 심희(審希, 봉림산문), 혜소(慧炤, 쌍계산문), 무염(無染, 성주산문), 범일(梵日, 사굴산문), 도헌(道憲, 희양산문)과 이엄(利嚴, 수미산문), 긍양(兢讓, 희양산문) 등은 신라시대 각 선문의 개창과 중흥에 공적이 있는 인물이다. 그리고 그들의 전기가 비문이나 전적에 남아 있는 인물들이다.

먼저, 각 선사들이 활약했던 시대를 그들의 생몰연대를 통해서 살펴보자. 선불교를 처음 도입한 법랑은 생몰연대를 알 수 없다. 선덕여왕(632~647 재위)과 진덕여왕(647~654 재위)대에 활약하였다. 선사들 가운데 가장 이른 시기에 활약하였다. 법랑의 제자 신행은 704년에 경주에서 태어나 779년에 지리산 단속사(斷俗寺)에서 서거했다. 이 두 선사는 하대에 활약하지는 않았지만 선불교 도입에 큰 공적이 있고, 제자들이 하대에 활약한 선사들이다. 그 이후 도의가 등장했는데, 그 역시 생몰연대가 알려지지 않았다. 8세기 말에서 9세기 초에 활약한 것으로 추정된다. 그런데 도의와 혜소(774~850)는 중국 유학 중에서 만난 적이 있는 동시대의 사람이다. 동리산문의 혜철(785~861)과 봉림산문의 현욱(788~869) 역시 8세기 초, 중반에 활약한 인물이다. 이후 9세기에 태어나 하대의 중·하반기를 활약한 선사는 무염(800~888), 체징(804~880), 범일(810~889), 수철(817~893), 도헌(824~882) 등이다. 봉림산문의 심희(855~923), 수미산문의 이엄(870~936)과 희양산문의 긍양(878~956)은 하대의 하반기에서 고려 초기까지 활약한 선사다. 이를 그룹으로 나누어 보면 다음과 같다.

1그룹(중대에 활약 선사): 법랑, 신행
2그룹(하대 초기에 활약한 선사): 도의, 혜소, 혜철, 현욱
3그룹(하대의 중기에 활약한 선사): 무염, 체징, 범일, 수철, 도헌
4그룹(하대의 말기에 활약한 선사): 심희, 이엄, 긍양

이를 보면, 선사들이 활약한 시기는 그야말로 하대의 전반(全般)에 걸쳐 있음을 알 수 있다.

그런데 신라 하대는 정치적으로 극심한 혼란이 초래된 시기다. 하대의 기간 155년 동안 20명의 왕이 교체되었고, 재위 1년 미만의 왕이 4명이나 될 정도로 정국이 불안했다. 이러한 정치적 상황과 선불교의 관계, 특히 선문과의 관계는 단순하게 이야기할 수

없다. 선사들의 비문을 보면 이 시대 대부분의 왕들이 선사들에게 큰 관심을 나타내고 지지를 아끼지 않은 것을 알 수 있다. 심지어 제자가 되기를 청하고 불교적 가르침을 받은 왕들도 있다. 그런가 하면 정치적 조언을 구한 왕들도 있고, 이에 응한 선사들도 있으며, 그리하여 국사(國師)의 자리에 오른 선사들도 있다. 하대의 선사들이 왕도에서 멀리 떨어진 곳에 산문을 설립한 것을 두고 하대의 정치적 혼란상 때문에, 또 지방 호족과의 지원을 얻기 위해서 그렇다고 단언할 수 없는 이유다. 일부 산문의 국가 체제로의 편입과 지원의 가능성을 배제할 수 없지만, 그 부분은 추후 과제로 남기고, 여기서는 선사들의 개인에 눈을 돌려 보자.

선사들의 가계와 가정 환경

먼저, 선사들의 삶에 영향을 끼친 부모나 집안을 살펴보면 몇 가지 특징을 볼 수 있다. 첫째, 부모가 불교와 인연이 있는 경우이다. 혜소의 아버지는 재가자로서 출가자의 수행을 한 사람, 즉 우바새(優婆塞)였다. 그의 아버지는 중국의 한족(漢族)으로 산동 지역 출신인데, 그곳에서는 고관이었다. 수나라가 군사를 일으켜 요동 지방을 정벌할 때 귀순하여 금마(익산)에 정착했다. 귀순자

[그림 12-1] 하동 쌍계사 진감선사 혜소의 탑비
출처: 국가유산청.

로서는 생활이 매우 어려워 혜소가 생선 장사를 하여 생계를 유지할 정도였다. 그럼에도 혜소는 효자였고, 아버지가 재가 수행자였기에 아버지의 영향을 받았을 가능성이 크다. 긍양은 어머니가 스님과 부처님을 공양한 사람, 즉 우바이(優婆夷)라고 하였다.

둘째, 지식인 집안인 경우이다. 혜철의 선조는 "젊어서는 공자의 발자취를 찾았고, 장년에는 노장(老莊)의 말을 익혔으며, 얻고 잃음을 마음에 두지 않았고 명리를 세상에서 떨쳐버려, 어떤 때는 높은 데 올라 멀리 바라보고 어떤 때는 붓으로 회포를 읊을 따름이었다. 그 할아버지도 그 일을 고상히 여겨 관직을 거치지 아니하였고, 삭주 선곡현에 한가로이 거처하면서 곧 태백산 남쪽 연기와 남기가 서로 어우러지고 좌우에 소나무와 바위가 있는 곳에서 가야금과 술잔 하나로 스스로를 벗하는 사람이었다."라고 비문에 적혀 있다.[2] 젊어서는 유가 공부를 했으나 장년에는 도가의 풍류를 즐기는 사람이니 지식인 집안이면서 관직, 속세와 거리를 두는 가정 환경이었으니 혜철이 불가에 입문한 것은 우연이 아니었다 할 수 있다. 심희의 아버지는 도덕은 장자와 노자를 높이고 뜻은 고대의 신선으로 알

[그림 12-2] 창원 봉림사 진경대사 심희의 탑비
출처: 국가유산청.

2 곡성 대안사 적인선사탑비(谷城 大安寺 寂忍禪師塔碑). (https://db.history.go.kr/ancient/level.do?levelId=gskh_005_0010_0100_0060)
이 논문의 비문 인용은 국사편찬위원회의 한국고대사료DB의 금석문 자료를 활용했고, 부분적으로 번역을 수정하였다. 이하, 탑비의 사이트는 각주에서 중복 기재하지 않고, 참고문헌에 일괄 표시했다.

려진 적송자(赤松子)와 왕자(王子) 교(喬)를 흠모했다 한다. 물과 구름은 그의 한가로이 지냄을 인정하였지만 조정과 재야의 선비들은 그가 벼슬을 귀히 여기지 않음을 안타깝게 여겼다고 비문은 기록하고 있다.[3]

셋째, 유력자 가문의 경우이다. 이 경우가 가장 많은 수를 차지한다. 현욱의 아버지 염균(廉均)은 벼슬이 병부시랑(兵部侍郎)에 이르렀다 하니 고관 집안이었다. 무염은 무열왕의 9세손이다. 진골 출신이었고, 조상의 관등도 높았다. 신라 사신이었던 김흔을 따라 입당했는데 그 역시 무열왕의 9세손이다. 귀국한 뒤에도 김흔은 무염을 자신의 땅에 머물도록 권유했으며, 그곳이 바로 성주산문이다. 체징 역시 "가문이 훌륭한 명망을 계승하였고, 집안이 어진 풍습을 이었다." "효와 의리가 시골 마을에 드러났고, 예악(禮樂)이 고위 관료 가운데 으뜸이었다."라는 것으로 보아 지역에서는 명성이 있는 가문이었던 것 같다.[4] 범일의 조부는 명주(溟州) 도독이었는데, 청렴 공평하게 시속을 살피고, 너그러움과 용맹으로 사람을 대하여, 밝은 소문[淸風]이 당시까지 민요로 전하고 있었다 한다. 그의 어머니도 여러 대를 내려오는 호족 집안이었다.[5] 수철의 증조부는 위계가 소판(蘇判)까지 올랐고, 족망이 진골(眞骨) 가운데서도 높았다 했다. 선대에 쌓은 은택이 후손에게까지

3 창원 봉림사지 진경대사탑비(昌原 鳳林寺址 眞鏡大師塔碑).

4 장흥 보림사 보조선사탑비(長興 寶林寺 普照禪師塔碑).

5 『조당집』 17, 명주 굴산 고 통효대사(溟州 崛山 故 通曉大師). (https://kabc.dongguk.edu/content/view?itemId=ABC_IT&cate=bookName&depth=3&upPath=Z&dataId=ABC_IT_K1503_T_017) 이하 조당집의 인용은 '불교기록문화유산 아카이브'를 활용하였다. 각주에서는 사이트 주소를 반복 기재하지 않고, 참고문헌에 일괄 표시했다.

미쳤다 했다. 긍양의 조부와 부친은 관직에 있었고, 고을에서 어른 소리를 들었다. 고조, 증조는 군읍(郡邑)에서 세력이 있는 부호로서 이름 있는 집안이었다. 어머니는 여자의 직분[女功]으로서는 대적할 이가 없었고, 아내의 도리로서도 규범이 있는 사람이었다 했다.[6] 신라에서 승려는 대표적 지식인이었다. 승려로서 경전 공부는 필수적이었고, 그러자면 생산 계급에 속하는 이로서는 쉬운 일이 아니다. 승려들이 대개 6두품 이상이라는 것은 신라 하대에서도 확인되며, 이것이 가문의 배경이 그들의 사회경제적 뒷받침은 물론 문화적 자산으로 작용한 것으로 추정할 수 있다.

[그림 12-3] 남원 실상사 수철화상의 탑비

출처: 국가유산청.

선사들의 태몽과 태교

이제 영향의 범위를 좀 더 좁혀 선사들의 태몽이나 태교에 집중해 보자. 불교에서의 태몽은 숙세의 인연을 보여 주는 것으로, 태어날 사람의 앞날을 예언하는 역할을 한다. 태교는 최초의 교육이다. 태몽과 태교는 부모의 원력이 작용하기에 교육에서 주목해야 한다. 즉, 불교적 관점에서는 인간의 탄생은 업의 소생과 원력

---

6 남원 실상사 수철화상탑비(南原 實相寺 秀澈和尙塔碑).

소생으로 나뉘지만, 고승과 같이 위대한 인물의 경우에는 원력 소생의 사례가 많다.[7]

도의는 특이하게 부모가 모두 태몽을 꾼 경우이다. 도의를 임신하기 전, 그의 아버지는 흰 무지개가 뻗어서 방으로 들어오는 꿈을 꾸었고, 어머니는 어떤 스님과 잠자리를 같이하는 꿈을 꾸었는데, 깨어나니 이상한 향기가 방 안에 가득하였다. 부모는 이로 인하여 성스러운 자식을 얻을 것을 짐작했다. 아이가 태어나던 날 저녁에 갑자기 이상한 스님이 석장(錫杖)을 짚고 문 앞에 와서 "오늘 낳으신 아기의 태를 강가의 언덕에다 두어 주시오." 하고는 홀연히 사라졌다. 마침내 스님의 말에 따라 태를 갖다 묻으니, 큰사슴들이 와서 한 해 내내 떠나지를 않고 지켰는데, 오가는 사람들이 보고도 해치려는 생각을 내지 않았다 한다.[8] 아이의 장래에 대한 강한 암시라 할 수 있다.

혜소는 그 어머니가 낮에 잠깐 잠이 들었는데, 한 범승(梵僧, 인도 승려)이 나타나 "나는 아미(어머니)의 아들이 되기를 원합니다." 라고 하면서 유리 항아리를 맡기는 꿈을 꾸었다 한다. 훗날(810년) 혜소가 숭산 소림사의 유리계단(瑠璃戒壇)에서 구족계를 받았는데, 어머니의 꿈이 완연히 들어맞았다고 비문에는 기록되어 있다.[9]

혜철의 태몽에는 서역의 승려가 등장한다. 단정하게 승복을 입고 엄숙하게 향로를 가지고 서서히 와서 침상에 앉았다 한다. 혜철의 어머니는 의아하고 이상하게 여기고 "반드시 법을 지니는

7 안경식, 『한국 전통 아동교육 사상』, 학지사, 2005, 90–113쪽 참조.

8 『조당집』 17, 설악 진전사 원적 선사(雪嶽 陳田寺 元寂禪師).

9 하동 쌍계사 진감선사탑비(河東 雙磎寺 眞鑑禪師塔碑).

아들을 얻으리니 마땅히 국사가 될 것이다."라고 하였다.[10]

현욱은 어머니 박 씨가 임신 중에 이상한 꿈을 꾸고 선사를 낳았다 정도로만 기록되어 있고 꿈의 내용은 기록되어 있지 않다.[11]

무염은 긴 팔을 지닌 수비천인(脩臂天人)이 연꽃을 내려 주는 꿈과 호도인(胡道人, 인도의 승려)이 나타나 법장(法藏)이라고 자칭하면서 십계를 주기에 이를 태교로 행했다는 태몽이 있다. 뒤에 어머니에게 출가의 뜻을 밝히자 어머니가 태몽을 상기하며 허락했다 한다.[12] 도의, 혜소, 혜철, 무염이 모두 승려와 관련한 태몽이 있었고, 이로 말미암아 출가하였으니 승려의 삶에서는 태몽은 매우 중요한 부분이라 할 수 있다. 체징의 태몽에 대해서는 "둥근 해가 하늘에 멍에를 매어 빛을 드리워 배를 꿰뚫었다. 그 때문에 놀라 잠에서 깨어서는 문득 임신하였음을 깨달았다. 1년이 넘도록 태어나지 않자 어머니가 상서로웠던 꿈을 되돌아보면서 좋은 인연이 있기를 기도하였다."라고 하였다. 또 그 어머니는 "반찬에서 포육[腶脩]을 물렸고, 음료에서 단술[醪醴]을 끊었다. 청정한 계율로 태아를 가르치고, 복전(福田, 스님)을 섬겼다."라고 한다. 신라에서 불교식 태교가 상당히 보편화되었다

[그림 12-4] 보령 성주사지 낭혜화상탑비
출처: 국가유산청.

10 곡성 대안사 적인선사탑비(谷城 大安寺 寂忍禪師塔碑).

11 『조당집』 17, 동국 혜목산 화상(東國 慧目山 和尙).

12 보령 성주사지 낭혜화상탑비(保寧 聖住寺址 朗慧和尙塔碑).

는 것을 알 수 있다.[13]

범일의 태몽은 어머니가 범일을 잉태했을 때 해를 받쳐 안는 꿈이었다. 태어났을 때, 나계(螺髻)가 있어 자태가 빼어났으며, 정수리에 구슬이 있어 기이한 모습이었다 했는데, 이 역시 출가와 연결이 되는 모습이다.[14]

[그림 12-5] 장흥 보림사 보조국사 체징의 탑비
출처: 국가유산청.

도헌은 어머니의 꿈에 한 거인이 나타나 고하기를, "나는 과거의 비바시불(毘婆尸佛)로서 말법의 세상에 중이 되었는데, 성을 낸 까닭으로 오랫동안 용보(龍報)를 따랐으나, 업보가 이미 다 끝났으니 마땅히 법손이 되어야 할 것입니다. 그러므로 묘연에 의탁하여 자비로운 교화를 널리 펴기를 원합니다."라고 하였다. 이내 임신하여 거의 400일을 지나 관불회(灌佛會)의 아침에 태어났다 한다. 꿈이 불모(佛母)의 태몽 고사에 부합되었다 하였다.[15]

[그림 12-6] 문경 봉암사 지증대사 도헌의 탑비
출처: 국가유산청.

심희의 어머니 박 씨는 앉은 채로 선잠이 들었다가 꿈을 꾸었는데, 나중에 미루어 생각해 보고 임신하게 되었음을 깨달았다. 곧

13 장흥 보림사 보조선사탑비(長興 寶林寺 普照禪師塔碑).
14 『조당집』 17, 명주 굴산 고 통효대사(溟州 崛山 故 通曉大師).
15 문경 봉암사 지증대사탑비(聞慶 鳳巖寺 智證大師塔碑).

바로 비린내 나는 음식을 끊고 몸과 마음을 비웠으며, 가만히 그윽한 신령에 기도하며 지혜로운 아들을 낳기를 빌어 심희를 낳았다.

궁양의 어머니는 스님과 부처님을 공경한 사람이었다. 꿈에 유성(流星)이 품속으로 들어왔는데, 크기가 항아리만 했고, 색은 진한 황색으로 윤기가 있었다. 이로 인하여 임신했다. 이후 냄새나는 채소와 비린 것을 멀리했다. 어떤 일을 함에도 제계(齊戒)하고 호지(護持)함을 성실히 하는 것을 태교로 삼아 끊어지지 않게 하였다.[16]

[그림 12-7] 문경 봉암사 정진대사 긍양의 탑비
출처: 국가유산청.

선사들의 태교는 교육사 연구에서 중요한 자료이다. 한국 교육사에서의 유교의 태교 자료는 확인할 수 있으나 불교의 태교 자료는 많이 알려져 있지 않다. 특히 한국 고대의 태교 자료는 매우 드문 상황에서 선사들의 태교 사례는 신라 교육사의 중요한 부분이 될 수 있다.

선사들의 아동기 생활

다음으로, 선사들의 아동기 생활에 대해 살펴보자. 비문에서는

16 상주 희양산 봉암사 정진대사 원오탑비(尙州 曦陽山 鳳巖寺 靜眞大師圓悟塔碑).

선사들의 가계에 이어 어릴 때의 생활에 대해 기록하고 있다. 이 역시 선사들의 삶을 전체적으로 이해하는 데 중요한 요소가 된다.

혜소는 어릴 때 아이들과 놀 때 반드시 나뭇잎을 태워 향이라 하고, 꽃을 따서 공양으로 삼았으며, 간혹 (아미타불이 있는) 서쪽으로 향해 바르게 앉아 해가 기울도록 움직이지 않았다고 기록하고 있다.[17] 어릴 때부터 아미타신앙의 영향을 받아 생활화했음을 알 수 있다.

현욱은 어릴 적부터 불법을 좋아하여 매양 물을 길어다가 물고기에게 주었고, 모래를 모아서 탑을 만들더니, 장년이 되자 출가할 뜻을 품었다 한다.[18] 현욱의 제자 심희 역시 모래를 쌓아 탑을 만들고 잎을 따다 향으로 바쳤다 한다.[19]

무염은 걷거나 앉을 때 반드시 두 손을 합장을 하거나 가부좌의 자세를 취했으며, 아이들과 어울려 놀면서 벽에 그림을 그리거나 모래를 가지고 놀 때도 불상을 그리거나 탑을 쌓고 놀았다 한다. 9세에 취학을 했는데, 눈으로 본 것은 외울 수 있어 '해동의 신동'이라는 소리를 들었다.[20]

혜철은 떠들고 노는 곳을 가도 떠들지 아니하고, 고요한 곳에 이르면 스스로 정숙하였으며, 누린내와 비린내를 맡으면 피를 토하고 도살하는 것을 보면 마음이 상하였다 한다. 앉을 때는 결가부좌를 하고, 남에게 예를 표할 때는 합장하고, 절에 가서 불상을 돌면서 범패를 불러 스님을 본받았다 한다. 비문에서는 이를 전

17 하동 쌍계사 진감선사탑비(河東 雙磎寺 眞鑑禪師塔碑).
18 『조당집』 17, 동국 혜목산 화상(東國 慧目山 和尙).
19 창원 봉림사지 진경대사탑비(昌原 鳳林寺址 眞鏡大師塔碑).
20 보령 성주사지 낭혜화상탑비(保寧 聖住寺址 朗慧和尙塔碑).

생의 업에 부합한 것이라 기록하고 있다.[21]

체징에 대해서는 "강보에 쌓여 있던 때부터 뚜렷하게 속세를 떠날 뜻이 있었고, 이를 갈 나이가 되었을 때는 영원히 세속의 인연을 버릴 마음을 품었다. 부모님은 그를 부귀로 묶어 두기 어렵고 재물과 여색으로 얽매지 못한다는 것을 알고서 출가하여 배우러 가는 것을 허락하였다."라고 하였다.[22] 비문에는 기록되어 있지 않지만, 체징은 동진 출가했던 것 같고, 그 이유를 어릴 때의 이런 행동에서 찾고 있다.

도헌은 태어난 지 여러 날이 되도록 젖을 빨지 않고, 짜서 먹이면 울면서 목이 쉬려고 하였다. 문득 어떤 도인이 문 앞을 지나다가 깨우쳐 말하기를, "아이가 울지 않도록 하려면 훈채(葷菜) 및 육류를 참고 끊으시오."라고 하였다. 어머니가 그 말을 따르자 마침내 아무런 탈이 없게 되었다. 젖으로 기르는 이에게 더욱 삼가도록 하고 고기를 먹는 자에게 부끄러운 마음을 지니게 하였다 한다.[23]

긍양은 어릴 때부터 어른스럽게 놀았고, 가부좌를 하며 앉았고, 합장을 했다. 모래를 모으거나 담벽을 쌓거나 그림을 그리면 불탑과 같은 것을 만들었고, 잎과 꽃을 따서 공양의 도구처럼 하여 늘어 놓았다. 공부할 나이가 되어서는 날마다 경전을 끼고 있었다 하는데 이 경전이 유가의 것인지, 불가의 것인지는 기록되어 있지 않다.[24] 그러나 출가 이전에 학문에 열중했음은 확인할 수 있다.

---

21 곡성 대안사 적인선사탑비(谷城 大安寺 寂忍禪師塔碑).

22 장흥 보림사 보조선사탑비(長興 寶林寺 普照禪師塔碑).

23 문경 봉암사 지증대사탑비(聞慶 鳳巖寺 智證大師塔碑).

24 상주 희양산 봉암사 정진대사 원오탑비(尙州 曦陽山 鳳巖寺 靜眞大師 圓悟塔碑).

이상을 보면, 고승들의 아동기는 보통의 아동들과는 달랐다는 것을 알 수 있다. 타고난 것일 수도 있고, 환경적 영향일 수도 있다. 놀이마저 불교적 의례와 행동을 본받는 것이었다는 것으로 불교적 환경의 영향이 컸다는 것을 짐작할 수 있다. 또 아동기에 벌써 계율을 지키며 수행 생활까지 했다는 것 역시 주위 환경의 영향 없이는 불가능하다.

선사들의 출가 인연

선사들의 비문에는 당연히 출가와 관련한 기록이 있다. 언제 어떤 연유로 출가했는지 시기와 동기부터 살펴보기로 하자.

도의의 출가 인연은 태몽과 출생 이후의 일과 관련이 있다. 태몽에 스님이 등장하고 태어나서도 스님이 찾아와 아기의 태를 강가의 언덕에 묻어 두라는 말을 했는데, 이런 상서로 인하여 출가했다고 한다.[25]

혜소의 아버지는 앞에서 말한 바와 같이 재가 수행자였다. 서른이라는 늦은 나이에 출가했는데, 이는 부모 봉양 때문이었다. 부모가 별세한 후, "길러 주신 은혜를 오로지 힘써 보답하였으니, 깊은 이치(불법)를 마음으로 구하지 않으랴? 내 어찌 덩굴에 매달린 조롱박처럼 한창 나이에 옛날 걸어온 자취에만 얽매여 있을 것인가?"라고 하면서 출가했다.[26]

---

25 『조당집』 17, 설악 진전사 원적선사(雪嶽 陳田寺 元寂禪師).

26 하동 쌍계사 진감선사탑비(河東 雙磎寺 眞鑑禪師塔碑). 아버지가 우바새였던 것을 생각하면 그 역시 그전에도 불교 공부를 했을 것이다. 그가 살던 곳이 금마 지역이기 때문에 당시 그 지역(옛 백제 지역)의 불교 상황을 보면,

혜철은 지학(志學)의 나이(15세)가 되자 출가하여 부석산에 머물러 화엄을 배웠는데, 다섯 줄을 함께 읽어 내리는 총명함이 있었다고 하였다.[27]

범일 역시 나이 15세에 출가할 뜻을 품고 부모에게 말하니, 양친이 함께 "전생의 좋은 인연을 심은 결과이니, 그 뜻을 거두게 할 수가 없구나. 네 먼저 제도를 받거든 나를 제도해 다오."라고 하여 속복을 벗고 부모를 떠나 산으로 들어가 도를 닦았다.[28]

무염은 12세를 넘기자 유가, 도가를 비롯한 9류(九流, 제자백가)를 비속하게 여기고 불도에 뜻을 두었고, 부모의 승낙을 얻었다 한다.[29]

수철과 도헌은 부모의 죽음과 관련이 있다. 수철은 어려서 부모를 잃고서 허망한 꿈과 같음을 돌연 깨달았다. 나이 15세 남짓 되어 불교를 배울 것을 도모하였다 한다.[30] 도헌은 9세에 아버지를 여의고 너무 슬퍼하여 거의 몸을 상하였다. 추복승(追福僧)이 이를 가련히 여기고 말하기를, "덧없는 몸은 사라지기 쉬우나 장한 뜻은 이루기 어렵다. 옛날에 부처님께서 은혜를 갚으심에 큰 방편이 있었으니 그대는 이를 힘쓰라."라고 하였다. 그로 인하여 느

고구려에서 온 보덕 화상이 완산주에서 절을 세워 제자를 양성했고, 그 제자 수정(水淨)이 유마사를 창건했다. 재가 불자로서 혜소의 부친과 혜소는 재가 거사 유마거사의 이름을 딴 유마사에서 공부했을 가능성이 있다. 또 혜소의 스승 신감이 『대반열반경』의 명강사였고, 완산주의 고승 보덕 역시 그 경전을 강경한 기록이 있는 것도 주목할 부분이다. 이에 대해서는 안경식, 「신라 하대 불교지성, 진감선사의 삶의 교육학적 의미」, 『종교교육학연구』, 54(2017), 180-181쪽 참조.

27 곡성 대안사 적인선사탑비(谷城 大安寺 寂忍禪師塔碑).

28 『조당집』 17, 명주 굴산 고 통효대사(溟州 崛山 故 通曉禪師).

29 보령 성주사지 낭혜화상탑비(保寧 聖住寺址 朗慧和尙塔碑).

30 남원 실상사 수철화상탑비(南原 實相寺 秀澈和尙塔碑).

끼고 깨달아 울음을 거두고는 어머니께 출가를 청하였다. 어머니는 아이가 어리고 집안을 보전할 사람이 없다 하여 허락하지 않았다. 그러나 도헌은 부처님께서 출가하신 고사를 듣고 출가하지 않은 상태로 부석사로 도망가서 공부를 했다. 그러던 중 도헌이 병이 나서 의원에게 보여도 효험이 없었다. 여러 사람에게 점을 쳤더니 모두 말하기를, "마땅히 부처에게 이름을 예속시켜야 할 것이다."라고 하였다. 어머니가 그전의 꿈(태몽)을 돌이켜 생각해 보고는 "이 병에서 만약 일어나게 된다면 부처님께 아들로 삼아 달라고 빌겠습니다."라고 하였고, 이에 완쾌되어 출가하였다.[31] 병으로 인하여 출가한 자장율사의 사례와 비슷하다.

궁양의 출가는 이미 어릴 때부터의 탄생과 성장 과정에서 불교와 인연을 쌓았고, 그것이 바탕이 되어 이루어졌다. 부모에게 간절히 요청하여 출가를 허락하였다 한다. 출가 시기는 기록되어 있지 않으나 공주 남혈원에 출가하였고, 몇 년 뒤 계룡산 보원정사에서 구족계를 받은 것으로 보아 15세 무렵으로 추정된다.[32]

이를 보면, 선사들의 출가 시기는 대개 15세 무렵이었던 것 같다. 15세는 유학에서도 지학(志學)이라 하여 학문에 뜻을 두는 시기였는데, 선사들 역시 이 나이에 출가한 경우도 대부분이다. 출가의 인연은 태몽에서부터 시작하여 어릴 때의 성장 과정이 다 연결되어 있다. 즉, 일시적인 충동이나 갑작스런 출가는 없다는 것이다. 간혹 승려의 조언도 있지만 대부분 자신의 의지로 출가를 했다. 심지어 부모의 만류와 거부에도 불구하고 수도자의 길을

31 문경 봉암사 지증대사탑비(聞慶 鳳巖寺 智證大師塔碑).

32 상주 희양산 봉암사 정진대사 원오탑비(尙州 曦陽山 鳳巖寺 靜眞大師 圓悟塔碑).

선택한 경우도 있다.

선사들의 수학과 수행 과정

누구를 만나 무엇을 어떻게 배웠느냐 하는 부분은 개인의 생애사, 학습사에서 중요한 부분이다. 이제 스승이 누구냐 하는 것과 출가 사찰이 어떤 사찰이냐, 스승을 만나 어떤 이야기를 주고받았고, 본인은 그 이후 어떤 수행과 수학을 했느냐 하는 내용들을 비문을 통해서 살펴보고, 그 특징을 알아보기로 하자.

[그림 12-8] 조계종의 종조 도의국사의 다례
출처: 조계종 홍보국.

도의는 선덕왕 5년인 784년, 사신 김양공을 따라 입당했다. 당에 들어가 곧장 오대산으로 가서 문수보살을 참예하자 허공에서 성스러운 종소리가 나서 산을 울리는 메아리를 들었고, 신기한 새가 날아다니는 것을 보았다 한다. 그가 오대산으로 간 것은 그곳이 화엄 성지였기 때문일 것이고, 거기서 문수 기도를 하여 감응을 얻었다고 볼 수 있다. 이후 광부(廣府, 廣州) 보단사[寶壇寺, 혜능이 6조 『단경』을 설한 장소, 현 대감선사(大鑑禪寺)] 계단(戒壇)에서 구족계를 받았다. 이어 조계산으로 가서 조사당(祖師堂)을 참배하려는데 갑자기 문이 저절로 열렸고, 예배를 세 번 마치고 나니 문이 전과 같이 다시 저절로 닫혔다 한다. 조계산은 선종의 성지이니 그곳에 가서 6조 조사당을 참배했다는 것은 선에 입문했다는 것을 의미한다. 다음에 강서(江西) 홍주(洪州) 개원사[開元寺, 지금의 우민사(佑民寺)]로 가서 서당(西堂) 지장(智藏, 735~814)을 만나게 된다.

서당은 마조(馬祖, 709~788)의 직계 제자이자 전법 제자로서 홍주 개원사는 그들이 교화를 펴던 중심지였다. 도의는 그곳에서 서당을 스승으로 모시고, 의심을 풀고 막힌 체증을 풀었다 한다. 스승은 기뻐하며 "진실로 법을 전하고자 한다면 이런 사람이 아니고 누구에게 전하랴?"라고 하면서 이름을 도의(道義)로 고쳐 주었다(그 이전 신라에서의 법명은 명적이었다). 이어 백장산(百丈山) 회해(懷海)에게 가서도 수행을 했고, 백장으로부터 "강서의 선맥이 몽땅 동국으로 돌아가는구나."라는 말을 들었다.[33] 백장 역시 마조의 제자로서 선종을 율종으로부터 독립시키고 총림을 연 사람인데, 도의가 그들 문하에 있었다는 것은 신라의 선불교에 끼친 영향을 미루어 짐작할 수 있다.

[그림 12-9] 중국 남창 우민사(옛 개원사)의 도의선사입당구법비
출처: 불교신문.

혜소는 804년에 입당하여 신감(神鑒, ?~?) 문하에서 두타 수행을 했다. 부처님 당시 마하가섭이 분소의를 입고, 차제걸식하며, 아란야에 머무는 두타행을 행하여 두타제일로 인정받은 적이 있다. 그런데 혜소의 스승 신감도 마조

33 『조당집』 17, 설악 진전사 원적선사(雪嶽 陳田寺 元寂禪師).

의 제자이지만 율사의 문하에서 수학한 경험도 있고, 『대반열반경』의 강의에 능통한 사람이었다. 혜소는 810년에 숭산 소림사의 유리계단에서 구족계를 받았다. 이곳은 선종의 성지와 같은 곳인데, 조주스님도 이곳에서 구족계를 받았다. 이곳에서 구족계를 받았다는 사실은 선사로서의 정체성을 확립한 것으로 해석된다. 이후 다시 신감 회상으로 돌아와 배움을 이어 나갔다. 뒷날 신라의 도의를 만나 함께 사방으로 선지식을 찾아다니며 수학하였고, 도의가 먼저 귀국한 후에는 곧바로 화엄학으로 유명한 종남산(終南山)에 들어가 높은 봉우리에 올라 잣[松實]을 먹으며 지관(止觀)을 3년간 닦았다.[34] 혜소는 27년이라는 긴 시간을 당에 머물렀다.

혜철은 814년, "본사 석가모니께서 남긴 가르침도 오랜 세월이 지났고 여러 조사의 은밀한 말씀도 이 땅에 그것을 전하는 학원(사찰)이 없구나."라고 탄식하면서 입당하여 공공산(龔公山)의 지장대사를 찾았다. 지장의 법은 육조에서 남악 회양(南嶽懷讓, 677~744)으로, 다시 마조를 거쳐 지장에게 전해진 것인데, 지장이 스승 마조를 만난 곳도 공공산이다. 지장은 오랫동안 강서성 건주(虔州) 서당(西堂)에 머물며 제자 양성을 했는데, 대략 만 명을 헤아렸다 한다. 혜철은 스승을 만나 말하기를 "소생은 외국에서 태어나 천지간에 길을 물어 중국을 머다 아니하고 찾아와서 배우기를 청합니다. 다만, 훗날 무설지설(無說之說)과 무법지법(無法之法)이 바다 밖(신라)에 유포되면 그것으로 다행이겠습니다."라고 자신의 포부를 밝혔다. 선을 공부하여 신라에 전하겠다는 포부인 것이다. 대사는 (선사의) 뜻이 이미 굳고 품성이 잘 깨달을 만함을

34 하동 쌍계사 진감선사탑비(河東 雙磎寺 眞鑑禪師塔碑).

알고 한 번 보고도 옛날부터 안 것 같아 비밀히 심인을 전하였다. 스승 서당이 임종하자 곳곳을 유력(遊歷)하다 서주(西州) 부사사(浮沙寺)에 이르러 대장경을 밤낮으로 탐구하였다. 침상에 눕지도 않고 자리도 펴지 아니하여 3년이 되자 문장이 오묘하여도 궁구하지 못함이 없다 하였다.[35]

[그림 12-10] 종남산 지상사
출처: 법보신문.

무염은 장경(821~824) 초에 입당 이후 종남산 지상사(至相寺)에 갔다. 지상사는 화엄 사찰이며, 이전 의상대사가 공부하던 곳이기도 하다. 무염도 거기서 한동안 화엄을 공부한 것으로 보인다. 그런데 그곳에서 화엄을 공부하는 노인이 "멀리서 도를 취하고자 하는 것이 어찌 그대 자신에게 있는 부처를 체인하는 것에 비하겠는가?"라는 말을 듣고 언하에 대오하였다. 이후 경전 공부를 버리고 유력을 하다 불광사에서 마조의 제자 불광 여만(佛光如滿, 생몰 미상)을 만나 도를 물었다. 스승 여만은 "내가 사람을 많이 겪어 보았지만 이와 같은 신라 사람은 본 적이 드물다. 훗날 중국에서 선(禪)을 잃었을 때 장차 신라에 묻게 될 것이다."라는 말을 했다. 또 다른 마조의 제자인 마곡사의 보철을 만나서는 자신의 스승(마조)이 당부한 말("훗날 제자들 가운데 특이한 공이 있어 인가할 자는 인가

35 곡성 대안사 적인선사탑비(谷城 大安寺 寂忍禪師塔碑).

하라.")을 하면서 인가했다. "지금은 강서 마조의 대아(大皃)이지만 훗날 해동의 대부(大父)가 될 것이니 선사(先師, 마조)에게 부끄러움이 없을 것이다."라는 말을 들었다. 무염은 이들 마조의 제자들로부터 인가를 받았으나 바로 귀국하지 않고 불적(佛蹟)이 있는 곳을 두루 유력했으며, 고승으로 알려진 사람은 반드시 찾아가 만났다. 30여 년을 중국에서 머물며 그곳의 병자, 고아, 노인을 구휼하는 것을 임무로 삼아 존경을 받았다.[36]

체징은 837년에 동학인 정육(貞育), 허회(虛會) 등과 함께 배편으로 입당했다. 체징은 선지식(善知識)을 참방하고 15주(州)를 지나면서, 성(性)과 상(相)이 다르지 않다는 것을 알았다. 그리하여 말하기를, "우리 조사께서 말씀하신 바에 더할 것이 없는데 어찌 수고로이 멀리 가겠는가? 단지 홍취[意興]만으로 충분하도다."라고 하면서 3년 뒤인 840년에 귀국하였다.[37] 비교적 짧은 기간의 유학이었다. 당시 중국의 유명한 선사의 문하에 들지 않은 것도 특이하다.

범일은 중국에 가서 두루 선지식을 참문한 끝에 염관 제안(鹽官齊安, 750?~842)의 문하에서 6년 동안 수행하며 깨달음을 얻었다. 837년(희강왕 2년)에는 약산 유엄(藥山惟儼, 751~834)에게로 가 8년 동안 선을 배우고 심인을 얻었다. 이후 844년 당 무종(武宗)의 회창폐불(會昌廢佛)로 상산(商山)의 산에서 반 년가량을 숨어 지내다가 소주(韶州)에서 6조 혜능(慧能)의 탑에 참배하였고 847년(문성왕 9년)에 귀국하였다.[38]

36 보령 성주사지 낭혜화상탑비(保寧 聖住寺址 朗慧和尙塔碑).
37 장흥 보림사 보조선사탑비(長興 寶林寺 普照禪師塔碑).
38 『조당집』 17, 명주 굴산 고 통효대사(溟州 崛山 故 通曉禪師).

수철의 어느 절로 출가했는지는 알려지지 않았다. 연허(緣虛) 율사에게서 삭발하였고, 천종(天宗) 대덕에게 가르침을 받았다 한다. 이후 홍척을 만났다. 홍척이 "그대는 어디에서 왔는가?"라고 묻자 수철이 "그대의 본성은 무엇입니까?"라고 응대했다.[39] 홍척은 지실사(知實寺, 지금의 실상사)에서 실상산문을 연 창건주다. 지실사는 신라에서 최초로 연 선원(禪院)이다.[40] 수철이 2대조이다. 수철은 홍척을 만나 본격적으로 선문에 입문한 것으로 보인다. 홍척은 서당(西堂)을 잘 계승하라는 당부를 했다. 이후 동원경(東原京) 복천사(福泉寺)에 이르러 윤법대덕(潤法大德)에게 구족계를 받았다. 수철은 지실사에서 여러 장소(章疏)들을 남김없이 보았다 하였다.

[그림 12-11] 약산 유엄
출처: 百度百科.

희양산문의 건립자인 긍양은 효공왕 4년(900)에 입당하였다. 길을 가는 도중에 선승의 무리를 만나 선문답을 했는데, 긍양의 응대에 무리들이 놀라 그 말이 크게 전해졌다. 그는 선사들이 사는

39 남원 실상사 수철화상탑비(南原 實相寺 秀澈和尙塔碑).

40 조계종 교육원 불학연구소의 『선원총람』에 따르면, 그때가 826년에서 835년 사이이며, 이어 쌍계사 선문(830), 쌍봉사 선문(839), 고달사 선문(840), 태안사 선문(847), 성주사 선문(847), 사굴산사 선문(851), 보림사 선문(861), 봉암사 선문(881), 홍녕사 선문(882), 지장선원(889), 봉림사 선문(897) 등이 차례로 문을 열었다.

곳을 두루 찾아다녔는데, 마침내 곡산의 도연(道緣)을 찾아뵈었다. 도연은 청원계열의 석상 경제(石霜慶諸, 807~888)의 제자로서 이름 있는 선승이다. 그를 만나 긍양은 "석상의 종지(宗旨)의 적적한 뜻은 어떠합니까?"라고 물었고, 도연은 "대대로 전승되지 않는다."라고 응대했다. 긍양은 이 말 끝에 크게 깨달았다[言下大悟]고 했다. 스승으로부터 심인(心印)을 전해 받고, 선문의 영수가 되었다. 또 어느 날 스승에게 게송을 지어 바쳤는데, 스승은 탄복하였다. 경애왕 원년(924)에 곡산을 떠나 오대산 · 운개(雲蓋) · 동산(洞山) 등지를 순례하였고, 덕이 높은 스님들이 있으면 반드시 찾은 다음 귀국하였다.[41]

선사들의 스승

이상에서 신라 하대 선사들의 수행 · 수학 과정을 살펴보았다. 선사들이 그 시대, 그 사회에서 큰 교화력을 발휘하는 위대한 인물이 된 것에는 선사 자신의 노력도 있지만 스승의 역할을 무시할 수 없다. 선문에서 스승은 단지 불교 지식을 가르치는 역할만 하는 것이 아니다. 불교적 진리인 법을 전해 주는 조사(祖師)의 역할을 하는 사람이다. 그런 면에서 선사의 영향력은 절대적이다.

선사들의 비문을 보면, 선의 계보를 열거하면서 해당 선사의 위치를 말하고 있다. 법랑의 스승 도신(道信, 580~651)은 선종의 4조(四祖)이고, 황매현(黃梅縣)의 쌍봉산(雙峯山)에서 이른바 동산법

---

41 상주 희양산 봉암사 정진대사 원오탑비(尙州 曦陽山 鳳巖寺 靜眞大師 圓悟塔碑).

문(東山法門)을 펼친 사람이다. 도신의 스승은 『신심명(信心銘)』을 남긴 3조 승찬(僧璨, ?~606)이고, 제자는 5조 홍인(弘忍, 601~674)이다. 도신과 홍인이 펼친 법문을 동산법문이라 하는데, 선종사에서 중요한 의미가 있다. 그렇다면 법랑은 도신의 동산법문에 참여한 제자가 되는 것이다. 신행의 스승은 국내에서는 운정(運精)과 법랑인데, 운정은 율사이며, 법랑은 선사이다. 그리고 중국으로 건너가서는 지공(志空, ?~?)의 문하에 들었다. 지공은 북종선을 연 신수(神秀, ?~706)의 제자인 보적(普寂, 651~739)의 제자이니, 신행은 계보로 치면 북종선의 맥을 이은 것이 된다. 남종선으로 보자면, 도의와 홍척, 혜철이 모두 서당 지장의 문하에 들었다. 서당은 마조의 제자이다. 혜능 → 회양 → 도일 → 지장으로 이어지는 남종선의 법맥을 이은 것이다. 도의는 지장 이외에도 백장 회해(百丈懷海, 749~814)의 문하에도 들었다. 백장의 문하에는 황벽 희운(黃檗希運, ?~850)과 위산 영우(潙山靈祐, 771~853)가 있었고, 황벽의 법맥은 그 유명한 임제 의현(臨濟義玄, ?~867)으로 이어진다. 혜소는 창주(滄州)의 신감(神鑒)의 제자가 되었는데, 신감 역시 마조의 제자 가운데 한 사람이다. 무염의 신라에서의 스승은 법성, 석등인데, 법성은 중국에서 능가선(楞伽禪)을 공부한 사람이라 기록되어 있다. 석등은 화엄승이었다. 무염의 중국에서의 스승은 여만과 보철인데, 둘 다 마조의 제자이다. 범일은 중국으로 가서 염관과 약산의 문하에서 수학하였다. 염관과 약산은 모두 마조의 제자이다. 긍양은 신라에서는 여해로부터 배웠고, 중국으로 가서는 곡산 도연(谷山道緣)의 문하에 들었다. 스승 곡산은 석상 경제(石霜慶諸)의 제자이고, 석상은 위산 영우의 제자이다. 물론 이들과 달리 당에 유학하지 않고 신라에서 수학한 선사들도 있다. 체징과 수철, 도헌이 대표적이다. 체징은 화산(花山) 권법사(勸法師) 문하에서 경전 공부를 하다 염거의 문하에 들어 선을 공부하였다. 수철은 연허와 천종, 홍척으로부터 배웠는데, 연허는 율사이다. 도헌은 유학 이력이 없고, 부석사로 출가했다. 화엄승이었던 범체(梵體) 대덕에게서 배웠고, 경의(瓊儀) 율사에게서 17세에 구족계를 받았다. 혜은(慧隱) 문하에서 현리(玄理)를 탐구한 이력이 있다.

이를 보면 신라 하대의 선사들 가운데 다수가 중국으로 건너갔고, 거기서 마조의 제자들의 문하에 입문했다는 공통점이 있다. 달리 말하면, 조계 혜능을 조사로 하는 조계선의 법손들이라고 할 수 있다. 중국과 신라의 불교 교류는 불교 도입 이래 지속적인 관계를 가지고 있었고, 들어온 사상이나 지의 전수의 통로는 비교적 다양했다. 그러나 신라 하대에 와서는 오로지 선불교로 일원화되었고, 통로도 마조계가 압도적이다. 이는 신라 불교뿐 아니라 지금까지도(한국 불교 최대 종단이 대한불교 조계종인) 영향이 이어지고 있고, 한국 불교의 특성을 이루었다 해도 과언이 아니다.

입당 전과 후의 선사들의 수행과 학습

신라 선사들은 입당 유학을 하기 전, 수학의 과정을 보면 대부분 화엄학이나 율학 등을 공부한 경력을 가지고 있다. 특히 화엄을 공부한 이력이 뚜렷한데, 이는 신라 중대 이래 화엄불교가 전국적으로 대중화된 영향이라 보아야 할 것이다. 이른바 '화엄10찰'은 모두 산에 설립되어 있고, 경주를 벗어난 전국에 퍼져 있다는 특징이 있다. 또 그 절들은 앞서도 몇 번 언급한 '화엄대학'이라는 이름이 붙을 정도로 교육기관으로서의 역할을 하였다.[42] 그들 다수가 국내의 이런 사찰에서 이미 수학과 수행을 하고 입당하였던 것이다.

입당 이후의 수학 이력도 단지 선 수행만 있는 것은 아니었다. 그 못지않게 교학, 경전 공부에 무심하지 않았던 점도 주목의 대상이다. 대표적인 경우가 혜철인데, 지장 문하에서 마음을 훤히 깨친 후에 "서주(西州) 부서사(浮沙寺)에 이르러 대장경을 펼쳐 탐구함에 밤낮으로 오로지 정진하여 잠시라도 쉬지 아니하였다. 침상에 눕지도 않고 자리도 펴지 아니하여 3년이 되자 문장이 오묘하여도 궁구하지 못함이 없고 이치는 숨겨져 있어도 통달하지 아니함이 없었다."라고 하였다. 이를 보면, 선사라고 하지만 교학 공부에 소홀하지 않았음을 알 수 있다.

또 유학승들에게 공통적인 것은 두타행을 하면서 중국의 유명 불적(佛蹟)을 유력(遊歷)하였다는 것이며, 고승이라고 이름난 이들을 반드시 찾아 배움을 청하였다는 것이다. 오대산과 종남산은 중국에서도 이름난 불교 명산으로 신라 중대 이래 많은 유학승이 찾는 산이었는데, 신라 하대의 선사들도 많이 찾았다. 그 밖에도 백장산(百丈山), 공공산(龔公山), 운개산(雲蓋山), 동산(洞山), 염관(鹽官), 약산(藥山) 등 고승이 머무는 곳에 찾아갔다는 기록이 있

42 최치원이 지은『법장화상전』의 주석에 '화엄대학'이란 명칭이 보인다[海東華嚴大學之所 有十山焉]. 이 주석을 최치원이 붙였는지 아니면 다른 이가 붙였는지, 그 시기가 언제인지, 왜 대학이라고 했는지 등에 대해서는 교육사 연구자들이 주목하고 연구해야 할 부분이다. 연구자의 소견으로는 대학이란 명칭이 붙은 것은 화엄십찰이 이미 자체적인 대학과 같은 교육시스템을 갖추었다는 의미로 보인다.

다. 그들의 이러한 유력행의 의미는 개인적으로 볼 때는 수행의 연장이다. 중국의 이름난 불적을 찾는 것은 신라의 유학승들이 중국의 유 · 무형의 불교문화를 직접 경험하고, 그것을 신라에 유통한다는 측면에서 교육의 핵심인 지의 전달, 문화 전달의 의미도 크다.

제13장

신라 하대 불교교육의 새바람: 선사들의 교화와 산문의 형성

제13장

신라 하대 불교교육의 새바람: 선사들의 교화와 산문의 형성

붓다의 삶과 선사들의 삶

우리가 선사의 삶에 주목해야 하는 것은 그들의 삶이 교육자의 삶과 다르지 않기 때문이다. 불제자(佛弟子)인 그들의 삶의 전형은 붓다의 삶이다. 붓다는 29년은 왕자로서의 삶을 살았고, 6년은 수행자로서 살았다. 이후 열반에 들 때까지는 교육자로서 살았다. 신라의 승려들 역시 다르지 않았다. 그러기에 신라 하대 승려들의 삶을 자세히 들여다보면, 거기에서는 수행자(학습자)의 모습과 교화자(교육자)의 모습을 모두 볼 수 있고, 동아시아 지의 유통의 과정까지 살펴볼 수 있다. 교육사 연구는 바로 지의 유통과 소비의 과정을 역사적으로 추적하는 일인데, 중국에서 선불교의 지가 어떻게 신라 사회에 전달·유통되었고 소비되었는지를 추적하는 일이기도 하다. 앞 장에서는 그 유통의 과정을 살펴보았다. 이 장에서는 신라 내부에서의 유통과 소비의 과정, 즉 선사들의 교화의 행적과 산문의 형성 과정을 살펴보자.

법랑선사와 신행선사의 교화

먼저 중국의 선, 그 가운데 이른바 '동산법문'을 신라에 가져온 이는 법랑이다. 4조 도신으로부터 심인을 받은 법랑의 교화에 대해서 비문에서는 "보물을 움켜쥐고 돌아간 사람이 법랑대사가 아니고 누구이겠는가? 다만 아는 사람은 말하지 않으므로 다시 은밀한 곳에 감추어 두었는데, 비장한 것을 능히 찾아낸 이는 오직 신행대사뿐이었다."라고 그 유통의 과정을 적고 있다.[1] 또 신행의 비문에서는 "법랑선사(法朗禪師)가 호거산(踰踞山)에서 지혜의 등불을 전한다는 소문을 듣고 곧장 그곳으로 가서 심오한 뜻을 받고자 하였다. 7일이 지나지 않아 법랑선사가 시험 삼아 이치의 옳고 그름을 묻자, '즉심무심(卽心無心)'이라는 미묘한 말로 그윽하게 대답하였다. 화상이 '훌륭하도다. 마음 등불의 법이 모두 너에게 있구나.'라며 감탄하였다."라고 기록되어 있다. 호거산은 지금의 운문사가 있는 산이다.

법랑의 제자 신행은 스승 사후 입당하여 지공 문하에 들었다. 지공은 신수 → 보적 → 지공으로 이어지는 이른바 북종선의 법을 계승한 것이다. 신행의 비문에는 "아침저녁으로 깊이 연구하기를 3년이 지나자, (스승 지공이) 비로소 영부(靈府)를 열어 현주(玄珠)를 주었다."라고 하였다. 심인을 전수했다는 말이다. 신행의 귀국에 임해서는 관정(灌頂)하면서, "가거라! 공경하는 재목[欽才]이여. 그대는 지금 본국으로 돌아가 미혹한 나루터[迷津]를 깨우치게 하고, 깨달음의 바다를 파도치게 하라."라는 교화와 전법의 사명을 받았다. 이후 신라로 돌아와서는 지리산 단속사 등지에서 교화를

1 문경 봉암사 지증대사탑비((聞慶 鳳巖寺 智證大師塔碑).

펼쳤다.

813년에 세운 그의 비문에는 "어리석은 중생들을 이끌었다. 불도를 닦을 근기(根機)가 있는 자들을 위해서 '마음을 보라[看心]' 한 마디 말로 가르쳤고, 완숙한 근기가 있는 자들을 위해서 다양한 측면의 방편을 보이셨다."라고 기록하고 있다. 또 "재가자나 출가자나 교화를 입었고, 멀리 있든 가까이 있든 함께 소리를 들었다."라고도 기록하고 있으며, "조정에서 은자를 꿈꾸는 현인들, 도(道)의 경지에 마음을 둔 사인(士人)들, 위제희(韋提希) 부인을 본받고자 하는 귀인들, (석가모니의) 열반[圓寂]을 추종하는 무리들이 서로 돌아보며 맹세하며" 불교에 귀의하였다 한다.[2] 이는 비문의 찬자인 김헌정(金憲貞)이 원성왕의 손자이자 희강왕의 아버지로서, 집사부 시중을 역임했던 것으로도 짐작할 수 있다. 비록 심산유곡에 거처하고 있었지만 그의 교화력이 얼마나 대단했는지를 짐작할 수 있다. 신행이 779년에 입적했으니, 그가 활약한 시기는 실제로는 신라 중대의 말기였다.

도의국사, 염거선사, 보조선사 체징과 가지산문

신라 하대 선법의 문을 연 이는 도의국사다. 도의는 784년에 입당하여 스승 백장이 입적한 지 7년 뒤인 821년 신라로 귀국하였다. 당시 상황을 「지증대사비」에서는 "원숭이의 마음에 사로잡힌 무리들이 남쪽을 향해 북쪽으로 달리는 잘못을 감싸고, 메추라기의 날개를 자랑하는 무리들이 남해를 횡단하려는 대붕의 높은 소

2 산청 단속사 신행선사비(山淸 斷俗寺 神行禪師碑).

망을 꾸짖었다. 이미 외우는 말에만 마음이 쏠려 다투어 비웃으며 '마어(魔語)'라고 한 까닭에 빛을 지붕 아래 숨기고, 종적을 협소한 곳에 감추었는데, 동해의 동쪽에 갈 생각을 그만두고, 마침내 북산에 은둔하였으니…….''라고 기록하고 있다.[3] 이미 외우는 말에만 마음이 쏠려 있다는 말은 경전 공부에만 몰두하고 있던 당시를 말한다. 선어(禪語)를 '마어', 즉 마귀의 말이라고 했다고 하니 북산(설악산)으로 갈 수밖에 없었던 상황이었던 것이다. 신행보다 뒤에 귀국했지만 북산에서의 교화가 그리 활발히 이루어지지는 못한 것으로 보인다.

[그림 13-1] 도의국사
출처: 조계종.

그렇지만 도의의 법은 염거에게 이어졌고, 염거의 법은 보조선사 체징에게 이어져 신라의 서남쪽에 가지산문이라는 큰 결실을 맺었다. 그 상황은 체징의 비문, 보조선사탑비에 남아 있고, 정리하면 이러하다. 염거는 설악산 억성사에서 법석을 열어 조사의 마음을 전하고 스승의 가르침을 열고 있었는데, 체징이 그 문하에 들었다. 체징은 그곳에서 염거를 섬기면서 일심(一心)을 청정히 닦았고, 이에 스승 염거는 체징의 뜻과 기운이 짝할 사람이 없고 소양과 기개가 보통 사람과 다름을 살피고서 법인(法印)을 전수하였다.

체징은 3년의 입당 유학을 끝내고, 840년에 귀국하여 고향 웅진

3 문경 봉암사 지증대사탑비(聞慶 鳳巖寺 智證大師塔碑).

에서 교화를 펼쳤다. 이후 무주(武州) 황학난야(黃壑蘭若)에 머물렀다. 헌안왕이 그 명성을 듣고 도를 앙모(仰慕)하여 선문을 열고자 하여 왕경에 들어올 것을 청하였으나 칭병하고 나가지 않았다. 왕은 교지를 보내어 가지산사(迦智山寺)로 옮겨 거처할 것을 청하였다. 859년(헌안왕 3년), 왕의 명으로 화엄승 원표가 머물던 가지산 보림사(寶林寺)로 거처를 옮겼다. 880년에 입적할 때까지 이곳에서 지내며 영혜(英惠), 청환(清奐) 등 800여 명의 제자를 기르며 지냈는데, 이가 9산 선문 가운데 하나인 가지산문이다.

[그림 13-2] 장흥 보림사
출처: 국가유산청.

체징의 문하에는 고관 귀족들의 귀의가 많았다. 860년에 부수(副守) 김언경이 삼가 제자의 예를 행하여 일찍이 문하의 빈객이 되었으며, 뒷날 김언경은 왕명을 받아 체징의 비문을 작성하기도 했다.[4] 체징의 문도 중에는 강진 무위사에서 활동한 선각대사(先覺大師) 형미(逈微, 864~917)가 있었는데, 형미는 891년(진성여왕 5년), 당에 유학하여 운거 도응(雲居道膺, 835~902)의 문하에서 수행하였고, 905년(효공왕 9년)에 귀국하여 왕건의 귀의를 받기도 했다. 그런데 형미의 스승 운거는 그 유명한 '5가7종'의 하나인 조동종(曹洞宗)의 창시자인 동산 양개(洞山良价, 807~869)의 법을 이

4 장흥 보림사 보조선사탑비(長興 寶林寺 普照禪師塔碑).

은 사람이다. 가지산문 하나만 보더라도 중국의 선종사가 녹아들어 있는 것을 알 수 있다.

진감선사 혜소와 쌍계산문

혜소는 804년, 입당 이후 신감의 문하에서 수행하고 스승과 문도들로부터 인가와 인정을 받았다. 27년을 중국에 머물렀는데, 장안으로 가서 큰 길가에서 3년간 짚신을 삼아 널리 보시한 이력이 있다. 그의 교화는 중국에서 시작된 것이다. 홍덕왕 5년(830)에 귀국했다. 귀국 당시 이미 나이 57세의 노년이었지만 여러 곳에서 교화를 펼쳤다. 처음에 상주(尙州) 노악산(露岳山, 지금의 노음산)의 장백사(長栢寺)를 짓고 머물렀다. 당시 "의원의 집에 병자가 많듯, 찾아오는 이가 구름 같았다."라고 했다. 두 번째는 지리산 화개 부근에 터를 잡았다. 그 사이 희강왕이 즉위하였고(836), 이어 민애왕이 즉위하여(838) 혜소에게 국서를 보내 왕경으로 초대하였으나 응하지 않았다. 그곳에서 몇 해가 지나자 배움을 청하는 사람들이 벼와 삼대처럼 줄지어 와서 송곳을 꽂을 곳도 없게 되었다. 다시 자리를 옮긴 곳이 지리산 옥천사(쌍계사)다. 비문에서는 이렇게 적고 있다.

[그림 13-3] 하동 쌍계사 일주문
출처: 국가유산청.

이에 빼어난 장소를 두루 둘러보다가 남쪽 고개 기슭을 보니 탁 트이고 시원함이 으뜸이었다. 선려(禪廬)를 짓기 시작하니 뒤로는 안개 낀 봉우리에 의지하고 앞으로는 구름 서린 골짜기를 굽어보았다. 눈을 맑게 하는 것은 강 건너 먼 산이요, 귀를 시원하게 하는 것은 돌에서 솟구쳐 흐르는 여울물 소리였다. 더욱이 봄 시냇가의 꽃·여름 샛길의 소나무·가을 골짜기의 달·겨울 산마루의 눈으로 계절마다 모습을 달리하며 온갖 사물이 빛을 주고받고 많은 소리가 서로 어울리며 수많은 바위들이 빼어남을 다투었다. 일찍이 중국에 다녀온 사람이 이곳에 와서 보고는 모두 깜짝 놀라 살펴보며 이르기를, "혜원(慧遠) 스님의 동림사(東林寺)가 바다 건너로 옮겨 왔도다. 연화장세계는 범부의 생각으로 헤아릴 수 없지만, 항아리 속에 별천지가 있다고 한 것이 정말이구나."라고 하였다. 대나무를 이어서 시냇물을 끌어 축대에 돌려 사방으로 물을 대고는 마침내 옥천(玉泉)이라고 이름을 내걸었다. 법통을 헤아리면 선사는 조계(曹溪)의 현손이 되므로 이에 육조(六祖)의 영당(影堂)을 세우고 (육조의 초상화를) 그려 봉안하여 대중을 가르치는 데 널리 활용하였다. 경전에서 말한 "중생을 기쁘게 하기 위하여 비단에 여러 모습을 화려하게 그린다."라는 것이다.[5]

글공부보다 마음공부가 본분사인 선 수행자에게 수행 공간은 남다른 의미가 있다. 선찰을 세우기 이상적인 곳을 택했던 것이

5 하동 쌍계사 진감선사탑비(河東 雙磎寺 眞鑑禪師塔碑).

다. 혜소는 이곳에 6조(六祖)의 영당(影堂)을 세우고 6조의 초상화를 그려 봉안하여 대중을 가르치는 데 널리 활용하였다 했는데, 선불교에서 조사는 부처를 대신하는 위치에 있는 사람이다. 혜소의 교화에서 빠뜨릴 수 없는 것이 범패다. 그의 범패(梵唄)는 그 소리가 금 쟁반에 옥구슬 구르는 것 같았고, 구슬픈 곡조[側調]와 날리는 소리는 상쾌하면서도 슬프고 우아하여 여러 천신을 기쁘게 하고 길이 먼 곳까지 전해지게 하였다 한다. 배우려는 사람이 학당에 가득하였고 그 또한 가르치기를 게을리 하지 않았다. 비문을 세운 헌강왕 12년(886) 당시에도 "지금까지도 우리나라에서 어산(魚山)의 오묘함을 익히는 사람들이 다투어 코를 쥐고 옥천(玉泉)의 남은 소리를 본뜨려 하니 어찌 소리로써 제도하는 교화가 아니겠는가?"라고 기록하고 있다.[6] 코를 쥔다는 것은 중국의 고사인데, 좋은 소리를 본받기 위한 기이한 행동이다.

혜소는 죽음에 임해서(850) 문인들에게 고하기를 "모든 존재가 다 공(空)이니, 나도 장차 떠나려 한다. 일심(一心)이 근본이니 너희들은 힘써 노력하라. 탑을 세워 유해를 보관하지 말고 명(銘)을 지어 나의 행적을 기록하지 말라."라고 하였다. 그러나 그의 비명은 당대의 명문장가이자 유가 지성 최치원이 왕명을 받들어 기록했다.

혜소의 교화력은 그의 인품과도 관련이 있다. 출가 전 가난하여 생선 장수를 하여 부모를 공양하는 처지였지만, 전혀 개의치 않고 소박한 성품과 생활을 바꾸지 않았다. 입는 것은 헌 솜이나 삼베도 따뜻하게 여겼고, 먹는 것은 겨나 싸라기도 달게 여겼다. 도토리와 콩을 섞은 범벅에 나물 반찬도 한 가지뿐이었으며, 귀인들이

6 하동 쌍계사 진감선사탑비(河東 雙磎寺 眞鑑禪師塔碑).

가끔 찾아와도 특별한 음식을 마련하지 않았다. 문인들이 거친 음식이라 올리기를 어려워하면 "마음이 있어 여기에 왔을 것이니 비록 거친 밥인들 무엇이 해로우랴[有心至此, 雖糲何害]."라고 말하였다. 높은 사람과 낮은 사람, 나이 든 사람과 어린 사람을 똑같이 대접하였으며, 말에 꾸밈이 없었다 한다.[7] 그의 질박한 삶 자체가 문인들에게 본보기[榜樣]였던 것이다.

적인선사 혜철의 동리산문

[그림 13-4] 곡성 태안사 적인선사탑
출처: 국가유산청.

적인선사(寂忍禪師) 혜철은 15세에 부석사에 들어가 화엄을 공부하고, 22세에 계를 받았다. 이후 스스로 생각건대 "부처는 본래 부처가 없는데 억지로 이름을 세운 것이요, 나는 본래 내가 없는 것이니 일찍이 한 물건도 있지 아니하다. 견성의 깨달음은 바로 이 깨달음이니 비유하면 법은 공하되 공이 아니며, 묵묵한 마음이 바로 이 마음이고 적적한 지혜가 바로 이 지혜이니 문자 바깥의 이치는 반드시 곧바로 지남을 얻는 것이다[佛本無佛, 强以立名, 我本無我, 未嘗有物. 見性之了是了, 喩法之空非空, 默默之心是心, 寂寂之慧是慧, 筌蹄之外理則, 必然頃得司南是也]." 하여 선지(禪旨)를 얻었다. 그리고 "본사 석가모

7 하동 쌍계사 진감선사탑비(河東 雙磎寺 眞鑑禪師塔碑).

니께서 남긴 가르침도 오랜 세월이 지났고 여러 조사의 은밀한 말씀도 이 땅에 그것을 전하는 학원이 없구나."라고 하면서 유학을 결심했다.

814년에 서당 지장을 찾았는데, 서당은 혜능 → 남악 회양 → 마조 도일로 이어지는 남종선의 적자이다. 서당을 만나 "소생은 외국에서 태어나 천지 간에 길을 물어 중국을 멀다 아니하고 찾아와서 배우기를 청합니다. 다만 훗날 무설지설(無說之說)과 무법지법(無法之法)이 바다 밖(신라)에 유포되면 그것으로 다행이겠습니다."라고 하여 유학의 뜻이 선법을 공부하여 신라에 전하는 데 있음을 알렸다. 서당 지장으로부터 인가를 받고, 스승이 입적하자 명산 대찰을 유력하다 부서사에 머물러 대장경을 깊이 탐구하다 839년에 귀국했다.

혜철은 신라에 돌아와서도 교화보다는 수행에 치중했다. 무주 관내 쌍봉난야(蘭若)에서 수행을 했다. 비문에 의하면, 수행할 때 일어난 몇 가지 신이(神異)한 일을 기록하고 있다. 비문에서는 또 "이악(理嶽, 지리산으로 추정)에 머물러 묵계(默契)할 때"라고 기록하여 지리산에서도 수행을 한 것으로 보인다. 이후 곡성군 동리산 대안사(태안사)로 수행처를 옮겼는데, 교화지 동리산문의 개창이었다. 그 내용을 비문에서는 이렇게 적고 있다.

[그림 13-5] 곡성 태안사 일주문
출처: 국가유산청.

> 곡성군 동남쪽에 산이 있어 동리(桐裏)라 하였고, 그 속에 암자가 있어 이름을 대안(大安)이라 하였다. 그 절은 수많은 봉

> 우리가 막아 가리고 한 줄기 강이 맑게 흘렀고, 길이 멀리 끊기어 세속의 무리들이 오는 이가 드물고 경계가 그윽히 깊어 승도들이 머물러 고요하였다. …… 선사가 석장을 잡고 와서 돌아보고 한적하게 머무를 뜻이 있어 이에 교화의 도량을 열어 자질을 갖춘 사람을 받아들이니, 점교·돈교를 닦는 사람이 사선(四禪)의 방에 구름처럼 모이고 현인과 우매한 이들이 팔정(八定)의 문에 그림자처럼 따라다녔다.

동리산은 매우 깊은 산속이어서 세속인들이 오기 힘든 곳이라 오히려 수행자가 선정을 닦는 데 적합한 곳이었다는 말이다. 그리고 선 수행자만 받아들인 것이 아니라 점교, 즉 교학을 닦는 이도 받아들인 것으로 보인다. 그 자신이 선사이지만 대장경을 깊이 연구한 학승이라 선과 교에 편중되지 않았던 것이다.

당시 문성왕은 혜철의 교화의 소식을 듣고 자주 서신을 내려 위문하였고, 혜철이 머무는 절의 사방 바깥에 살생을 금하는 당(幢)을 세울 것을 허락하였다 했다. 임금이 허락했다는 것으로 보아 혜철의 요청이 있었던 것으로 보인다. 임금의 명으로 살생을 금하는 당을 세운 것은 백성들의 생활까지 변화시키는 것이기에 해당 지방민의 교화와도 관련이 있는 조치다.[8] 불살생계는 불교의 대표적인 계율로서, 일찍이 백제의 법왕이 즉위하자마자(599) 불살생계를 내린 바 있다.

혜철은 문성왕의 귀의를 받을 정도로 교분이 깊었는데, 왕은 나라를 다스리는 요체에 대해 물었고, 혜철은 봉사(封事) 몇 조항을 올렸다. 당시 이 지역은 장보고의 근거지였다. 문하에는 100여 명

8 곡성 대안사 적인선사탑비(谷城 大安寺 寂忍禪師塔碑).

이 넘는 제자가 있었고, 여선사(如禪師), 광자 윤다(廣慈允多, 864~945)가 법을 계승했다. 또 풍수비보로 잘 알려진 도선(道詵, 827~898)을 중심으로 한 계열이 전라남도 광양의 옥룡사를 중심으로 존재하였다.

낭혜화상 무염의 성주산문

낭혜화상 무염은 설악산 오색석사로 출가하여 능가선을 익혔고, 부석사에서 화엄학을 공부하였다. 스승으로부터 입당 권유를 받고 822년경에 입당하여 지상사(至相寺)에서 화엄학을 수학하였다. 그 후 불광사(佛光寺)의 여만(如滿) 선사와 마곡산(麻谷山) 보철(寶徹) 문하에서 수행하였다. 20여 년 동안 중국의 여러 곳을 다니면서, 오로지 병든 이를 돌보고 고아와 자식 없는 늙은이들을 구제하는 것을 자기의 임무로 삼는 보살행을 실천하여 '동방의 대보살'이라 불렀다.

문성왕 7년(845), 중국의 회창법난으로 귀국했다. 앞 장에서 언급한 대로 무염은 무열왕의 9세손으로 진골 출신이었다. 무염의 입당을 도운 이는 당시 신라의 사신이었던 김흔(803~849)이었는데, 그 역시 무열왕의 9세손이다. 귀국 후 다시 김흔을 만나 웅천주(공주)의 절에 머물기를 요청받는다. 김흔은 입당하여 숙위를 마치고 귀국하여 남원태수, 명주태수 등 지방관을 거치고, 장보고의 난의 진압에도 관여하였다. 그때가 847년경이었는데, 문성왕(839~857 재위)이 무염이 머무는 절을 성주사(聖住寺)라고 사액을 내리고, 관사(官寺)에 해당하는 대흥륜사에 편입시켰다. 이는 혜소를 대황룡사에 편입시킨 것과 같은 맥락으로 보인다. 당시의 교화 상황은 이러하였다.

> 대중(大中; 847~859) 초에 비로소 나아가 머무르면서 말끔히 꾸미자, 이윽고 도가 크게 행하여지고 절이 크게 이루어졌다. 이로 말미암아 멀리 사방에서 도를 묻는 사람들이 천릿길도 반걸음인 양 여겼으니, 그 수가 이루 셀 수 없었고 참으로 무리가 번성하였다. 대사는 오히려 종이 쳐 주기를 기다리듯, 거울이 피곤을 잊은 듯이 하였다. 온 사람들은 지혜의 불로 그 눈을 이끌고 법의 기쁨으로 그 배를 즐겁게 함으로써, 마음을 정하지 못하고 머뭇머뭇하는 사람을 유인하고 무지한 습속을 변화시키지 않음이 없었다.[9]

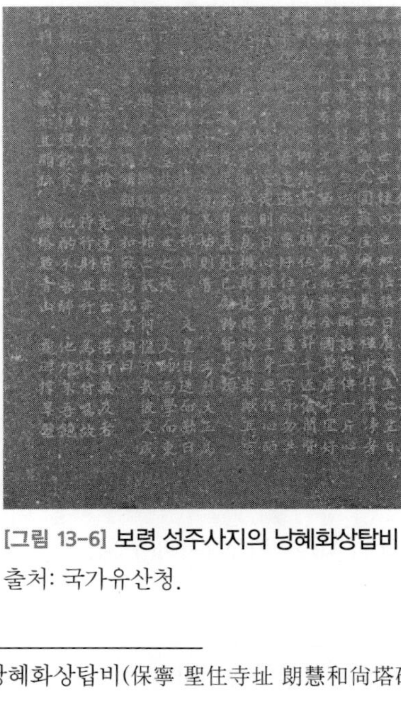

[그림 13-6] 보령 성주사지의 낭혜화상탑비
출처: 국가유산청.

9 보령 성주사지 낭혜화상탑비(保寧 聖住寺址 朗慧和尙塔碑).

사람을 가르치는 데 특별한 정성을 기울였던 것으로 보인다. 종이 쳐 주기를 기다리고 거울이 피곤을 잊은 듯[鍾待扣而鏡忘罷] 지혜의 불로써 이끌어 무지한 습속을 변화시켰다니 그 일대에 큰 스승으로 인정받았다는 이야기다.

문성왕을 이은 왕이 헌안왕(857~861 재위)인데, 왕위에 오르기 전 무염에게 제자의 예를 펴고 향과 차를 폐백으로 매달 보냈다. 왕위에 오르고서는 좌우명을 청하였고, 종종 정치적 자문도 구하였다. 당시의 사류(士流)들은 무염의 선문을 모르는 것에 대해 일세의 수치로 여길 정도라고 하였다. 그러다 경문왕(861~875 재위)이 871년에 교서를 보내어 만나 왕사(王師)로 삼았다. 그리고 다음과 같이 가르침을 청한다.

> 제자가 말은 꾸미지 못합니다만, 글짓기는 조금 좋아합니다. 일찍이 유협(劉勰)의 『문심조룡(文心雕龍)』을 읽었는데, 거기에, "유(有)에 집착하거나 무(無)를 고수하면 한갓 편향된 견해만 날카롭게 할 뿐이다. 진실한 근원으로 나아가고자 한다면, 반야(般若)가 끊어진 경지가 바로 그것이다."라는 말이 있었습니다. 경지가 끊어졌다는 것에 대하여 들려주시겠습니까?"[10]

이에 대답하기를, "경지가 이미 끊어졌다면, 이치도 없는 것입니다. 이것이 심인(心印)이니 묵묵히 행할 뿐입니다."라고 하였다. 경문왕의 불교에 대한 관심은 매우 깊은 사람이었다. 그래서

10 보령 성주사지 낭혜화상탑비(保寧 聖住寺址 朗慧和尙塔碑).

“과인은 조금 더 나아가기를 실로 청합니다.”라고 하여 배움의 열의를 보였다. 이에 무염은 문도 중에서 쟁쟁한 이들에게 번갈아 질문하고 뜻을 다 말하여서, 막힌 것은 뚫어 주고 답답한 것은 떨쳐 버렸다 한다. 그 과정을 비문에서는 “마치 가을바람이 짙은 구름을 가르듯” 하였다고 적고 있다. 경문왕은 대사(무염)가 자신에게 ‘남종(南宗, 남종선)’을 가르쳐 주었다고 하였다.

무염의 성품은 공손하고 삼갔으며, 말은 온화한 기운을 해치지 않았다 한다. 공부하는 승려들에게도 반드시 ‘선사(禪師)’라고 호칭하였으며, 손님을 접대할 때에 높고 낮음에 따라 달리 예우한 적이 일찍이 없었다 한다. 5일을 기한으로 배움을 구하러 오는 자들로 하여금 의문나는 점을 묻게 하였다 했다. 제자들에게 격려하며 남긴 말 역시 교육적 의미가 충분하다.

> 마음이 비록 몸의 주인이지만, 몸도 마음의 스승이 되어야 할 필요가 있다. 그렇게 생각하지 않는 것을 염려해야 하며, 도가 어찌 너희를 멀리하겠는가? 설사 시골 촌놈이라 할지라도 능히 세속의 굴레에서 벗어날 수 있다. 내가 달리려고 하면 반드시 달릴 수 있으니, 도사(導師)와 교부(敎父)에 어찌 종자가 따로 있겠는가? …… 저 사람이 마신 것이 나의 갈증을 해소하지 못하며, 저 사람이 먹은 것이 나의 굶주림을 구원하지 못하니, 어찌 노력하여 스스로 마시고 스스로 먹지 않는가? 혹자는 교(敎)와 선(禪)이 같지 않다고 이르기도 하는데, 나는 아직 그런 종지를 보지 못하였다.[11]

11 보령 성주사지 낭혜화상탑비(保寧 聖住寺址 朗慧和尙塔碑).

마음공부는 선사들이 늘 강조하는 바이지만, 몸이 마음의 스승이 되어야 한다는 말은 다른 선사에게서는 들을 수 없는 이야기다. 왕후장상의 씨가 따로 없듯이 스승의 종자도 따로 없다는 과감한 이야기를 제자들에게 했고, 교와 선이 다르지 않다는 말도 무염의 독특한 주장이다.

문성왕, 헌안왕, 경문왕, 헌강왕, 정강왕, 진성여왕 등 6대의 왕이 무염에게 법을 물었고, 문하 제자로 거명되는 이가 2,000여 명에 이르렀다. 승량(僧亮), 보신(普愼), 순예(詢乂), 심광(心光) 등이 이름을 남겼고, 법손들은 많아서 실로 마조도일이 용의 새끼를 길렀으며, 동해[신라]가 서하(西河, 唐)를 가렸다고 이를 수 있다고 비문에 적고 있다.

통효대사 범일의 사굴산문

통효(通曉)대사 범일은 입당하여 마조의 제자 염관 제안의 문하에 들어 6년 동안 수행했고, 약산 유엄의 문하에서 8년간 선을 배우고 심인을 얻었다. 이후 844년 당 무종(武宗)의 회창폐불(會昌廢佛)로 숨어 지내다가 소주(韶州)에서 혜능의 탑에 참배한 뒤, 847년(문성왕 9년)

[그림 13-7] 강릉 굴산사지 당간지주
출처: 국가유산청.

에 귀국하였다.[12]

귀국 후, 범일은 3년 정도 경주에 머물며 문성왕의 귀의(歸依)를 받았다. 이후 문성왕 13년(851), 명주 도독 김공(金公)의 청으로 굴산사(崛山寺)에 주석하며 사굴산문을 개창하고 제자를 양성하였다. 당시 제자와의 대화가 조금 남아 있다.

제자: "어떤 것이 조사의 뜻입니까?"

범일: "여섯 대가 지나도 잃은 적이 없느니라."

제자: "어떤 것이 대장부가 힘써야 할 일입니까?"

범일: "부처의 계단을 밟지 말고, 남의 깨달음을 따르지 말라."[13]

"부처의 계단을 밟지 말고, 남의 깨달음을 따르지 말라[莫踏佛階級, 切忌隨他悟]."라는 말은 이상한 말 같지만, 도는 닦는 것이 아니라는 마조의 가르침의 입장에서 이해해야 한다. 이미 불성이 내게 있다는 것을 발견하는 것이 중요하다. 견성은 "아침의 범부가 저녁에 성인[朝凡暮聖]"이 되는 것이고, 그래서 신라 사회에 선이 들어온 후, 중생 구제가 쉬워졌다는 평가를 하게 되었다.[14]

경문왕, 헌강왕, 정강왕이 모두 각각 특별히 모시는 예를 다하여 멀리서 흠앙하였고, 국사에 봉하기 위해 사람을 보냈지만 굳이 사양했다. 사굴산문을 세워 제자 경보(慶甫)는 당나라에 유학을 가기 전 굴산사로 범일을 찾아와 가르침을 받았다 하고, 개청

12 『조당집』 17, 명주 굴산 고 통효대사(溟州 崛山 故 通曉大師).

13 『조당집』 17, 명주 굴산 고 통효대사(溟州 崛山 故 通曉大師).

14 문경 봉암사 지증대사탑비(聞慶 鳳巖寺 智證大師塔碑).

(開淸), 행적(行寂), 신의(信義) 등 '십성제자(十聖弟子)'를 배출하기도 하였다. 명주(강릉)와 강원도 일원의 지역 교화에 큰 영향을 끼쳤다.

신라 말의 학자 박인범(朴仁範)이 지은 「범일국사영찬(梵日國師影讚)」이 전하고 있다.

> 최상의 법은
> 깊고 깊어 아득하네
> 맑고 밝은 달이 흰 것과
> 장강이 맑은 것은
> 이미 상(相)이 있지만
> 이는 이내 형(形)이 없네
> 형이 없는 그 형을
> 단청으로 나타내리
> (이홍섭 역)

이를 보면 범일이 입적한 후 그의 진영을 굴산사에 봉안했음을 짐작할 수 있다. 동시대의 최치원은 「지증대사비문(智證大師碑文)」에서 덕이 두터워 중생의 아버지가 되고, 도가 높아 왕의 스승이 된 인물로 도의, 홍척, 혜철, 현욱, 혜소 도윤 등과 함께 범일을 넣었는데, 모두 교화가 중생세계에 미쳤다 하였다.

많은 고승이 그러하듯 강릉 지역에는 범일과 관련한 학바위 탄생 설화가 남아 있다. 특기할 점은 강릉 지역에서 범일은 대관령국사성황신(大關嶺國師城隍神)으로 신격화되어 있으며 2005년 유네스코가 지정하는 '인류 구전 및 무형 문화유산 걸작'(인류 무형

문화유산 대표 목록)으로 선정된 강릉단오제의 주신(主神)으로 추앙받고 있다.[15] 또 2007년부터 지역 축제로서 '범일국사문화축전(梵日國師文化祝典)'이 해마다 열리고 있어 지금까지 지역문화의 중심 인물이 되고 있다.

[그림 13-8] 범일국사를 모신 대관령 성황사 산신각
출처: 국가유산청.

[그림 13-9] 범일국사문화축전 포스터

증각대사 홍척과 수철화상의 실상산문

다음은 실상산문의 개척자 증각대사(證覺大師) 홍척과 그 제자 수철이다. 홍척은 서당의 법을 잇고 826년(헌덕왕 18년)에 신라에 돌아왔다. 지리산에서 교화를 폈지만 그의 비문이 남아 있지 않아 교화 사적을 알기 어렵다. 앞 장에서 본 바와 같이 제자 수철을 경주에서 만나 교화하는 장면이 수철의 탑비에 남아 있다. 즉, 홍척이 "그대는 어디에서 왔는가?"라고 물었고, 수철은 "그대의 본성은 무엇입니까?"라고 응대한 것이다.[16] "어디에서 왔는가?"라는

15 디지털강릉문화대전(https://gangneung.grandculture.net/gangneung) '강릉단오제' 항목.

16 남원 실상사 수철화상탑비(南原 實相寺 秀澈和尙塔碑).

홍척의 물음은 사실은 수철이 한 대답과 같은 말이다. 어디서 왔느냐는 질문이 '본성이 무엇이냐?' '너는 누구냐?'는 질문인 것이다. 지실사(知實寺)는 지금의 실상사로서 홍척이 귀국하여 신라에서 최초로 연 선원(禪院)이다.[17]

2대조 수철의 교화도 지실사를 중심으로 이루어졌다. 지실사에서 "여러 장소(章疏)들을 남김없이 보았다."라는 기록이 있고, "고요함으로 중생을 이끌어"라는 말도 있는 것으로 보아 역시 선과 교를 겸한 선사였던 것 같다. 경문왕(861~875 재위)이 수철을 불러 교(敎)와 선(禪)의 같고 다름에 대해 설법해 줄 것을 청하자 답한 기록도 있다. 수철은 당시 "자세하게 펼쳐 단계별로 그림을 그리듯" 설명하였고, 왕은 마음속으로 기쁘게 깨달았다 한다. 임금, 왕실, 귀족의 스승이 되었으나 교화에는 왕이든 백성이든 상관하지 않았다. 심원산사(深源山寺)에서 교화를 펼친 기록도 있다.[18] 홍척의 제자로는 수철 외에도 편운(片雲)이 있으며, 수철의 제자로는 수철의 비문을 쓴 음광(飮光) 등이 있다.

[그림 13-10] 남원 실상사 삼층석탑
출처: 국가유산청.

17 조계종 교육원 불학연구소의 『선원총람』에 따르면, 그때가 826년에서 835년 사이이며, 이어 쌍계사 선문(830), 쌍봉사 선문(839), 고달사 선문(840), 태안사 선문(847), 성주사 선문(847), 사굴산사 선문(851), 보림사 선문(861), 봉암사 선문(881), 흥녕사 선문(882), 지장선원(889), 봉림사 선문(897) 등이 차례로 문을 열었다.

18 남원 실상사 수철화상탑비(南原 實相寺 秀澈和尙塔碑).

봉림산문의 개조자인 현욱이 희강왕 2년부터 4년 동안 실상사에 머물다가 혜목산으로 옮긴 사실이 있다.

신라시대 남악이라 불린 지리산권의 대표적 선찰은 실상사와 단속사다. 단속사는 지금은 쌍탑과 당간지주만 남아 있고, 실상사는 여전히 그 자리를 지키고 있다. 발굴 조사에 의하면, 당시의 강당 터가 지금의 경내 밖에 있었던 것으로 파악되었다. 수철이 진성왕 때 국사로 책봉된 점을 생각한다면 당시의 절의 세력이 지금 못지않은 것으로 여겨진다.

철감선사 도윤과 징효대사 절중의 사자산문

[그림 13-11] 영월 흥령선원지
출처: 국가유산청.

사자산문(獅子山門)은 철감선사(澈鑒禪師) 도윤(道允, 798~868)을 개창자로 하지만, 실제는 도윤의 법을 이은 제자 징효대사(澄曉大師) 절중(折中, 826~900)에 의해 창건되었다. 도윤은 18세에 김제 모악산 귀신사(鬼神寺)에서 화엄의 교법과 선법을 공부하다 "원돈(圓頓)의 전제(筌罤)가 어찌 심인(心印)의 묘용(妙用)만 하겠는가?"라며 825년(헌덕왕 17년)에 입당하였고, 남전 보원(南泉普願, 748~834)의 문하에 들어갔다. 남전은 마조의 제자이며, 조주의 스승이다. 회창 폐불로 인해 847년

(문성왕 9년)에 귀국하였다. 귀국하여 풍악(楓岳, 금강산)에 머물렀는데, "귀의하려는 이가 구름과 안개같이 모였고, 배우러 오기를 바라는 이가 별똥과 파도같이 몰려왔다."라고 하며, 경문왕도 귀의하였다고 『조당집』에서는 기록하고 있다.[19]

사자산문의 사자산은 강원도 영월에 있는 산인데, 여기서 도윤의 제자 징효대사(澄曉大師) 절중(折中, 826~900)이 사자산문을 설립하였다. 절중 역시 부석사에서 출가해 화엄학을 수학한 이력이 있고, 금강산 장담사(長潭寺)에서 스승 도윤을 만났다. 이때 스승 도윤은 "영산(靈山)에서 자네와 이별하고 몇 생이 지났는데 이제 상봉하게 되었으니 어찌 이리 늦게 왔는가?"라고 하였다. 이에 입실하여 그 곁을 떠나지 않고 가르침을 받았다.[20] 이후 도담선원(道譚禪院)의 자인선사(慈仁禪師) 문하에서 16년 동안 수행하였는데, 선사가 만나자마자 오래전 알았던 사람처럼 옷깃을 당기며 "만나는 게 늦었군. 기다리느라 목이 길어졌네."라고 하였다. 그때 절중은 눈앞에 있는 물병을 가리키며 응대했다. "병이 병이 아닐 때는 어찌합니까?" 스승 자인이 "네 이름이 뭐냐?"라고 하자, 절중이 "절중입니다."라고 한다. 다시 스승이 "절중이 아닐 때 너는 누구냐."라고 하자, "절중이 아닐 때는 이렇게 묻는 사람도 없을 것입니다."라고 대답한다. 이에 "이름 아래에 헛된 일이 없다더니, 절중은 어찌하지 못하겠군. 내가 사람을 여럿 보아 왔다만 너 같은 사람은 흔치 않았다."하며 인정하였다.

이후 운예(雲乂)선사라는 사람이 사자산 흥녕선원(지금의 법흥사)에 머물기를 청하자, 절중은 제자를 이끌고 가 머물렀다. 그곳

---

19 『조당집』, 쌍봉화상(雙峯和尙).

20 영월 흥녕사지 징효대사탑비(寧越 興寧寺址 澄曉大師塔碑).

에 머문 첫날부터 "아침에 셋, 저녁에 넷씩 비바람이 몰아치듯 하였으며, 복숭아와 오얏은 말이 없어도 길이 생기듯 하였고, 벼와 삼대가 줄을 지은 듯 많았다." 하였다.[21] 당시 헌강왕이 절중을 궁궐로 초청하고 흥녕선원(興寧禪院)을 중사성(中使省)에 예속시켰다. 이어 정강왕도 수차례 사람을 보내어 그를 존숭하였다. 그 뒤 절중이 은강선원(銀江禪院)에 머물고 있을 때, 진성여왕이 국사(國師)의 예우를 표하고자 하였으나 거절하였다. 절중의 제자로는 혜거가 있었는데, 그와 그의 제자 영준은 중국 유학을 다녀왔는데 올 때 선종사에서 5가7종의 하나인 법안종(法眼宗)을 수학함으로써 불교적 지의 수입에 큰 역할을 하였다.

지증대사 도헌과 봉종대사 긍양의 희양산문

지증대사 도헌은 따로 중국 유학을 한 경력은 없다. 그러나 어렸을 때부터 덕이 있고, 계율에 밝아 후학들이 다투어 따르면서 배우기를 청하였다 한다. 도헌은 부석사에 출가하여 화엄을 배우다 선사가 되었다. 그에게 배우려는 자가 많아졌지만 "사람의 큰 걱정은 남의 스승이 되기를 좋아하는 것이다. 슬기롭지 못한 사람들을 억지로 슬기롭게 하고자 해도 그것이 본보기가 되지 못한 사람들을 모범이 되게 하는 것과 같겠는가?"라고 하며 거절했다. 어느 날 산길을 가는데 어떤 나무꾼이 앞길을 막으면서 "선각이 후각을 깨닫게 하는 데 어찌 덧없는 몸을 아낄 필요가 있겠습니

21 「홍녕사 징효대사 보인탑비」, 한국역사연구회 편, 『역주 나말여초금석문(하)』, 혜안, 1996, 200−225쪽.

까?" 하는 말을 듣고 계람산(鷄藍山) 수석사(水石寺)에서 교화를 펼쳤다. 당시 배우려는 사람이 대나무와 갈대처럼 빽빽하게 몰려들어 곧 다른 곳에 땅을 골라 집을 지어야 하는 상황이 되었다 한다.[22] 경문왕의 스승이 되었고, 그 누이인 단의장옹주가 대사를 하생불이라 믿을 정도였다. 옹주의 읍지에 있는 안락사라는 절에 머물며 교화를 펼쳤다. 이후 심충이라는 제자 신도가 희양산에 머물며 선찰을 짓도록 요청했다. 이에 881년(헌강왕 7년)에 봉암사(鳳巖寺)라는 이름을 하사받아 희양산문의 기틀을 만들었다. 도헌이 머문 지 몇 년이 되었을 때, 산에 사는 백성들로 도적이 된 자들이 있었는데, 처음에는 그의 가르침에 반기를 들다 마침내 감화되었다 하였다. 헌강왕과의 선문답이 비문에 남아 있다.

[그림 13-12] 문경 봉암사
출처: 문경시.

> 선원사(禪院寺)에서 휴식하게 되자, 편안히 이틀 동안을 묵게 하고는 인도하여 월지궁(月池宮)에서 '심(心)'을 질문하였다. 그때는 섬세한 조라(蔦蘿)에 바람이 불지 않고 온실수(溫室樹)에 바야흐로 밤이 될 무렵이었는데, 마침 달의 그림자가 맑은 못 가운데 똑바로 비친 것을 보고는, 대사가 고개를 숙여 유심히 살피다가 다시 하늘을 우러러보고 말하기를,

22 문경 봉암사 지증대사탑비(聞慶 鳳巖寺 智證大師塔碑).

"이것이 곧 이것이니 더 이상 할 말이 없습니다."라고 하였다. 임금께서 상쾌한 듯 흔연히 계합(契合)하고 말씀하시기를, "부처가 연꽃을 들어 뜻을 나타냈거니와, 전하는 유풍여유(遺風餘流)가 진실로 이에 합치되는구려!"라고 하였다. 드디어 제배(除拜)하여 망언사(忘言師)로 삼았다.[23]

왕과 선문답을 한 예는 많지 않다. 그러나 국왕은 선의 핵심인 마음이 무엇인지를 바로 질문을 던졌고, 이에 대해 대사는 달 그림자를 유심히 보다 그것이 아니라 달을 우러러보고 이것이 이것이니 더는 할 말이 없다고 한다. 이에 임금이 계합하여 깨우침이 있었고, 대사를 말로 가르침을 전하지 않는 스승, 즉 '망언사'로 삼았다는 것이다. 문인으로는 성견(性蠲), 민휴(敏休), 양부(楊孚), 계휘(繼徽) 등이 있다.

희양산문의 실질적 개창자는 도헌의 손제자인 긍양이다. 신라 경애왕으로부터 봉종대사(奉宗大師)라는 호칭을 하사받았고, 고려 광종으로부터 정진대사(靜真大師)라는 시호를 받은 그는 공주 남혈원의 여해(如解)선사에게로 출가하였고, 서혈원의 양부선사의 제자가 되어 선수행을 했다. 효공왕 4년(900)에 입당하여 바로 길에서 만난 선승들과 선문답하여 소문이 날 정도였다. 선사들을 두루 찾아다니다 만난 스승이 곡산의 도연(道緣)이다. 도연은 석상 경제(石霜慶諸)의 제자인데, 긍양은 첫만남에서 "석상의 종지(宗旨)의 적적한 뜻은 어떠합니까?"라고 물었다 하니, 사실은 공부하러 간 사람이라기보다 공부를 점검받으러 간 상태였음을 알 수

---

23 문경 봉암사 지증대사탑비(聞慶 鳳巖寺 智證大師塔碑).

있다. 그곳에서 공부하다 곡산을 떠난 이후로 오대산 등 명찰을 순례하고 고승을 찾았다.[24]

긍양은 중국에서 경애왕 원년(924)에 귀국하여 전주 희안현 포구로 돌아왔다. 이후 강주(康州) 백엄사(伯嚴寺)로 자리를 옮겼는데, 이곳은 서혈원의 옛 스승인 양부(楊孚)가 창건한 곳이다. 이곳에서의 교화의 상황을 비문에서는 이렇게 전하고 있다. “선(禪)의 쇠북을 걸어 놓고 (제자들이) 치도록 기다리니, 울림과 응함 인연이 있었다. 사람들의 마음을 돌리고, 사방의 눈을 불식시켰다. 스승에게 가르침을 바라는 사람들[請益者]이 발꿈치를 이었고, 교화가 온 나라에 미쳐 이 땅을 진동하였다.”라고 하였다. 이에 신라 경애왕이 선나(禪那, 선의 한역어)의 가르침을 받들고자 하여 경주로 초청하고, 특별히 봉종대사(奉宗大師)라는 호칭을 하사했다. 이후 희양산으로 가서 도적에 의해 불타 폐허가 된 봉암사를 재건했다. 비록 산세가 험한 곳이었으나 선실(禪室)을 짓고 학인의 무리를 이끌자, 한 해가 지나지 않아 찾아오는 이들이 대나무나 갈대숲과 같이 빽빽이 열을 지었다 한다.

긍양은 사람을 가르치는 데 게으르지 않았고, 만물을 이롭게 하는 능력이 있었다. 비문에서는『법화경』의 비유처럼 상인(商人)이 화성(化城, 사찰)에 쉬게 하고, 궁자(窮子)를 모두 보사(寶肆, 사찰)로 돌아가게 하였다는 비유를 했다. 희양산문을 세우고 선사, 조사의 가풍을 넓혔고, 법왕의 가르침을 선양하였다는 평가를 받았다. 어리석은 사람들의 성품을 바꾸었고, 횡포하고 싸우려는 마

24 상주 희양산 봉암사 정진대사 원오탑비(尙州 曦陽山 鳳巖寺 靜眞大師 圓悟塔碑).

음을 편안하게 하였다.[25] 고려 조에서도 태조로부터 광종에 이르기까지 모든 왕들과 깊은 인연을 이어 갔으나 그 교화 사적은 고려조의 것이기에 여기서 논하지 않는다. 최근(2023년 7월) 그의 고향 공주시의 역사 인물로 선정된 바 있다.

신라 하대 선사의 교화의 특징

지금까지 정리한 신라 하대 선사들의 교화의 공통된 특징을 몇 가지로 정리하면 다음과 같다.

첫째, 수행과 교화가 결부되어 있었다. 이 장에서도 보았듯이 선사들의 삶은 학습자로서의 삶, 즉 불교 수행과 학습을 하는 시기가 있고, 깨달음을 계기로 교화자로 나서 활동하는 시기가 있다. 그렇지만 이것이 수행과 교화가 별개의 것이라는 것은 아니다. 선사들의 삶을 보면, 돈오와 인가 이후에도 여전히 고승이 있는 곳을 찾았고, 수행을 멈추지 않았다. 제자들에게 이러한 수행의 모습을 보여 주는 것 자체가 또 하나의 교육이었다.

둘째, 선사들의 교육에서는 선(돈교)과 교(점교)가 분리되지 않고 같이 교육되는 경우가 많았다. 이는 선사들의 이력과도 관련이 있다. 그들의 국내 수학 이력이 교종 사찰에서 교학에 밝은 스승의 문하에서 수학한 경우가 상당수에 달했으며, 중국에서도 선사들을 스승으로 선택했지만 그들 역시 교학의 이력이 탄탄했다. 우리가 일반적으로 생각하듯 선종은 불립문자, 교외별전을 내세

25 상주 희양산 봉암사 정진대사 원오탑비(尙州 曦陽山 鳳巖寺 靜真大師 圓悟塔碑).

우기 때문에 교학과는 무관한 것으로 여길 수 있지만 그렇지 않았음을 알 수 있다.

셋째, 선사들의 교화지로 택한 곳은 모두 수도 경주가 아닌 지방이었다. 그것도 깊은 산속이 많았다. 교화지가 사람이 많은 도심지가 아닌 오지라는 점은 지금의 관점에서는 이해하기 힘들 수도 있다. 그러나 선불교의 교화는 수행자의 선 수행이 중심이 된다. 교육자인 스승의 역할도 중요하지만, 어디까지나 주는 학습자 자신이다. 선 수행에는 복잡한 도심지보다 번잡하지 않은 조용한 산골이 더 적합한 장소가 되는 것이다. 사실, 선사들이 중국에서 공부하고 돌아오면 당시의 왕들은 이들 선사를 자신의 주위에서 교화를 펴기를 원했고, 큰 사찰을 지어 주겠다고 제안을 한 경우도 많았다. 왕과 귀족들의 교화를 위해 잠시 왕경에 머무는 경우는 있었지만, 어디까지나 그들의 주된 교화지는 중앙에서 떨어진 심산이었다. 선문은 곧 산문이었다.

넷째, 선사들의 교화 대상은 승속, 남녀의 제한이 없었다. 각 선문은 몇백 명에서 천 명을 넘는 대규모의 승가 조직이 있었고, 이들을 위한 체계적인 수행과 교육 체계가 마련이 되었을 것이다. 비문에는 대표적인 문도의 이름은 기록되어 있지만 비문의 특성상 소략하다. 그런데 남아 있는 선사들의 비문은 왕의 명에 의해 최치원, 최언위와 같은 당대의 명유들에 의해 작성된 것이 많다. 그러다 보니 왕이나 왕족, 귀족 등 유력자와의 관계가 잘 드러나 있다. 이에 의하면 왕으로서 제자 되기를 자처한 사람들도 적지 않으며, 왕족과 귀족들도 선사로부터 가르침을 받은 사람이 적지 않음을 알 수 있다.

다섯째, 선불교의 교화에는 그 종지를 구현할 수 있는 건축물도 중요하다. 입당 유학한 하대 선사들 대부분이 마조 문하(의 제자들)에 입문했고, 마조는 6조 혜능의 법을 이은 선사(8조)이다. 따라서 신라에서도 6조의 영당(影堂)을 세우거나 6조의 초상화를 그려 봉안하여 대중 교화에 활용한 사례는 선불교의 특징적인 교화법이다. 또 혜소와 같이 범패(梵唄)를 활용한 교화도 당시에 대단한 반향을 불러일으켰다.

화엄불교과 선불교의 교차점

앞에서 말한 바와 같이, 신라 하대 선사들의 수행과 수학의 이력을 보면 충실한 교학의 바탕 위에 선의 수학이 있었다는 것을 알 수 있다. 새로운 불교인 선이 처음 들어올 당시, 이해의 부족으로 선어(禪語)가 마귀의 말로 무시당하는 상황도 있었다. 이후 보조선사의 비문에 기록된 바와 같이 "사람들이 경전 · 교학과 관법을 익혀 정신을 보존하는[習觀存神] 가르침을 숭앙하였으며, 아직 무위임운(無爲任運)의 종지에는 이르지 않아 허탄하게 여기고 존숭하거나 중히 여기지 않았다."라고 하여 양자가 조금 이해의 폭을 넓혀 가는 상황도 있었다. 그러다가 신라 선불교의 도입자 가운데 한 사람인 도의와 당시 화엄승으로서 승통(僧統)의 자리에 있었던 지원(智遠)의 대화가 『선문보장록(禪門寶藏錄)』에 남아 있다. 양측의 교육의 주장과 차이가 잘 드러나 있으므로 이를 재구성해 보면 다음과 같다.[26]

26 『禪門寶藏錄』 卷中.

지원 승통: 화엄의 4종법계 밖에 다시 어떤 법계가 있습니까? 55선지식의 행포법문(行布法門) 밖에 다시 어떤 법문이 있습니까? 이 가르침 밖에 따로 조사선(祖師禪)의 도를 말하는 자가 있다고 이르십니까?

도의 국사: 승통께서 거론하신 4종법계 같은 것은 조사 문하에서는 바로 그 이체(理體)를 들어서 일체의 정리(正理)를 녹여 없애 버리기 때문에 손바닥에 있는 법계상(法界相)도 오히려 얻을 수 없습니다. 행(行)과 지(智)도 본래 없는 조사의 선에서는 문수 보현의 모습도 볼 수 없습니다. 55선지식의 행포법문은 물속의 거품과 같고, 4지보리(四智菩提) 등의 도리도 쇠가 금광 속에 있는 것과 같이 여러 가르침 속에 혼잡해 있어 얻을 수 없습니다. 그래서 당조(唐朝)의 귀종(歸宗) 화상은 '대장경에서 밝힌 바가 무엇입니까?'라는 질문에 다만 주먹을 들어 보였던 것입니다.

지원 승통: 그렇다면 교리에서 신(信), 해(解), 수(修), 증(證)을 행한다는 것은 어디에 해당되며 어떤 불과(佛果)를 성취할 수 있습니까?

도의 국사: 무념무수(無念無修)가 리(理)의 본성으로 신(信), 해(解), 수(修), 증(證)할 따름입니다. 조사와 종조의 시법(示法)으로 부처와 중생을 얻을 수 없으며 도의 본성을 그대로 드러낼 뿐입니다. 그래서 5교(五教) 밖에 조사의 심인법(心印法)을 따로 전할 뿐

입니다. 부처가 형상을 드러낸 까닭은 조사의 바른 이치를 이해하지 못하는 사람들을 대상으로 한 방편으로 몸을 드러낸 것입니다. 비록 여러 해 동안 오로지 불경을 읽었다 할지라도 이로써 심인법을 증득하려 한다면 한 겁을 지나도록 얻기 어려울 것입니다.

지원 승통: [일어나 예를 행하며] 지금까지 부처의 장엄교훈(莊嚴敎訓)은 잠시 들었지만 부처의 심인법은 듣지 못했습니다.

정리하면, 화엄은 4종법계(사법계, 이법계, 이사무애법계, 사사무애법계)와 선지식을 참문하는 행포법문이 그들의 사상임을 내세웠고, 선불교는 조사선의 도를 내세웠다. 선불교의 심인법은 기존 5교(화엄, 법상, 천태, 율, 정토)와는 다른 것임을 말한 것이다. 또 귀종 화상의 역사적 사례를 끌고 와 대장경의 가르침을 주먹을 들어 보임으로써 불법이 문자에 있는 것이 아니라 지금 내 눈앞에 활발하게 작용하고 있는 이것뿐임을 보여 주었다. 불교의 수증론(修證論)으로 알려진 신 · 해 · 행 · 증의 단계에 대해서도 닦을 것도, 깨달을 것도 없다는 무념과 무수를 내세웠다. 지원 승통은 조사의 심인법은 아직 들어 보지 못한 것이라 하고, 예를 표함으로써 대화가 끝난다. 우리는 지원 승통이 실제의 인물이었는지, 실제 이러한 대화의 자리가 있었는지 알 수 없다.[27] 『선문보장록』이라는 책 이름을 보더라도 이 책이 선문의 입장에서 편집되었을 가

27 정성본, 「도의선사의 생애와 선사상」, 김광식 편, 『도의국사 연구』, 인북스, 2010, 35쪽.

능성도 있다. 그렇다 하더라도 선불교가 들어오기 전, 신라 교학 불교의 대표적 지위를 누리고 있던 것이 화엄종이다. 두 승려의 대화에서도 나타나듯이 교와 선, 양자는 분명 자신의 입장이 있는 것이다. 선의 언어를 마귀의 말이라고 백안시하던 단계에서 이와 같은 소통의 과정을 거쳐 마침내 선불교는 하대를 대표하는 불교의 흐름을 이루게 되고, 그에 따라 교육 방법의 변화도 초래되었다.[28]

신라 하대 교육 방법의 변화

이런 과정을 거쳐 점차 선불교 본연의 교육 방법들이 특별하거나 이상한 것으로서가 아닌 보편적인 모습으로 기록에 등장하게 된다. 선의 대표적인 교육 방법이자 형식은 문답, 이른바 선문답이다. 이전의 교학 공부에서도 문답은 활용되었다. 그러나 선종에서 개발한 선문답은 그와는 다른 새로운 방식이다. 우선, 선문답은 문답이라는 대화의 형식을 취하기는 하지만 그 내용이 불교적 지식에 관한(대한) 것이 아니다. 말하자면 어떤 사실에 대한 정보나 개념 등을 알려 주는 2차적 지식이 아니라는 것이다.

선(의 특징)을 흔히 교외별전(教外別傳), 불립문자(不立文字), 직지인심(直指人心), 정법안장(正法眼藏), 미묘법문(微妙法門), 열반묘심(涅槃妙心), 이심전심(以心傳心), 견성성불(見性成佛) 등으로 표현한다. 교는 문자로 전하거나 가르칠 수 있는데, 선은 그렇게

28 여기서 말하는 교육 방법이란 현대교육학에서 말하는 단지 가르침의 기술은 아니다. 오히려 선의 특징을 나타내는 이름이다.

전하거나 가르칠 수 있는 것이 아니다. 선을 가르친다는 것은 기존 교육의 개념, 즉 교육을 지식을 가르치고 배우는 것이라는 개념으로 볼 때 맞지 않는 것이다.[29] 그러면 선의 대화는 무엇인가? 선은 사람의 마음을 가르치는 것[教育]이 아니라 바로 가리키는 것[直指], 즉 직지인심이다.

선은 마음을 문제 삼는다. 마음이 바로 부처이기 때문이다[此心卽佛]. 마음의 성질이 불성이라는 말이다. 우리 각자가 가지고 있는 그 불성을 바로 보는 것, 그것이 견성이고 성불이다. 조사는 그것을 본 사람이다. 그래서 조사는 스승으로서의 자격이 있는 사람이고, 부처를 대신할 수 있는 사람이다. 신라의 선문 개창조들이나 선사들은 대부분 마조 선사의 제자들에 입문했다고 했다.

마조의 입장이 바로 도는 수행해서 이루는 것이 아니라는 '도불용수(道不用修), 도불속수(道不屬修)'의 입장이다.[30] 그렇다면 선문답은 어떤 역할을 하는 것인가? 그것은 교육이 아니라고 할 수 있는가? 앞서 말한 바와 같이 선문답은 대화의 형식을 지니기는 하지만 일상적 교육장면의 대화는 아니다. 대화를 통하여 지식을 주고받는 상황이 아니라 불성인 인심을 드러내는 상황이다. 이심전심이라는 말이 있기는 하지만 물건 주고받듯이 할 수는 없다. 그 마음을 보는 것(깨닫는 것)을 견성이라 하고, 범부는 망상 분별에 막혀 그것이 보이지 않는다. 마조 역시 그 마음을 보기 위해 좌선을 했으나 스승 남악은 선의 본질이 앉고 서는 데 있는 것이 아

29 이에 대해서는 안경식, 「불교에서의 자성의 교육: 선불교를 중심으로」, 『신학과 철학』 24, 2014, 77-100쪽 참조할 것.

30 마조선사의 사상과 그 교육학적 의미에 대해서는 안경식, 「마조선사의 사상과 그 교육학적 의미」, 『교육 사상연구』, 25(3), 2011, 119-138 참조.

니라 일러 준다. 좌선이라는 수행을 통하여 부처를 이룰 수 있다면 벽돌을 갈아서 거울을 만들 수 있을 것이라는 비유도 해 준다. 이로써 깨달음을 얻은 마조는 평상심이 도라는 말을 한다. 그 평상심은 조작하거나 오염된 마음, 즉 엎치락뒤치락하는 마음[反覆心]이 아닌 청정한 성품이다. 그 성품을 바로 보도록 해야 하는데[직지인심], 문자로 그것을 드러내기는 어렵다고 본 것이다[불립문자].

스승과 제자의 선문답

구체적인 사례를 보자. 사굴산문의 개창조 범일이 입당하여 마조의 제자인 염관(鹽官)을 찾아갔다. 그들은 첫날부터 다음과 같은 대화를 나눈다.

> **염관**: "어디서 왔는가?"
>
> **범일**: "동국에서 왔습니다."
>
> **염관**: "수로로 왔는가, 육로로 왔는가?"
>
> **범일**: "두 가지 길을 모두 밟지 않고 왔습니다."
>
> **염관**: "그 두 길을 밟지 않았다면 그대는 어떻게 여기까지 왔는가?"
>
> **범일**: "해와 달, 동과 서가 무슨 방해가 되겠습니까?"
>
> **염관**: "실로 동방의 보살이로다."
>
> **범일**: "어찌하여야 바로 부처를 이룹니까?"
>
> **염관**: "도는 닦을 필요가 없다. 그저 더럽히지나 말라. 부처

라는 견해, 보살이라는 견해를 짓지 말라. 평상의 마음이 곧 도이니라."[31]

전형적인 선문답이며, 법거량이다. 스승은 '어디서 왔느냐, 어떻게 왔느냐?'는 물음을 통해 상대의 견처를 엿본다. 제자 역시 어떻게 성불할 수 있는지를 바로 물어 들어간다. 스승은 도는 닦을 필요가 없고, 평상심이 도라고 일러 주고 제자는 이 말끝에, 언하(言下)에 곧 견성한다. 그리고 6년간 스승을 정성껏 모셨다. 나중에 다른 스승, 약산(藥山)에게 가니, 약산도 비슷한 질문을 한다.

약산: "요즘 어디서 떠났는가?"

범일: "강서에서 떠났습니다."

약산: "무엇 하러 왔는가?"

범일: "화상을 찾아왔습니다."

약산: "여기는 길이 없는데, 그대가 어떻게 찾아왔는가?"

범일: "화상께서 다시 한 걸음 나아가신다면, 저는 화상을 뵙지도 못할 것입니다."

약산: (이에 약산이 찬탄하며)"대단히 기이하구나, 대단히 기이하구나. 밖에서 들어온 맑은 바람이 사람을 얼리는구나."[32]

약산 역시 마조의 제자이다. 석두 희천에게서 배우기도 하였다. "어디서 왔느냐?"라는 물음은 앞에서도 보았듯이 처음 만난 사람

31 『조당집』 17, 명주 굴산 고 통효대사(溟州 崛山 故 通曉大師).

32 『조당집』 17, 명주 굴산 고 통효대사(溟州 崛山 故 通曉大師).

들에게 당연히 하는 질문이다. 그러나 그 질문은 단지 지리적인 정보를 묻는 것은 아니다. 일찍이 6조 혜능이 남악 회양을 만났을 때 한 질문이 "어디서 왔는가?"이다. 『무문관』 15칙은 '동산삼돈(洞山三頓)'이다. 동산이 운문 선사를 찾아가자, 운문이 "어디서 왔느냐?"라고 묻는다. 사도에서 왔다고 하자, 여름은 어디서 보냈느냐고 한다. 보자사라는 절에서 지냈다고 하자, 언제 그곳을 떠나왔냐고 또 묻는다. 8월 25일을 떠나왔다고 하니, 운문 선사는 삼돈방(三頓棒)을 내릴 것이지만 용서해 준다고 했다. 영문을 모르는 동산은 돌아가 밤새 무슨 까닭으로 이런 말을 했는지 '시비의 바다' 속에서 헤맨다. 이튿날 다시 찾아가 물으니, "이 밥통아[飯袋子], 강서 호남을 그렇게 돌아다녔단 말인가?"라고 스승이 말을 했고, 이 말에 크게 깨우쳤다.[33]

약산과 범일의 대화도 그러하다. 강서에서 스승을 뵈러 왔다는 말에 "여기는 길이 없는데 어떻게 찾아왔는가?"라고 한다. 그렇다. 질문은 사실에 관한 것이 아니다. 그 말 자체가 무문(無門) 선사의 말대로 견성을 유도하는 먹이, 즉 '본분초료(本分草料)'인 것이다. 선의 교육은 언어, 문자를 통해 지식을 가르치는 것이 아니다. 문답을 통해 지금까지 가지고 있던 악지악각(惡知惡覺)을 멈추게 한다. 지금까지의 관념으로는 접근이 불가능하게 만든다. 밖으로 비추던 시선을 돌려 내면으로 향하게 한다. 이른바 회광반조(回光返照)이다.

물론 선불교의 교육법이 단지 선문답에만 있는 것은 아니다. 앞서 본 선사들의 이력에서도 보았듯이 선사들은 교학에도 충분히

---

33 『무문관』 15칙.

밝은 사람들이다. 또 좌선 수행은 마조가 남악으로부터 비판받은 바 있지만 지금까지 이어져 오고 있는 대표적 참선 수행법이다. 한 번의 선문답으로 모두가 견성할 수 있는 것이 아니기에 청익(請益)과 같은 보충교육도 필요하고,[34] 각종 법문도 중요하다.

앞서 보았듯이 많은 학인은 선사와의 선문답의 끝에 깨달음을 얻었다[言下便悟]. 당연히 그 깨달음을 얻은 문답 상황은 선사의 법문과 함께 중요성을 인정받게 되고, 선어록에 편입된다. 뒷날 각종 공안집(公案集)이 편집되면서 이들은 사실상 선종의 텍스트가 된 것이다.

선문답 이외의 교육 과정

산문의 개설은 작불학교의 개설이다. 혼자 산속에서 수행하는 것과는 다르다. 제자교육 체계와 물적 토대를 마련한 것을 의미한다. 산문의 교육에서 선문답이 특별히 강조되기는 하지만, 그렇다고 법문도 무시되지는 않았다. 다만, 법문의 내용도 종전의 경 · 율 · 론의 삼장에서 선으로 변화가 있다. 당 · 송대 선문에서의 법문은 주지가 법당에 올라 정식으로 하는 상당(上堂) 법문을 비롯하여 아침저녁으로 하는 법문인 조참과 만참, 수시로 하는 소참(小參), 대중 법문인 보설(普說) 등이 있다. 당 · 송 시대 상당법어는 1일, 5일, 10일, 15일, 20일, 25일 등 한 달에 여섯 번 있었

34 송대 청익과 신라의 청익 개념은 차이가 있다. 송대는 학인이 스승인 방장에게 미진한 곳을 묻는 것을 의미하지만, 신라에서는 가르침을 청한다는 의미로 사용되었다. 신라 선사의 비문에는 청익의 용례가 많이 등장한다.

다.[35] 신라에도 무염은 공하는 승려들을 반드시 '선사(禪師)'라고 지목하였으며, 닷새를 주기로 하여[五日爲期] 배우러 온 사람들에게 의심 난 것을 묻도록 했다 한다.

백장청규에는 또한 보청법(普請法)이라 하여 위로는 방장으로부터 아래로는 일반 납자에 이르기까지 상하 구별 없이 힘을 써서 힘써 일하는 법이 있었다고 본다. 신라에서도 무염은 이를 실천한 것으로 보인다.[36]

> 무릇 경영하거나 수리할 때에는 대중들보다 앞장서서 일하면서, 매번 말하기를, "가섭 조사께서도 일찍이 진흙을 이기셨거늘, 내 어찌 잠시라도 편안하게 살 수 있겠는가?"라고 하였다. 심지어 물을 나르고 땔나무를 등에 지는 일까지도 때로 몸소 하면서 또 말하기를, "산이 나 때문에 더럽혀졌는데, 어찌 내가 몸을 편안히 할 수 있는가?"라고 하였다. 자기를 절제하고 사물을 장려함이 모두 이와 같았다.[37]

그 밖의 공양 역시 하루에 두 때를 죽과 밥으로 하되, 공양을 알리는 종소리가 울린 뒤에 올리도록 했다. 이렇게 모든 생활의 규칙을 새로 정한 것은 선이 문자에 있는 것이 아니고, 일상생활 자체가 선임을 말하는 것이다. 다시 말하면, 선방에서 참선하는 것만이 아니라 노동과 공양 등 모든 생활에서 교육 과정이었던 것이다.

---

35 윤창화, 『선불교』, 민족사, 2022, 221쪽.

36 보청의 규정은 "行普請法上下均力也"이다. 백장이 제정한 '청규'는 현재 남아 있지 않고, 북송의 자각(慈覺) 선사가 제정한 '선원청규(禪苑淸規)'(1103)의 끝에 있는 '百丈規繩頌'의 내용이다.

37 보령 성주사지 낭혜화상탑비(保寧 聖住寺址 朗慧和尙塔碑).

선불교 교육시스템의 유통과 정착

학교는 교육이 이루어지는 공간이다. 교육 이념에 따라 교육 과정이 바뀌게 되고, 교육 과정을 구현하는 교육 환경이 변하게 된다. 불교교육이 이루어지는 사원도 마찬가지다. 중국의 경우, 선종은 백장 이전까지는 대개 율종 사찰에서 별원(別院)을 꾸리며 지내왔다. 그러나 율종과 선종은 종지가 차이가 있다. 율종이 율장의 학습을 통해 부처님의 위의를 학습하는 것이 종지라면, 선종은 견성성불이 종지다. 교육 과정과 제자 양성 방식에도 차이가 있다. 율종은 계율의 학습이 주요 교육 과정이 될 수밖에 없고, 선종은 견성을 위한 선문답을 비롯한 다양한 방편이 활용된다.

백장청규에는 불전(佛殿)을 세우지 않고 단지 법당(法堂)을 세운다는 항목이 있었던 것 같다.[38] 불전은 진리를 깨달은 부처의 상징으로 불상을 모신 공간이다. 불전은 사찰의 핵심 공간이었고, 불상은 예배의 대상이었다. 이것이 그간의 전통이었다. 그런데 백장의 청규는 불전을 없애고, 불상의 자리에 주지를 앉혀 법을 설하게 하였다. 그것이 법당이다. 법당은 주지의 교육공간으로 변화한 것이다. 이것은 불교교육사의 획기적인 사건이다. 또 스승인 조사의 위상이 달라지면서 조사는 불자의 한 사람이 아니라 법왕(法王)으로 교육을 담당하게 된다. 선찰에는 조사당(祖師堂)이 세워져 그를 기리게 된다.

신라 하대 선문(禪門)의 교육의 뿌리는 아무래도 당의 선문에서 찾아야 한다. 당의 선문 총림을 교육의 관점에서 주목한 이가 윤창화다. 그는『당송시대 선종 사원의 생활과 철학』이라는 책을 통

38 '不立佛殿, 唯樹法堂'이란 내용인데, 이 말의 출처 역시 '百丈規繩頌'이다.

하여 당·송대 선원 내부의 활동에 주목했다. 그는 선원총림을 '작불학교(作佛學校)'라고 했고, 조실과 방장은 교장이고, 상당법어 등 법어는 고준한 작불 강의이고, 독참(입실)은 작불 상담 또는 개인 지도이며, 좌선은 '작불 실수(實修)'라고 했다.[39] 연구자는 신라의 선문이 당의 선문 체제를 그대로 가져왔을 것이라고는 보지 않는다. 신라의 내부 사정이 있기 때문이다. 그렇다 하더라도 신라의 선문 역시 그러한 선문 고유의 교육시스템의 흔적은 남아 있을 것이라 짐작한다.

선사들이 당에서 유학을 하고 돌아와 교화를 처음 펼칠 때 그들은 왕경에 머물지 않고 자신들만의 새로운 선 수행지를 찾고 그곳에서 교육에 임한다. 권력자의 지원도 있었지만 그들의 교육은 당시로서는 새로운 불교계뿐 아니라 지식, 문화계의 새로운 바람을 몰고 왔다. 선문의 전성기에는 선사들 아래 몇백 명에서 1,000명이 넘는 제자를 두었다. 당연히 그곳에는 교육시스템이 마련되었을 것이다.

무염의 성주산문에는 문하 제자로 거명할 수 있는 사람이 거의 2,000명이라는 기록이 『조당집』과 비문에 있다. 『숭암산성주사사적(崇巖山聖住寺事蹟)』에는 성주사의 건물에 대해 상세히 기록하고 있는데, 선법당(選法堂) 5층, 중각(重閣) 3천(千), 천전 9칸[間], 해장전(海莊殿) 9칸, 대웅보전 5칸, 정광여래전 5칸, 내승당(內僧堂) 9칸, 극락전 3칸, 문수전 3칸, 관음전 5칸, 차안당(遮眼堂) 3칸, 시왕전 7칸, 칭단림(稱檀林) 9칸, 향적전(香積殿) 10칸, 주실(住室) 7칸, 정각(井閣) 3칸, 종각(鐘閣), 동행곽(東行廓) 15칸, 서행랑(西行

39 윤창화, 『선불교』, 민족사, 2022, 186쪽. 이 책은 『당송시대 선종 사원의 생활과 철학』(2017)의 개정판이다.

廊) 15칸 등이 있었던 것으로 적고 있다.[40] 이 논문에 기록하지 않은 것까지 모두 합하면 1,000여 칸에 이르는 건물들이다. 이 가운데 뚜렷하게 선종 사찰의 특징을 나타내는 것은 선법당이다. 이는 방장이 설법을 하는 법당을 말하는 것이거나 선불장(選佛場)이라고 하는 수행 공간을 의미하는 것으로 보인다.

또 김립지가 찬술한 『성주사비편』에 의하면, 선원의 특징인 조사당(祖師堂)이 있었다고 한다.[41] 이는 모두 선을 가르치는 스승으로서 조사의 존재와 그들이 제자를 양성하려고 하는 교육시스템이 존재했을 가능성을 방증한다.

불교적 지의 유통과 변용 그리고 창조

신라 하대의 선불교는 앞에서 본 바와 같이 장기간의 입당 유학을 거쳐 불교적 지의 축적이 이루어졌다. 그리고 마침내 자체적인 교육시스템까지 마련하게 된다. 사실 신라 하대의 선불교는 중국 유학으로부터 이루어졌다 해도 과언이 아니지만, 그런 가운데 드디어 유학을 다녀오지 않고도 스스로 건당(建幢)한 사람도 생겨났다. 지증과 심희 등이 대표적이다.

지증은 "다북쑥이 삼대에 의지하여 스스로 곧을 수 있었고, 구슬을 내 몸에서 찾으매 이웃에게 빌리는 것을 그만두었다."라고 하였고, "무엇하러 종이에게 붓을 핥도록 하고 먹물을 머금게 할

40 고려 전기에 작성된 것으로 추정되는 이 사적기는 한국미술사학회에서 발간하는 『미술사학연구』 9권 9호(1968), 450-451쪽에 황수영이 정리한 원문과 주기(註記)가 소개되었다.

41 디지털보령문화대전, '통일신라 성주산문 성주사' 항목.

것인가? 저들은 혹 멀리서 배우고 고생하며 돌아왔지만, 나는 능히 정좌(靜坐)하여 온갖 마적을 물리쳤도다."라고 하였다. "그리하여 따로 지게문을 나가거나 들창으로 내다보지 않고도 대도를 보며, 산에 오르거나 바다에 나가지 않고도 큰 보배를 얻어, 안정된 마음으로 생각을 잠재우고 담담하게 세상맛을 잊게 되었다. 저편의 중국에 가지 않고도 도에 이르렀다."라는 평을 얻게 되었다.[42]

또 심희에게 어떤 사람이 묻기를, "대사께서는 비록 이 땅을 두루 돌아다니며 현관(玄關, 고승 대덕)을 모두 찾아뵈었으나, 다른 나라까지 순력하여 큰 스님들을 뵙고 공부해야 하지 않겠습니까?"라고 하였다. 심희는 이에 "달마(達摩)가 법을 부촉하고 혜가(慧可)가 마음을 전해 받음으로써 선종이 동쪽으로 전해졌는데 배우는 사람이 무엇 때문에 서쪽으로 가리오? 나는 이미 혜목(惠目)을 찾아뵙고 아름다운 자취를 접하였는데, 어찌 뗏목을 버린 마음[捨筏之心]을 가지고 뗏목을 타려는 뜻을 좇으리오?"라고 하였다.[43] 이는 선불교의 독립 선언이다. 그들에게는 학인들이 빗방울처럼 모여들였으며, 선객(禪客)들이 바람처럼 달려왔다 했다.

42 문경 봉암사 지증대사탑비(聞慶 鳳巖寺 智證大師塔碑).
43 『조당집』 17, 동국 혜목산 화상(東國 慧目山 和尙).

맺음말: "감통은 신라시대 불교교육사의 말후구(末後句)"

머리말에서 '교육은 지의 유통과 소비의 과정'이며, 교육사학자의 임무는 이 과정을 역사적으로 추적하는 것이라 했다. 이 책은 신라시대의 불교교육에 관한 것이며, 신라인들이 불교적 지를 수입하여 유통시키고, 변용하여 소비한 역사를 추적한 것이다. 붓다는 불교적 지의 생산자이지만 이 책에서는 생산자를 문제 삼지 않았다. 유통과 변용, 소비의 과정을 문제 삼았다. 불교적 지라는 상품의 현지화를 문제 삼은 것이다. 그 과정을 역사적으로 추적한 것이다.

제1장 '불교교육의 서막'은 불교적 지의 수입에 관한 이야기다. 첫 유통자에 대한 이야기라고 해도 된다. 그들은 신라의 현지인이 아닌 외래인인데 두 사람의 이름이 알려져 있다. 한 사람은 묵호자라 하여 얼굴 검은 오랑캐라는 별호를 얻은 사람이다. 아마 불교의 원산지, 인도 출신일 수도 있을 것이다. 또 한 사람은 아도라는 사람인데 이 사람은 3인의 시자를 데리고 왔다. 아도를 따라온 3인의 시자는 현지인에게 경과 율을 가르쳤다 했다. 불교적 지라는 상품이 처음 신라에서 유통된 기록이다. 이들의 존재는 점차 왕실에도 소문이 났고, 마침내 법흥왕대에 이르러 국가가 나서서 사찰을 짓고, 불교 문물을 양나라, 진나라 등 외국으로부터 대

대적으로 받아들이게 된다. 그리하여 수도 경주에는 절들이 별처럼 벌여 있고, 탑들이 기러기 행렬처럼 연이어 서게 되었다.

제2장 ‘불교교육의 기초를 놓은 사람들’은 신라의 유학승(留學僧)에 대한 이야기다. 제1장이 불교적 지의 외부 유통자들에 대한 이야기라면 제2장은 신라 내부의 유통자들에 대한 이야기다. 흥륜사라는 국가 사찰을 마련하고 국인(國人)이 출가하여 승니(僧尼)가 되는 것을 공식적으로 허락함으로써 불교라는 상품 유통의 인적 · 물적 기반을 마련한 것이다. 최초로 유학을 간 사람은 각덕이라는 승려였는데, 양나라로 갔다. 양나라는 사찰의 수가 근 3,000개, 승려 수가 80,000명을 넘을 정도의 불교 대국이었다. 이후 안홍, 지명 그리고 원광 등이 유학의 길을 떠났다. 이들을 당시에는 입학승, 학문승이라 했는데, 한국유학사의 길을 연 사람들이다. 이들은 대부분 중국 유학을 많이 떠났지만 혜초와 같이 직접 인도로 간 사람도 적지 않았다. 그곳의 나란타사(나란다대학)에 입학하여 경과 율, 논의 삼장을 배운 사람이 있으니 이들 역시 신라의 불교교육사에서 빠뜨릴 수 없다.

제3장에서 제6장까지는 ‘고승과 불교교육’으로 자장, 원효, 의상, 진표 등 고승의 교화, 즉 불교교육에 대한 이야기다. 신라시대 가운데 상대의 끝자리에 있는 사람이 자장이고, 이후 불교의 황금기라 할 수 있는 중대에 활약한 고승들이다. 이들의 신라 불교교육사에서의 위상은 일연이 잘 지적하였다. 일연은 이들을 모두 『삼국유사』의 「의해」편에 배치시켰는데, 불법의 의미[義]를 해설[解]한 사람들이란 의미이다. 물론 자장과 의상은 중국에 들어가 중국의 불교 문물을 수입한 수입자이기도 하다. 그러나 단지 불교적 지를 수입하여 전달한 지의 수입상이 아니었다. 또 이들

이 불법의 해설자라 해서 경전을 문자적으로만 해설한 사람들이라 보아서는 안 된다. 그들의 '의해'는 불교의 현지화 작업으로 불교적 진리가 신라 땅에 뿌리내리도록 한 것이다.

우리는 그동안 이들의 교육자적 모습에 크게 주목하지 않았다. 자장은 불교의 삼학 가운데 계학(戒學)의 교육에 큰 공적을 남겼다. 계율에 대한 대중 강연은 말할 것도 없고, 계율학교라 할 수 있는 통도사를 건립하여 사찰을 불교의 교육기관으로서의 위상을 정립했다. 이것은 신라불교교육사는 말할 것도 없고 신라교육사에서도 중요한 의의를 지닌다. 통일 이전 신라에는 국학과 같은 학교가 별도로 없는 상황이었고, 화랑도가 청소년 교육을 하던 시절이었는데, 화랑도의 지도법사(교사)가 승려였다. 그런데 그 승려를 양성하는 교육의 체계를 만든 이가 자장이다. 원효는 민중교육자로서의 모습도 뚜렷하지만 불교적 지의 연구자로서의 모습은 신라 사회에서 거의 독보적이었다. 의상은 화엄사상을 중심으로 하여 교육자로서 많은 제자를 양성한 기록이 있다. 그와 그의 제자들이 설립한 화엄사찰은 화엄대학으로 불릴 정도의 높은 교육 수준을 유지했다.

원효와 의상의 사상과 행적은 신라뿐 아니라 동아시아 사회, 특히 일본불교에 적지 않은 영향을 끼쳤다. 불교적 지를 중국으로부터 받아들이고 스스로 연구하여 다른 나라에 유통시킨 국제적 유통자였던 것이다. 진표 역시 율사로서 면모를 보여 주었는데, 드물게 지역적으로 구 백제권에서 활동한 인물이었다. 또 교화, 즉 불교교육의 대상을 인간계에 한정하지 않고 물고기와 자라 등 짐승들에게까지 확장하고 이를 직접 실천한 교화자였다.

제7장에서 제9장까지는 아미타신앙, 미륵신앙, 관음신앙 등 신

라 사회의 민중불교가 신라인의 교육에 끼친 영향을 살펴보았다. 제10장은 대승불교의 대표적 교학불교로 알려진 화엄사상과 신앙이 신라의 불교교육에 끼친 영향을 고찰했다. 불교적 지의 유통과 변용, 소비라는 입장에서 볼 때, 신라의 민중불교는 지의 변용에 상당한 독창성을 발휘했다. 어느 사회든지 민중은 불교적 지의 최종 소비자들이다. 그런데 신라의 민중은 단지 소비자의 역할에만 머물지 않았다. 원래 붓다의 교육은 대기설법(對機說法)이고 응병여약(應病與藥)이다. 신라 사회는 구술성이 강한 사회였다. 구술문명에 적합한 교육미디어가 설화, 음악, 회화와 같은 감각적 미디어다. 신라의 민중은 자신들의 근기에 맞게 불교적 지의 형식을 바꾸어 유통하고 소비하였다.

불교적 지는 설화로, 향가로, 회화와 건축으로 변용되어 소비자들에게 다가갔다. 아미타신앙은 6자염불이라는 쉬운 수행법, 즉 이행도(易行道)를 제시하여 노비 계층에까지 불교적 지의 세계에 접근하도록 했다. 미륵신앙은 화랑도와 결합하여 청소년 교육에 큰 영향을 주었는데, 그 방식을 바람의 교육, 풍교(風敎)라 하였다. 바람은 요즈음 말로 문화다. 풍교는 문화적 방식의 교육인 것이다. 관음신앙은 신라인의 인성 가운데 온화하고 자애로운 특성을 형성하는 데 일조하였다.

한국인의 전통적 어머니상은 자식들에게 한없이 자애롭고 너그러운 모습이다. 바로 이 여성상을 형성하는 데 관음신앙이 적지 않은 영향을 끼쳤다. 아미타불, 미륵불, 관세음보살은 멀리 떨어져 있는 불보살이 아니라 신라 사회에서 신라인들과 같이 생활하면서 그들을 불국정토로 이끄는 불교교육의 스승들이었다.

제11장은 ‘강경의례와 불교교육’이다. 강경의례는 불교 텍스트

인 경전을 강의하는 의례이다. 단순한 강의만 이루어지는 것이 아니라 여러 의례적 요소와 함께 연행된다. 신라의 강경의례는 백좌강회와 같이 국가 차원에서 이루어지는 것도 있고, 개별 사찰 차원에서 이루어지는 것도 있다. 사찰 차원의 강회는 불교교육의 현장 그 자체다. 교육자의 역할도 강주인 법사 이외에도 경을 읽는 독사(讀師)로서 도강과 범패를 하는 범패사, 유나사 등 여러 명이 분담을 한다. 강경의 과정 역시 논의와 강설과 복강 등 여러 단계와 절차로 나누어진다. 교육이 단지 지식의 전수 활동의 의미로만 받아들여지고 있는 현대의 학교교육과는 달리 불교강경에는 여러 의례적인 요소가 부가되어 있어 문화예술적 교육이 가능하도록 되어 있다.

제12장과 제13장은 ‘신라 하대 불교교육의 새바람’이다. 신라 하대 새로운 불교로서 선불교가 도입되는 과정을 선사들의 삶의 과정을 통해 살펴보았다. 불립문자, 직지인심, 견성성불을 내세우는 선불교는 불교교육에서도 새로운 바람이었다. 신라의 구법유학사를 보면 세 흐름이 있다. 첫째 물결은 진흥왕에서 진평왕대에 이르기까지의 초기의 구법 유학의 흐름이고, 둘째 물결은 신라 중대의 자장, 의상, 승전과 같은 인물들의 유학의 흐름이다. 셋째 물결은 신라 하대, 당나라에서 선종의 바람이 불었을 때다. 신라 말 고려 초에 선문9산을 개창한 승려들이 이 시기 유학 흐름을 주도했다.

제12장에서는 학습사의 측면에서 선사들의 수행과 수학의 과정을 고찰했다. 선사 대부분은 국내에서는 화엄학을 기반으로 교와 율을 충실히 닦은 이력을 지니고 있다. 중국에 가서는 선종의 최고의 스승들의 문하에 들어 심인을 얻어 선종의 맥을 이었다. 당

시 중국 선종 사찰은 최고의 인재들이 모여든 선불장(選佛場)이자 작불학교였다.

제13장은 교화사의 관점에서 선사들의 교화 행적을 고찰했다. 선사들은 귀국 후, 대부분 선문을 개창하였다. 선문은 지방에 개설된 대규모의 불교교육 아카데미였다. 신라 하대가 정치적으로는 매우 혼란한 시기였지만, 불교교육사의 입장에서는 그렇지 않다. 자율적이고 독립적인 새로운 불교교육 시스템이 전국적으로 만들어진 불교교육의 전성기였다. 불교적 지는 인도 북부에서 발상하여 중앙아시아 제국을 거쳐 중국으로 유통되었다. 이를 동아시아의 변방이었던 신라가 수용하여 자체적으로 유통, 변용 그리고 소비했다. 그 과정에서 신라인은 지적 · 문화적으로 성장했고, 마침내 신라 사회는 자기중심적인 고대사회의 문화적 한계를 극복하게 되었다.

교육의 과정을 지의 유통과 소비의 과정이라고 한다면, 불교교육은 불교적 지가 유통되고 변용되고 소비되는 과정이다. 원론적으로 이야기하자면, 불교적 지는 붓다의 가르침이고, 그 가르침은 경전에 담겨 있다. 그러나 앞서 말한 바와 같이 이 책은 불교적 지의 생산자인 붓다의 이야기를 거의 다루지 않았다. 불교적 지의 유통에 관한 이야기만 다루었다. 불교적 지의 본질이 무엇인지, 붓다의 원음이 무엇인지 이야기하지 않은 것은 그것이 중요하지 않다는 것이 아니라 자칫하면 쓸데없는 진리 논쟁, 정통성 논쟁에 빠질 수 있기 때문이다.

종교학자 엘리아데(M. Eliade)는 종교학을 ‘religious studies’나 ‘religiology’라 하지 않고 ‘history of religion’이라 했다. 또 종교학자를 ‘Historians of Religions’라고 했다. 그는 종교의 개념을 문제

삼지 않고, 이미 드러난 종교 경험(의 역사)을 문제 삼았다. 그 경험을 그는 '거룩한 것(성스러운 것, The Sacred)'이라 했다. 이런 관점에서 신라 불교교육사에서 우리가 문제 삼아야 할 것도 신라인의 그 경험, 거룩한 것에 대한 경험이다. 나는 신라인의 그 경험은 감통에서 찾을 수 있다고 본다. 『삼국유사』에는 「감통(感通)」편이 있지만 감통편 안에 있는 몇몇 스토리만이 감통의 전부가 아니다. 『삼국유사』 전체가 거룩한 것의 경험, 즉 감통의 기록이다. 신라인들은 거룩한 불보살과의 감통을 통하여 불교적 지를 내면화하게 되고, 이때부터 지의 유통자, 즉 교화자로 나서게 된다. 어떤 식으로든 불보살, 혹은 불보살의 상징과의 감통이 이루어질 때 불교적 지의 소비자가 되는 것이다. 그리하여 신라시대의 불교교육사는 한마디로 감통의 교육사, 감응의 교육사라 할 수 있다. 감통은 신라인이 무감응의 시대에 살고 있는 우리에게 일러 준 교육의 말후구(末後句)와 같은 것이다.

참고문헌

원전류

高麗史

大唐西域求法高僧傳

大方廣佛華嚴經

梁高僧傳

妙法蓮華經

文殊師利法寶藏陁羅尼經

彌勒上生經宗要

梵網經

梵網經古迹記

法界圖記叢髓錄

法藏和尙傳

法集別行錄節要幷入私記

補閑集

佛光大辭典

三國史記

三國遺事

釋華嚴敎分記圓通鈔

釋華嚴旨歸章圓通鈔

禪門寶藏錄

續高僧傳

續日本記

宋高僧傳

仁王般若波羅蜜經

日本書紀

入唐求法巡禮行記

占察善惡業報經

祖堂集

芝峯類說

韓國佛敎全書

海東高僧傳

일반 참고문헌

권오철 역(1995). 韓中佛教文化交流史. 黃有福, 陳景富 공저. 서울: 까치.

권정석 역(1984). 국역 김해읍지. 경남: 김해문화원.

김두진(1991). 의상의 생애와 정치적 입장. 한국학논총, 14, 5-37.

김리나(1989). 한국고대불교조각사연구. 서울: 일조각.

김복순(1990). 신라화엄종연구. 서울: 민족사.

김복순(2010). 신라의 백고좌법회. 신라문화, 36, 81-112.

김상현 교감번역(2013). 교감번역 화엄경문답. 서울: 씨아이알.

김상현(1990). 신라화엄사상사연구. 동국대학교 대학원 박사학위논문.

김성학 역(2017). 신찬교육학. 기무라 도모지 저. 서울: 학지사.

김영태(1990). 삼국시대 불교신앙 연구. 서울: 불광출판부.

김원룡(1973). 한국미술소사. 서울: 삼성문화재단.

김종명(2000). '호국불교'개념의 재검토 -고려 인왕회의 경우-. 종교연구, 21, 93-120.

김호성, 성재헌, 이평래, 김호성(2017). 미륵상생경종요 외. 원효 저. 서울: 동국대학교 출판부.

대한불교조계종 교육원 불학연구소 편(2000). 선원총람. 서울: 대한불교조계종 교육원.

목정배(1989). 삼국시대의 불교. 서울: 동국대학교 출판부.

문명대(1980). 한국조각사: 선사시대에서 통일신라시대까지. 서울: 열화당.

문명대(1988). 경덕왕대의 아미타조상문제. 불교사학회 편, 신라미타정토사상연구. 서울: 민족사, 173-215.

박보람(2017). 의상계 화엄을 통해 본 교육의 목적과 주체. 한국교육철학회 편, 교육과 한국 불교. 서울: 학지사, 113-139.

박재영(2012). 7세기 지성으로서의 고승(高僧) 의상(義湘) 연구. 한국교육사학, 34(2), 49-76.

박재영(2012). 의상(義湘)의『화엄일승법계도(華嚴一乘法界圖)』의 교육사(敎育史)적 의의. 동아시아불교문화, 11, 218-252.

안경식(2004). 구비설화에 나타난 한국 전통교육. 서울: 문음사.

안경식(2005). 한국 전통 아동교육 사상. 서울: 학지사.

안진호(1935). 석문의범(상). 경성: 만상회.

염중섭(2012). 오대산 문수화엄 신앙의 특수성 고찰. 한국불교학, 63, 7-

40.

원철, 성해, 원장, 행오, 영덕, 원영, 박상준, 이미령 역주(2010). 정선계율(精選戒律). 서울: 대한불교조계종 한국전통사상서 간행위원회 출판부.

윤광봉(2018). 중세 한국의 강경과 창도. 한국공연예술원 편, 한극의 원형을 찾아서: 불교의례. 경기: 열화당, 276-304.

윤미영(2001). 《화엄경》〈입법계품〉에 나타난 보살사상의 본질과 그 교육적 의미. 동아대학교 대학원 박사학위논문.

윤창화(2022). 선불교. 서울: 민족사.

이기백(1979). 신라 경덕왕대 화엄경 사경 관여자에 대한 고찰. 역사학보, 83.

이기영(1975). 인왕반야경과 호국불교: 그 본질과 역사적 전개. 동양학, 5, 491-521.

이주형(2019). 마라난타의 출신지와 축건, 간다라. 중앙아시아연구, 24(2), 1-32.

장휘옥 역(1992). 화엄경이야기. 카마타 시게오 저. 서울: 장승.

전해주(1993). 의상화엄사상사연구. 서울: 민족사.

정병조(1988). 문수보살의 연구. 불교연구, 4.5, 87-131.

정성본(2010). 도의선사의 생애와 선사상. 김광식 편, 도의국사 연구. 서울: 인북스, 15-50.

조동일(1992). 한국문학통사 1. 서울: 지식문화사.

조명화(1997). 中國佛敎 講經의 流變. 인문과학연구, 6, 311-345.

채웅석(2006). 여말선초 사천(泗川) 지방의 매향활동(埋香活動)과 지역사회. 한국중세사연구, (20), 231-261.

채인환(1982), 의상 화엄교학의 특성, 동국대불교문화연구소,『한국화엄사상연구』.

천도교중앙총부(1969). 천도교경전. 서울: 천도교중앙총부.

추만호(1992), 나말여추 선종사상사 연구, 서울: 이론과 실천.

카마타 시게오(한형조 역),『화엄의 사상』, 서울: 고려원, 1987.

한국미술사학회(1968). 숭암산성주사사적(崇巖山聖住寺事蹟). 미술사학연구, 98, 450-451.

한국불교문화연구소 편(1986). 한국화엄사상연구. 서울: 동국대학교 출판부.

허강 역(2018). 구마라집 평전. 공빈 저. 서울: 부키.

홍윤식(1980). 불교와 민속. 서울: 동국역경원.

鎌田茂雄(1983). 華嚴學硏究資料集成. 東京: 東京大學東洋文化硏究所.

蓑和顕量(2009). 日本佛教の教理形成. 東京: 大藏出版.

蕭登福(1988). 敦煌俗文學論叢. 臺北: 臺灣商務印書館.

安田純也(2008). 新羅における講經儀礼の受容, 東アジアの儀礼と宗教. 東京: 雄松堂出版.

田村圓澄(1983). 日本佛教史 Ⅳ. 京都: 法藏館.

丁鋼(1988). 中國佛教教育-儒佛道教育比較硏究-. 四川: 四川教育出版社.

中村元(1960). 華嚴思想. 東京: 法藏館.

陳清香(1986). 觀音造像系統述源. 佛教藝術, 第二期. 臺北: 佛教藝術雜誌社.

清原惠光(1996). 天台の論義. 智山學報, 45.

신문 기사

남수연(2023. 11. 3.). 불상도문스님, 17명 제자에게 대은율사 계맥전계. 법보신문.

이기환(2019. 12. 20.). 한반도엔 없는 돌 …… 가락국 허황후 파사석탑의 정체. 경향신문.

인터넷 자료

高山寺 https://kosanji.com
국가유산청 https://www.khs.go.kr
국사편찬위원회 https://history.go.kr
금산사 https://www.geumsansa.org/37
동국대학교 한글대장경 http://abc.dongguk.edu/ebti/c2/sub1.jsp
디지털강릉문화대전 https://gangneung.grandculture.net/gangneung
바이두 https://www.baidu.com
불교기록문화유산 아카이브 https://kabc.dongguk.edu
한국사데이터베이스 https://db.history.go.kr

금석문

곡성 대안사 적인선사탑비(谷城 大安寺 寂忍禪師塔碑)
국청사 묘응대선사 교웅묘지(國淸寺 妙應大禪師 敎雄墓誌)
남원 실상사 수철화상탑비(南原 實相寺 秀澈和尙塔碑)
문경 봉암사 지증대사탑비(聞慶 鳳巖寺 智證大師塔碑)
보령 성주사지 낭혜화상탑비(保寧 聖住寺址 朗慧和尙塔碑)
산청 단속사 신행선사비(山淸 斷俗寺 神行禪師碑)
상주 희양산 봉암사 정진대사 원오탑비(尙州 曦陽山 鳳巖寺 靜眞大師 圓悟塔碑)
영월 흥녕사지 징효대사탑비(寧越 興寧寺址 澄曉大師塔碑)
장흥 보림사 보조선사탑비(長興 寶林寺 普照禪師塔碑)
창원 봉림사지 진경대사탑비(昌原 鳳林寺址 眞鏡大師塔碑)
하동 쌍계사 진감선사탑비(河東 雙磎寺 眞鑑禪師塔碑)

필자의 불교교육 문헌

(* 본문 중 필자의 불교교육 논문의 인용, 재인용은 따로 표시하지 않음)

안경식(1992). 당대(唐代) 속강(俗講)의 교육적 의의. 한국교육사학, 14, 281-294.

안경식(1992). 唐代淨土宗衆生敎化之敎育意義. 국립대만사범대학교육연구소 박사학위논문.

안경식(1993). 당대 사원의 세 가지 역할과 정토 사원의 교화 사적. 교육사상연구, 2, 99-116.

안경식(1994). 미륵신앙이 한국 고대 교육 문화에 끼친 영향. 한국교육사학, 16, 257-284.

안경식(1994). 아미타신앙이 한국 고대 교육 문화에 끼친 영향. 교육 사상연구, 2, 23-45.

안경식(1995). 관음신앙이 한국 고대 교육 문화에 끼친 영향. 교육 사상연구, 4, 81-110.

안경식(1996). 신라 화엄사상이 한국 고대 교육 문화에 끼친 영향. 교육사상연구, 5, 59-81.

안경식(2007). 『金剛經』의 流通過程과 敎化事跡의 敎育史的 意義. 종교교육학연구, 24, 199-224.

안경식(2007). 교육의 입장에서 본 청담의 삶과 사상. 마음사상, 5, 77-119.

안경식(2009). 전통사회의 교육공간으로서 불교의 사원. 종교교육학연구, 29, 183-209.

안경식(2010). 한국고대교육사연구와 불교지성으로서 고승. 종교교육학연구, 33, 191-221.

안경식(2011). 마조 선사의 사상과 그 교육학적 의미. 교육 사상연구, 25(3), 119-138.

안경식(2014). 불교에서의 자성의 교육: 선불교를 중심으로. 신학과 철학, (24), 77-100.

안경식(2014). 불교 천도재의 교육적 의미. 종교교육학연구, 46, 97-121.

안경식(2015). 불교 지성에 대한 성찰과 현대적 모색: 신라 고승들의 '세상과의 소통법'. 동아시아불교문화, 23, 67-96.

安京植(2016). 仏教と自由精神. 일본불교공부방, (16).

안경식(2016). 聖の教化活動とその教育的意味. 學習開發學研究, (9).

안경식(2016). 신라시대 불교 강경(講經)의 교육적 의의. 종교교육학연구, 52, 71-101.

안경식(2016). 平安時代의 '儒家 佛教人', 慶滋保胤의 삶. 한국불교학, 80, 303-337.

안경식(2017). 신라 하대 불교지성, 진감 선사의 삶의 교육학적 의미. 종교교육학연구, 54, 175-197.

안경식(2018). 《삼국유사》에 구현된 일연의 교육 사상. 교육 사상연구, 32(4), 85-114.

안경식(2019). 의상대사의 교육론-"미래의 자기가 현재의 자기를 교육한다". 교육 사상연구, 33(2), 83-104.

안경식(2020). 옥천사 청련암의 만일계(萬日契) 연구. 한국불교학, 95, 111-151.

안경식(2021). 신라시대 과학 기술교육의 세 가지 통로. 한국교육사학, 43(1), 89-108.

안경식(2024). 『아미타경』의 교육학적 해설: 사바세계에서의 교육과 극락세계에서의 교육. 교육 사상연구, 38(2), 49-72.

안경식(2025). 선사(禪師)들의 삶으로 본 신라 하대의 교육. 한국교육사학, 47(1), 55-89.

안경식 외 7인(2017). 교육과 한국불교. 서울: 학지사.

찾아보기

인명

내용

저자 소개

안경식(安京植)

부산대학교 사범대학 교육학과 교수(2002~2025)

히로시마대학 교육학부 객원교수(2015~2016)

上海 商學院 한국어과 교환교수(1999~2000)

北京 第二外國語學院 조선어과 교환교수(1998~1999)

동아대학교 인문대학 교육학과 교수(1995~2001)

전 한국교육사상학회 회장

한국불교학회 편집위원

주요 저서

신라인의 교육, 그 문명사적 조망(학지사, 2019)

교육과 한국불교(공저, 학지사, 2017)

한국 전통 아동교육 사상(개정판, 학지사, 2005)

구비설화에 나타난 한국 전통교육(문음사, 2004)

소파 방정환의 아동교육운동과 사상(학지사, 1994)

教育學方法論(共著, 중국어 저술, 1993, 五南) 외 20여 권

주요 논문

동학의 민중교육 사상과 운동에 관한 연구(한국학대학원 석사학위논문, 1984)

唐代淨土宗衆生教化之教育意義(국립대만사범대학 박사학위논문, 1992) 외 100여 편

연락처: sinosan@pusan.ac.kr

신라시대 불교교육사

– 불교적 지(知)의 유통과 변용, 그리고 소비의 역사 –

History of Buddhist Education
in the Silla Dynasty

– History of Distribution, Transfomation,
and Consumption of Buddhist Knowledge –

2025년 8월 10일 1판 1쇄 인쇄
2025년 8월 20일 1판 1쇄 발행

지은이 • 안경식
펴낸이 • 김진환
펴낸곳 • (주) 학지사
04031 서울특별시 마포구 양화로 15길 20 마인드월드빌딩
대표전화 • 02)330-5114 팩스 • 02)324-2345
등록번호 • 제313-2006-000265호

홈페이지 • http://www.hakjisa.co.kr
인스타그램 • https://www.instagram.com/hakjisabook

ISBN 978-89-997-3492-2 93370

정가 23,000원